本书为黑龙江八一农垦大学青年创新人才项目"近代启蒙思想下《庄子》美学阐释"（RRCQC201803）结项成果

黑龙江省博士后基金项目"中国近代美学著述叙录"（LHB-Z19202）阶段性成果

近代美学中的『庄子』阐释与接受

杨艳秋 著

中国社会科学出版社

图书在版编目（CIP）数据

近代美学中的《庄子》阐释与接受 / 杨艳秋著 . —北京：中国社会科学出版社，2021.8

ISBN 978-7-5203-8933-4

Ⅰ.①近… Ⅱ.①杨… Ⅲ.①道家②《庄子》—注释 Ⅳ.①B223.52

中国版本图书馆 CIP 数据核字（2021）第 166098 号

出 版 人	赵剑英
责任编辑	安　芳
责任校对	张爱华
责任印制	李寡寡

出　　版	中国社会科学出版社
社　　址	北京鼓楼西大街甲 158 号
邮　　编	100720
网　　址	http://www.csspw.cn
发 行 部	010-84083685
门 市 部	010-84029450
经　　销	新华书店及其他书店
印　　刷	北京明恒达印务有限公司
装　　订	廊坊市广阳区广增装订厂
版　　次	2021 年 8 月第 1 版
印　　次	2021 年 8 月第 1 次印刷
开　　本	710×1000　1/16
印　　张	17.25
插　　页	2
字　　数	230 千字
定　　价	98.00 元

凡购买中国社会科学出版社图书，如有质量问题请与本社营销中心联系调换
电话：010-84083683
版权所有　侵权必究

序

今年的冬天格外冷,加之虐疫再起,已有数日未到户外活动了,忽然收到杨艳秋同学的书稿,甚为高兴与欣慰。

杨艳秋同学本来在高校从事行政工作,却酷爱读书,已属难能可贵了。

面前这部书稿《近代美学中的〈庄子〉阐释与接受》是她的博士学位论文,即将出版,邀我写一篇序,作为指导老师,很高兴在这里写几句话。

冯友兰在其《中国哲学史》中,把中国哲学史划分为子学时代和经学时代。按冯氏之论,子学时代肇始于孔子,终结于董仲舒"推明孔氏,抑黜百家"主张的推行,经学时代则由董仲舒的主张的推行而开始,终结于晚清之廖平。上述冯友兰之说,未必完全符合中国哲学史的实际,但经学对中国思想社会的深刻影响的确是不可撼动的事实。尽管如此,从西汉到晚清两千多年的时间里,子学的传播从未停止过。尤其是子学中的老庄道家之学,即使是在两千多年漫长的所谓的经学时代里,其对中国读书人思想世界的构建与影响,其对中国艺术观念及艺术实践的影响,都是显而易见的。

近代以来,随着经学时代的终结,子学对于中国思想社会的影响开启了新篇章。在学术上对于这一新篇章的探讨是非常必要的,在近代思想社会变革的背景下,杨艳秋同学的博士论文探讨了曾国藩、刘熙载、龚自珍、严复、梁启超、王国维等人对庄子思想的接受与阐释，透过这一探讨，可以看到子学中的道家之学对中国近代美学建构的深刻影响。

在今天，在中国人全力建构外部世界与内部世界并以此走向未来的今天，中国古老的传统思想得到了高度重视，这当中除了优秀的儒家思想，还应当包含儒家以外的其他诸家的优秀思想。

谨为此序。

于 茀

二○二一年立春后一日 写于哈尔滨寓所

目 录

前　言 …………………………………………………………（1）

第一章　近代中国学术背景下的《庄子》阐释与接受 ………（27）
　　第一节　近代中国的思想文化变革 ……………………（27）
　　第二节　"美学"学科进入中国 …………………………（33）
　　第三节　阐释学与接受美学的兴起 ……………………（36）
　　第四节　《庄子》阐释与接受概况 ………………………（41）

第二章　古典美学余韵下的《庄子》阐释与接受 ……………（49）
　　第一节　古典美学观念的余韵 …………………………（49）
　　第二节　曾国藩：从"以庄补儒"到"老庄为体" ………（53）
　　第三节　刘熙载：在儒道共生中，以庄格古通今 ……（91）
　　小结 ………………………………………………………（120）

第三章　启蒙思想初鸣中的《庄子》阐释与接受 …………（122）
　　第一节　启蒙美学思想发端 ……………………………（122）
　　第二节　龚自珍：援庄救儒，首发启蒙之声 …………（126）
　　第三节　严复：以西拓庄，推动阐释转型 ……………（162）
　　小结 ………………………………………………………（185）

第四章　中西美学合奏中的《庄子》阐释与接受 ………… (188)
　　第一节　西方美学思想的冲击………………………… (188)
　　第二节　梁启超：淬厉采补，以趣味主义释庄………… (196)
　　第三节　王国维：集成发展，以庄融通中西…………… (221)
　　小结………………………………………………………… (250)

结　语……………………………………………………………… (252)

参考文献………………………………………………………… (257)

后　记…………………………………………………………… (270)

前　言

一　研究依据

本书采用思想史的分期方法界定"近代美学"的学术概念，以1840年鸦片战争到1919年五四运动的80年间的中国美学为学术背景。当然，在美学界，对中国近代美学和现代美学概念的认识尚存有一定的争议。在较传统的两种观点中，一种是将近、现代美学合称为中国现代美学；另一种观点则把鸦片战争至五四运动这一阶段的文学作为中国古典美学的近代部分，现代美学从1919年起始，这两种观点都消弭了"近代"的概念。

在美学界的争论中，以1840年至1919年为起讫界标明确中国近代美学研究范畴史的观点从20世纪90年代开始逐步确立，华东师大出版社1991年出版卢善庆的《中国近代美学思想史》即为代表。该书以近代理论形态的美学论著为对象，以美学家研究为重点，梳理中国近代美学的发展脉络，展现中国近代美学的风貌。同年，聂振斌的《中国近代美学思想史》（中国社会科学出版社）出版，采用史学上对近代史的分期方式，把1840—1919年的时间期限向后延伸了30年，使近代美学与现代美学的衔接更加紧密。以上两本著作是国内比较系统研究中国近代美学史的著作。

在思想界，龚书铎的《中国近代文化概论》（中华书局1997年版）、熊月之的《西学东渐与晚清社会》（中国人民大学2011年版)等著作中,对于中国历史在文化、思想上的分期,均以1840年鸦片战争到1919年五四运动为近代文化形态。美学作为西方舶来品,是由哲学托生而后独立的。美学在近代进入中国思想文化领域,并构建起学科概念的这一历程,与中国思想文化发展与变革难以分割。学术概念上的中国第一批美学家,实际上也是近代思想家。

所以,本书采用1840年至1919年的中国近代美学概念,按照美学思想发展的特有规律,在具体论述中,向前追溯约20年,向后延伸约20年,以便更全面地反映近代美学思想的全貌,更客观地勾勒出近代美学进程中《庄子》阐释与接受的整体路线。

基于此,研究选取李泽厚的《中国美学史》和《中国近代思想史》、卢善庆的《中国近代美学思想史》、关爱和的《中国近代文学史》、陈鼓应的《庄子今译今注》、方勇的《庄子学史》、刘绍瑾的《庄子与中国美学》等学术成果为主要参考,以中国古典美学传承与发展规律、西方接受美学、阐释学为研究理论依据,系统考察近代思想大家对庄子美学的阐释成果,梳理近代美学中的《庄子》阐释与接受的轨迹,并关注庄子美学在中国美学体系建构中所发挥的重要作用,以对近代庄子美学研究的探析,推动《庄子》阐释与接受研究的进程,为新时代浩如烟海、灿若星辰的庄学研究再添一朵浪花,再增一点色彩。

二 海内外研究现状和学术价值

中国美学最早发端于先秦道家。老子和庄子对美的本质、美的表现形态、美感、审美欣赏和审美创造等问题均有涉及,其审美心胸、意境、美丑相互转换关系等观点,都成为中国古典美学的重要范畴,对后世美学研究产生了深远影响。庄子以其汪洋恣肆、想象奇幻的文风,将哲学与文学融汇在《庄子》之中,充溢着高蹈的人生理想与遁世的现实际遇之间的矛盾与思辨色彩，蕴含着丰厚的哲学思想和审美内容，成为历代思想者阐释、文学者接受和实践的重要文本。

（一）海内外庄学研究

自晋至今，庄子学术研究始终是学界的重要课题。20世纪以来，国内庄学研究主要经历了四个阶段：第一阶段：1900—1948年；第二阶段：1949—1978年；第三阶段：1979—2000年；第四阶段：2001年至今。

第一阶段的主要标志是：出现了陈中凡、郭绍虞等重要的文学批评家，他们在梳理中国文学批评史、建立中国文学批评学科的过程中均有对庄子的探讨，这就使得庄子在文学批评史中获得了一席之地。到第二阶段后，在特定历史环境下，庄学研究和很多思想、主义等字眼都变得有些敏感，学术研究进入一段衰落期，庄子研究成果也寥寥无几。庄子研究兴盛的转机出现在20世纪70年代末80年代初，也就是进入第三阶段后，政治思想的解冻推进了文学艺术和学术研究的新一轮繁荣，改革开放也促进了西方哲学、美学思想的大量涌入。此时，庄子作为曾沟通过中西方思想的载体，逐渐走到传播与比较的中心。伴随现象学、解释学的兴起，将庄子与德国哲学家比较的研究方向最为盛行，产出了一些比较具有代表性的成果，促使庄子文艺美学研究形成一股势头强劲的"热潮"。在这些成果中，李泽厚、朱东润等在《中国美学史》《中国文学批评史大纲》等著作中给予庄子思想极大的重视，使庄子思想受到了学界和教育界的广泛关注，"以儒道互补来说明中国美学、中国文学批评的主干及其发展特点，几成学界共识"[1]。在大家观点和权威性著作的影响下，有关庄子研究的论文、著作等成果数量大幅增长，其

---

[1] 刘绍瑾、侣同壮：《二十世纪庄子文艺思想研究回顾》，《暨南大学学报》（哲社版）2003年第6期。

中，刘绍瑾的研究成果《庄子与中国美学》于1989年出版，成为具有庄子美学专题研究的代表性专著。在这之后，对庄子文艺思想广泛探讨和挖掘成为庄子研究的新高地。以知人论世的学术态度，还出现了一些透过庄子思想关注其生平经历的学者，由于史料有限，庄子传记研究一是偏于思想阐释，如汪国栋的《庄子评传——南华梦觉话逍遥》（广西教育出版社1996年版）、颜世安的《庄子评传》（南京大学出版社1999年版）等，颜世安在先秦思想研究中对庄子尤为专注，其《庄子评传》论述精要，成为早期庄子传记类作品的代表；二是偏于文学创作，如王新民的《庄子传》（海南出版社1992年版）比较受普通爱好者欢迎，曾多次再版发行。

21世纪以来，庄学研究突破了先前的水平，在许多问题上取得了重大进展，尤其在义理阐发方面，达到了庄学研究的最高峰，主要体现在：

一是交叉研究与比较研究开始盛行。如危磊的《布洛的"心理距离"说与庄子的"心斋"说之比较》（《社会科学》2000年第6期），从心理学视角进行比较研究；那微的《庄子的无心之言与海德格尔对语言的诠释》（《福建师大学报》2004年第5期）从语言学角度进行比较研究；刘华军的《庄子的生态美学思想及其现实意义》（《兰州学刊》2005年第5期）从生态美学角度进行现代阐释；王焱的《反其性情而复其初——论庄子审美体验的终极依据》（《东方论坛》2010年第1期）从审美体验角度进行价值观阐释。除此之外，从生命哲学角度研究庄子，一直是庄学研究重要组成部分。

二是研究论文和著作数量繁多。仅研究论文就已经超过了20世纪的总和，《庄子》文学、美学研究著作也大量涌现，影响较大的有数十部之多。这些研究成果主要集中在现代性阐释的方向上。王凯的《逍遥游：庄子美学的现代阐释》（武汉大学出版社2003年版)、陈红映的《庄子思想的现代价值》(人民文学出版社 2009 年版)对庄子美学思想进行现代性解读,产生了一定的学术影响。王凯的另一本著作《道与道术:庄子的生命美学》(人民出版社 2013 年版)以"道与道术"为主题,对庄子的生命哲学及其生命美学进行独具特色的研究,也比较典型。但同壮的《庄子的"古典要义"与中国美学的现代建构》(暨南大学出版社 2013 年版)关注了庄子美学参与中国美学现代建构的方式和途径,并强调庄子之于中国现代美学的意义;但由于没有深议庄子美学与现代美学契合的原因以及西学东渐的学术环境,使其对庄子美学的现代性分析显得突兀且不够深入,庄子美学阐释的现代转型问题未能得到明朗。杨鹏飞的《庄子审美体验思想阐释》(辽宁大学出版社 2010 年版)、王焱的《得道的幸福——庄子审美体验研究》(暨南大学出版社 2012 年版)、颜翔林的《庄子怀疑论美学》(人民出版社 2015 年版)、杨震的《从美、艺术走向人:〈庄子〉美学可能性的研究》(安徽教育出版社 2015 年版)、方勇的《庄子生态思想研究》(学苑出版社 2016 年版)等,都是从文学、美学角度阐释庄子的重要成果。陈火青对庄子的认识比较独特《大美无美:庄子美学的反思与还原》(中国社会科学出版社 2017 年版),他提出庄子美学本身是道德精神意义上的美学,之所以称之为审美意义上的美学,主要是由于魏晋玄学和美学创造而实现转化的。这期间也出现了旅美学者刘剑梅的《庄子的现代命运》(商务印书馆 2012 年版)、王蒙的《庄子的享受》(安徽教育出版社 2015 年版)等借重庄子阐发个人观点的现象。还有周江的《有序与浑沌·美的光辉:柏拉图与庄子美学思想比较研究》(知识产权出版社 2014 年版)等人的比较研究成果,揭示了柏拉图与庄子在审美本体、审美心理、审美境界等方面的异同,但没能深入探讨中西美学思想的交融历程,也未能从庄子美学切入阐明中西美学思想交叉碰撞的历史和路径。

三是从宏观角度梳理庄学研究史的大部头作品出现，形成了庄学研究清晰的历史路线。熊铁基课题组于2003年10月出版其国家社会科学基金项目研究成果《中国庄学史》上下册，系统梳理了从先秦到清代两千余年的庄学史，其特点是较多关注注本，阐释论述比较简要。2008年10月方勇的《庄子学史》（三卷本）在人民出版社出版，体量达到200余万字，侧重运用史论的方法深入阐述了庄子学说渊源、《庄子》各篇真伪、庄子与佛道诸教及文学艺术之间的关系等问题。① 这两部著作体量都比较大，在研究重点和撰写体例上有所不同，恰好构成了庄学史研究的里程碑式成果，使庄学在21世纪真正成为显学。这样的重要著作出现，是庄学传承、阐释应时而生的一次总结，也预示着庄学研究即将开启新的领域和方向。

海外庄学研究遵循思想传播和跨文化学术研究的规律，从16世纪末的庄子译本开始起步，译者的研究视角及观点对庄子思想阐释产生了较大影响。而后庄子研究逐渐向阐释研究、比较研究等学术领域纵深发展。到20世纪70年代初，庄子思想成为中西方哲学、美学、文学理论沟通和对话的名片与中介，发挥了不可替代的作用，庄子阐释研究、比较研究成为学界热点。海外华人学者对庄子乃至整个道家思想兴趣尤为浓厚。葛瑞汉、陈汉生、爱莲心等海外学者，率先运用西方现象学、解释学等哲学理论审视道家及庄子学说，对庄子思想进行深刻的哲学解析。这批海外汉学家因有较好的古汉语基础，因此对庄子思想解读较之前译书更加深入。其中，1989年葛瑞汉发表重要代表作《道教辩士——古代中国的哲学辩论》(*Disputers of the Tao*: *Philosophical Argument in Ancient China*, Open Court, La Salle, IL) 开创了哲学释道之风，推动了道家理论

---

① 方勇：《庄子学史》，人民出版社2008年版。

和庄子学说的哲学转向。1992年6月,陈鼓应在香港主持创刊《道家文化研究》,为海内外学者开展庄子研究搭建了重要平台。之后,陈汉生受到葛瑞汉和陈鼓应的启发,"对于道家情有独钟,力倡以道家为中心的中国思想体系观。陈汉生擅长语言理论与逻辑分析,在价值立场上又倾向于道家,从自己理解的道家思想立场出发去评判各家的先秦思想史。他的'哲学解释'是美国庄子研究的'巨变'"[①]。陈荣捷对老子与庄子之间的思想差异十分关注,并且详细阐述了对中国古典文学、艺术创作和鉴赏的作用;傅伟勋也对老庄、郭象与禅宗的关系进行了分析。陈启云等人重视《庄子》本文研究,把庄子思想与儒家思想进行对照,回归到了文本学;毛高格以世人所熟知的"濠梁之辩"为切入点,辨析庄子的"真"之本义;吴匡明从误读问题入手,关注庄子思想的本义,也指出了庄学研究中的一些误解现象,他的学术研究方法具有一定的借鉴意义。

在中西学沟通上,爱莲心在《向往心灵转化的庄子:内篇分析》(江苏人民出版社2004年版)中,以西方哲学全面诠释庄子,突破了以西解中或以中证西的局面,实现真正意义上的哲学文本的阐述。[②] 费南山以"现代西方人为什么对庄子感兴趣"为题,将庄子的"强调自由"归结为对庄子感兴趣的第一个原因,进一步打通了中西方人生哲学的通道。日韩学者对庄子这位东方美学的重要开创者也一直高度关注,池田知久认为,庄子的哲学体系是以"道"为核心而铺开的,从而具有丰富广大的外延。[③] 近年来,随着国学的兴起,海外学者对庄子思想越来越感兴趣。而这些研究在推动海外庄学研究发生深刻变化的同时,也同样影响着国内庄学研究的

---

① 安蕴贞:《西方庄学研究述评》,《河北学刊》2001年第4期。
② 安蕴贞:《西方庄学研究述评》,《河北学刊》2001年第4期。
③ 李霞:《庄子哲学四十五年》,《哲学动态》1995年第6期。

走向。

在学术交流方面，有两次比较典型的会议。一次是由北京外国语大学中国语言文学学院、中国海外汉学中心联合主办的"庄子的当代诠释"国际研讨会，于2012年10月31日召开，北京大学汤一介教授、中国比较文学学会会长乐黛云教授、台湾大学陈鼓应教授、德国波恩大学顾彬教授、台湾清华大学杨儒宾教授、北京社会科学院洪汉鼎研究员等著名学者，围绕"庄子与当代世界""庄子的跨文化、翻译与研究""庄子与自然、技艺、文化""庄子哲学与身体、主体、政治"等专题进行学术研讨，形成了比较集中的成果。另一次是由华东师范大学先秦诸子研究中心、中国诸子学会主办的"第二届'新子学'国际学术研讨会"，于2015年4月17日至19日召开，探讨"新子学"的哲学原理和发展机制，推动了诸子学研究新格局的形成。庄学研究是华东师范大学先秦诸子研究中心主任方勇教授研究的主要方向，是"新子学"研究的重要内容之一。在会议上交流论文中，周炽成教授的《性朴论：〈荀子〉与〈庄子〉之比较》，认为在反对性恶论这一点上，《荀子》的性朴论和《庄子》的性朴论是一致的，推动了诸子学说的比较研究，也使庄学研究更深入了一层。

（二）《庄子》阐释与接受研究

从以上对庄学研究史的分析可以看出，《庄子》阐释与接受史落后于其哲学思想研究史，这主要是由于中国美学学科起步较晚，直接影响着研究角度、研究方法和研究视野。从20世纪80年代开始，现象学、阐释学及比较、接受理论逐步进入我国，学界才开展探索阐释与接受研究。

在庄学研究史方面，有研究通史著作，如熊铁基的《中国庄学史》，从秦汉至清代不同时期的《庄子》研究进行概述，较为清楚地显示出了庄学在中国思想文化史上的独特地位，以及方勇的《庄子学史》，系统完整地梳理了两千多年来庄学发展的历史脉络，一直到民国时期。当然亦不乏断代史研究成果，其中以秦汉、魏晋和宋代为多，而以一人、一派、一地探讨庄子研究的更为常见，尤其是对《庄子》注疏的学者及成果开展研究，成果纷杂，难以计数。

相比之下，《庄子》阐释与接受研究史成果较少，目前较为典型的成果主要出现在21世纪之后。反映在文学阐释和接受领域有两本著作：一是尚永亮《庄骚传播接受史综论》（文化艺术出版社2000年版），该作包括庄子论、屈原论、庄骚传播接受论三篇，涉及矛盾的庄子和庄子的悖论、屈赋风格与屈原人格、中唐诗人对屈原的接受和超越等十四章内容，梳理了庄子传播与接受的代表人物。[①] 二是刘生良的《庄子文学阐释接受史》（科学出版社2015年版），是其主持的国家社科基金项目的研究成果，梳理了从战国以来两千多年《庄子》文学阐释接受的基本情况和发展历程，在先秦战国至近百年的七个历史阶段里，按著述对《庄子》所做的文学阐释、文学理论中《庄子》接受两个方面进行论述。

关于《庄子》阐释与接受的专题研究著作，有杨柳的《汉晋文学中的〈庄子〉接受研究》（巴蜀书社2007年版），该书以《庄子》强烈的生命精神及由此生发的诗性精神为中心，从对汉晋文学与《庄子》在生命意识、理想人生境界的建构及叙述方式上的深层联系进行了专题研究，探讨了汉晋时期思想学术领域庄学全面复兴的背景下，文学中的《庄子》接受状况，回答了汉魏之际庄学复兴的表现、复兴的原因、汉晋各时期的《庄子》接受有何特点等问题，[②] 但该研究还停留在表面现象上，个性化分析和深入探究还不够。蒋振华《〈庄子〉寓言的文化阐释》（湖南人民出版社2007年版），运用跨学科综合研究和比较研究的方法，从现代广义文化的

[①] 尚永亮：《庄骚传播接受史综论》，文化艺术出版社2000年版。
[②] 杨柳：《汉晋文学中的〈庄子〉接受研究》，巴蜀书社2007年版。

视角，对《庄子》寓言进行文化、思维、社会学、自然科学和文艺学等方面的探讨，揭示《庄子》寓言的深厚内涵、潜在意义、多面启示和文化价值，其研究切入点小而专，但引申和延展的视野不够宽。

在博士学位论文中，孙红的《〈庄子〉阐释之研究》（中国社会科学院研究生院，2002年），对郭象、成玄英、林希逸、俞樾与章太炎五位庄子阐释的代表性人物及其解庄著作，进行较为深入细致的研究，从一个全新的角度探讨庄子阐释差异的原因。作者把郭象作为庄子阐释史上开风气之先的人物，郭象对《庄子》的创造性误读，是因魏晋时代的风云际会，调和儒道而推动思想界的兴旺。实际上，这些解庄大家在各自的注书中，对庄子思想都存在着不同程度的误读，在一定意义上是因其注的方法存在局限，给阐释意味本身带来损害。白宪娟的《明代〈庄子〉接受研究》（山东大学，2009年）以尧斯等人的接受美学为理论依据，以明代《庄子》接受实际为基本依据，分纵横两条线索，纵向分前期（洪武至成化）和后期（弘治到崇祯）两个时段，设以文学、注本、理性阐释三条纬线，展开《庄子》在明代由本研究到作品转化的研究，① 形成了对明代《庄子》接受的系统性把握和创新性认识。该论文虽然在结构上只有三章，但在质量可称《庄子》接受的佳作。刘生良教授指导的博士生姚艾，以《唐代文人〈庄子〉文学接受研究》（陕西师范大学，2016年）为题，立足接受者的生命遭际开展研究，全文分为六章。从探讨唐代文人《庄子》文学接受的文化语境入手，分别对初盛唐隐逸文人、中唐贬谪文人、晚唐文人三个阶段和浪漫文人李白、鬼才李贺对《庄子》接受五个方面展开研究。② 内容较为充实，只是在章节划分上历史阶段分期与典型文人接受个案交替排

---

① 白宪娟：《明代〈庄子〉接受研究》，博士学位论文，山东大学，2009年。
② 姚艾：《唐代文人〈庄子〉文学接受研究》，博士学位论文，陕西师范大学，2016年。

列,略显有些混乱。李汉兴《庄子"逍遥游"及其阐释路径研究》(上海师范大学,2017年)以庄子的"逍遥游"为核心,对郭象的"适性逍遥说"、支道林的"至人之心说",及林希逸、陆西星等学者所视作的宋明理学"孔颜之乐"进行了深入探究,而后将其与"精神自由说"作以比较。但该作者把庄子的"逍遥游"仅仅看作是一种远古的、原始本初生活方式的浓缩,认为这种状态是与道家返本复初的社会理想相一致的,在学术意义上否定了庄子"逍遥游"的历时性价值,其研究本身存在偏差。

另外,还有徐来的《〈庄子〉英译研究》(复旦大学,2005年)、杨俊英的《〈庄子〉在越南的传播与接受》(北京师范大学,2009年)从海外学界对庄子的接受和传播研究的成果。郭晨的《〈庄子〉内篇寓言故事在英语世界的翻译与阐释》(北京外国语大学,2015年)以《庄子》内篇中的"庄周梦蝶""庖丁解牛"为中心,通过开展个案分析,对庄子寓言的译释作出跨文化研究,展现西方学界关于《庄子》寓言故事的阐释特征。而石了英的《台港及海外华人学者美学视野下的庄子阐释》(暨南大学,2010年)则通过对方东美、唐君毅、徐复观、叶维廉四位美学家的解庄思想研究,概要梳理了港台地区从1949年到2009年近60年的庄子美学阐释情况,具有较好的学术参照价值。

在优秀硕士学位论文中,由方勇指导的硕士濮琦琳的《"庄子梦"阐释与接受研究》(华东师范大学,2016年)有较强的代表性,它以"庄子梦"为原点,肯定其梦之本质为"自然",通过对"庄周梦蝶""髑髅见梦""栎社见梦""文王见梦""宋元君梦神龟"等"庄子梦"代表性寓言的分析,聚焦于后世庄学专著和文人在创作中征引的"庄子梦"分别论述了"庄子梦"的阐释与接受情况,是一篇切入点小,但研究较深入的硕士论文。张爱民的《宋代〈庄子〉的阐释与接受》(山东师范大学,2004年)、张伟的《〈庄子〉在先秦时期的传播与接受》（山东大学，2007年）是两篇以历史断代为视角的《庄子》阐释与接受研究，其中既有史的研究，又有具体个案研究。其他几篇论文，如仲寅的《论魏晋僧人对〈庄子〉的接受》（曲阜师范大学，2012年）、解桂芳的《试论历代诗人对〈庄子〉的创造性接受——以陶渊明、李白和苏轼为例》（山东大学，2004年）等是从诗人风格角度进行的《庄子》接受研究；李胜男的《论辛弃疾对庄子的接受》（浙江师范大学，2010年）是从文人个人创作角度入手，论述对庄子的接受情况；宋微的《鲁迅对庄子的接受史研究》（辽宁师范大学，2006年），从文人个人入手进行接受史方面的研究；温悦的《从接受理论谈〈庄子〉四个译本中"道"的译法》（北京师范大学，2010年）针对不同语言和文化背景下的《庄子》译本进行了探讨，体现出接受理论与语言学方法给《庄子》接受带来的影响，开辟了庄学研究的新空间。在这些研究成果中，濮琦琳的《"庄子梦"阐释与接受研究》、张爱民的《宋代〈庄子〉的阐释与接受》、张伟的《〈庄子〉在先秦时期的传播与接受》为《庄子》阐释与接受的断代研究提供一定的参考。

在期刊学术论文中，以阐释学、接受美学方法探讨《庄子》的成果，在21世纪后呈现出数量明显增长的趋势。褚春元的《〈庄子〉"虚静"说的诗学阐释》（《江淮论坛》2005年第10期），以庄子"虚静"的美学范畴为核心，从艺术创造的角度分析其内涵，并探讨了后代文论家对"虚静"说的发展。王富仁的《庄子的生命观——庄子〈养生主〉的哲学阐释》（上、下）（《社会科学研究》2009年第4、5期）将《养生主》的思想解读放在《齐物论》的框架之中讨论，从而得出对庄子生命观的认识。赵德鸿的《〈庄子〉从"文本"到"作品"的阐释》（《文艺评论》2012年第12期）着眼于文本与作品的差异与联系，通过举例分析《庄子》诠释的多义与歧义，探讨了《庄子》文本所具有的开放性特质。金惠敏以技术和感性为比较媒介，对西方理论家麦克卢汉、海森伯与庄子的思想进行比较性阐释，该成果具有一定的现代性意义。孙晓春、施正忠依托国家社科基金项目"中国传统政治思想现代转型的价值重构研究"探讨庄子的自由思想对中国近代政治哲学中的自由观建立的作用，肯定了庄子自由观的深远影响，也指出了其中的悲观倾向等不足。叶维廉对庄子的现代阐释引起了年青学者的关注，苏琴琴的论文《比较诗学视野下的反现代诗意汇通——论叶维廉对庄子复元古美学思想的现代阐释》认为叶维廉身兼诗人和批评家的角色，在其创作和理论研究中始终暗涌着追索人类元古诗性精神的心理诉求和精神旨归。这条暗涌的精神纽带使他与庄子美学发生了心灵上的感应，将关注点放在物我关系及其语言表达策略上，并推展至中西比较诗学的研究和实践中。① 这些成果在研究视角上具有一定的启发意义。

检索近十年来国家社科基金年度项目关于"庄子"研究共有13项，主要方向有：一是考证研究，如2014年"《庄子》考证学史"、2019年"王夫之《庄子解》注释与疏义"；二是传播研究，如2011年"《庄子》文学的跨文化研究"、2013年"20世纪《庄子》在英语世界的传播"等；三是阐释研究，如2016年"儒释道三教融合视阈下的宋代《庄子》解释学研究"、2017年"佛教视域中的庄子学研究"等。这些研究表明庄子研究在文学、哲学、语言学学科均具有一定地位，并且研究领域逐步拓展和延伸。这些项目中未见聚焦庄子美学研究的项目，也没有直接关注晚清及近代的庄子阐释转型问题，对这一方向的深层研究有较大的学术空间和学术意义。

---

① 苏琴琴：《比较诗学视野下的反现代诗意汇通——论叶维廉对庄子复元古美学思想的现代阐释》，《南昌大学学报》（人文社会科学版）2017年第10期。

(三) 近代美学研究

一个世纪以来，由于无数学者坚持不懈的深耕和探索，中国美学得到了极大发展，先后经历了20世纪50—60年代的美学大讨论、80年代的美学热、90年代的美学多元化和转型，美学专著、论文数量实现了跨越式增长，其研究内容不断呈现多元化。尽管如此，美学自身建设和学术研究仍很薄弱，而且西方美学印迹也十分明显，甚至在某一时期失去自己的话语权。[①] 建设中国美学体系，应首先立足于本土美学。在这一思想指导下，20世纪80年代以来，中国美学研究大热，美学史的大部头著作接连出版，一批优秀的美学研究著作诞生，为中国美学研究打下了坚实的基础，也为中国近代美学研究提供了更多的可能。

在这一过程中，"中国近代美学"的概念却在立与不立之间徘徊，中国美学界似乎只有中国古典美学研究、中国现代美学研究、西方美学研究三个方向，近代美学研究处于尴尬地位，是中国美学研究中的一个薄弱环节。其研究方向、研究群体及研究成果等都显得严重不足，古典美学研究者觉得近代美学不值得付出多大的时间和精力；现代美学研究也只是将近代美学视为现代美学发生的背景，基本上不会作为一个独立的研究方向对待。而实际上，中国美学体系的初建在近代。近代美学是一个不容忽视的学术领域。

关于中国近代美学研究，目前可查的两部《中国近代美学思想史》在前文都有提及，两部著作均为1991年出版，作者分别是卢善庆、聂振斌。两书出版于同年，但实际出版时间与书籍自述的时间存在误差。聂振斌先生的著作出版于9月，在内容简介中说："该书为第一部系统论述中国近代美学史的学术专著。全书计12章，30万字。作者力图用马克思主义思想作指导，全面系统论述

---

① 孙殿玲：《阐释与探索：中国美学的理论与践行》，中国社会科学出版社2011年版，第1页。

了1840—1949年间具有代表性的美学家、美学思潮性质、特征、成就，探索了中国近代美学史的发展规律。"① 在"后记"中，聂先生也提到成书于1988年，但后来为了出版要求作了修改。并且先后已出版专著有《蔡元培及其美学思想》（天津人民出版社1984年版）、《王国维美学思想述评》（辽宁大学出版社1986年版）等，也印证了其早已关注近代美学领域。

卢作由华东师范大学于1991年5月出版，付梓时间早于聂作几个月。在"前言""后记"中都没有强调开拓之功，只是说："这是一段中国断代的美学思想，跨越了1840年至1919年的八十年间；按断代的统称，也可叫作'中国近代美学思想'。"从其后记可见，该著作的选题于1983年初定，并且在此书出版之前，卢先生已经对中国近代美学做了10余年的耕耘。期间发表了关于王国维、梁启超、蔡元培美学研究的十余篇论文，学术积累深厚。

两本著作体量上有些差异，体例上反映着各自不同的思路。卢作45万字，聂作30万字，若从详尽程度上讲，卢作自是更胜一筹。卢作是以理论形态为依据、以人物为重点的中国近代美学思想史，大致把1840年至1919年这80年间的美学思想，划分为启蒙意义美学思想、太平天国美学思想、古典传统美学思想的余绪和终结、改良主义美学思想、诗歌美学研究的新动向、文学戏剧绘画美学思想、中西美学思想的会冲和结合、民主主义美学思想八个部分，涉及近代美学思想人物有二十多人，基本上把这一时期美学思想及其成败得失，勾勒出来，② 每个部分中系统研究了两三位大家，文字详尽，分量偏重，多侧面、多层次地显示了中国近代美学思想的丰厚和深邃。这种体例安排符合卢善庆在"后记"中所说，是以教材作为出版定位的。而聂作则明显倾向于学术研究的思维，第一

---

① 聂振斌：《中国近代美学思想史》，中国社会科学出版社1991年版。
② 卢善庆：《中国近代美学思想史》，华东师范大学出版社1991年版，前言，第13页。

章绪论,介绍对象方法、基本定义等,第二章分析西学东渐的学术环境对近代美学诞生的影响;而后的十章内容用来作美学家的思想研究和一些美学问题探讨。其研究未局限于美学思想和著述,而是拓展到哲学、教育、文艺等领域的审美观点,并用艺术、社会、自然等审美对象作为印证。

从对近代美学理论的贡献上看,卢作对美学家的分析更加全面,强调中国近代美学的独立特征:一是与近代社会相适应其主基调是悲壮美;二是具有庞杂的理论基础及其方法论;三是中西美学思想在这一时期实现首次冲合。对学者个人美学思想体系的特征和美学范畴也有较深入的探讨。聂作由于时间跨度上多出30年,增加了鲁迅之后朱光潜、宗白华、邓以蛰和蔡仪等人美学思想的研究,并涉及中国马克思主义美学的诞生和文艺政治化的问题,从历史学角度指出其与古典美学、现代美学的关联。

两本著作作为中国近代美学研究的集成之作,树立了中国近代美学思想研究的重要里程碑。换句话说,正是因为他们的研究思路与反映角度不同,为近代美学研究留下了宝贵的成果,也让后辈学人有了较好的研究基础以及更多元的研究视角。

不过,与以上期望截然不同的是,在这两部著作问世后很长一段时间内,关于近代美学的研究没有再出现较有影响力的成果。零散的成果多是关于近代美学思想家个人的研究,或者与政治、哲学等领域相关联的研究,可以说,近代美学研究没能趁热打铁,却进入了一个相对低落的时期。这期间关于近代美学的研究主要是针对学者的个案研究,其中关于王国维、刘熙载、梁启超的研究成果相对较多。如刘刚强的《王国维美学思想初探》(湖南人民出版社1987年版),以及云告的《从老子到王国维——美的神游》(湖南人民出版社1991年版)是对王国维美学思想研究的著作,后者还勾画出了传统美学思想的传承线路。佛雏先生的《王国维诗学研究》（北京大学出版社 1999 年版）具有较高的学术价值和启发意义，该成果从境界说、喜剧说、悲观说、自然说、古雅说等方面较为论述了王国维的诗学和美学思想，而且对其思想成因进行了社会性、历史性的深入分析，对其吸收西方哲学、美学思想情况进行了探讨。聂振斌的《王国维美学思想研究》（商务印书馆 2012 年版），再版三次，也是目前比较系统的研究王国维美学思想的学术著作。周锡山的《王国维美学思想研究》（中国社会科学出版社 2017 年版）梳理、归纳王国维美学理论，突出王国维在中国和世界美学史、文学批评史和比较文学史上罕有的崇高地位，是一部全面论述、评价王国维美学和文艺思想的专著。此外，韩烈文的《刘熙载〈艺概〉研究》（江苏古籍出版社 2002 年版），万志海的《刘熙载美学思想研究》（武汉出版社 2009 年版），都是比较有代表性的著作。

在学位论文中，以近代美学作为研究主题的较少，东北师范大学王确教授指导的研究生有两篇成果。一篇是刘筵莉的硕士学位论文，题目为《"美学"概念在中国近代的缘起与演变》（2006 年），"从对美学概念的语义分析入手，以对历史过程中具体史实材料的挖掘为基础，重点考察中国近代晚清到五四时期以'美学''美'为核心的基本美学概念的发展演变过程，从而揭示中国近代美学的逻辑起点及发生特点"[①]。另一篇是鄂霞的博士学位论文《中国近代美学关键词的生成流变》（2010 年），该文在挖掘史料的基础上，分别从宏观和微观两种视角进行论述，宏观上梳理了中国近代美学的体系建构的大致脉络。微观上则突出了"崇高""优美""悲剧性""喜剧性"和"丑"等美学范畴的流变，勾勒出概念得以确立的过程。这种研究方法入口虽小，"从最基本的美学关键词的考辨

[①] 刘筵莉：《"美学"概念在中国近代的缘起与演变》，硕士学位论文，东北师范大学，2006 年。

入手，其最终目的还是在于对中国近代美学思想及美学学科的发展演变历史的把握，因为所谓美学的关键概念、基本术语，即是浓缩了的美学史。"① 这两篇论文对确立中国近代美学的概念创造了一定的学理基础。鄂霞的后续成果《中国近代美学范畴的源流与体系研究》由商务印书馆于2019年出版。除此之外，詹志和的《佛陀与维纳斯之约——近代佛学与近代美学关系研究》（博士学位论文，湖南师范大学，2004年）探讨了中国近代文化思潮中"佛学"与"美学"基于启蒙、救亡的时代召唤而结成的"盟友"关系，②该成果虽然对近代美学的论述不够深入，但其对中国近代学术交叉互动关系的关注，开辟了一个学术领地，具有很强的借鉴性。

在学位论文中，以学者个案为研究对象的较多，金雅的《梁启超美学思想述评》（博士学位论文，浙江大学，2003年）是一篇质量较高的论文，分析了梁启超的美学思想在理论体系、价值取向、思想特质、研究方法和学术个性上的五个显著特征，也指出了梁启超的美学思想的理论局限，给我们提供了有益的反思，该论文于2005年由商务印书馆出版。焦勇勤的《梁启超美学思想研究》（博士学位论文，山东大学，2005年）从宏观上对梁启超的美学思想加以概括，从其美学思想发展的逻辑进程中归纳出他对美的本质问题的根本认识，并且据此对梁启超在中国近代美学史上的地位和他对中国美学发展的贡献作出一个较为客观、准确的评价。徐林祥的《刘熙载及其文艺美学思想》（博士学位论文，扬州大学，2006年）从"镜"与"日"的辨析谈起，重新审视刘熙载及其文艺美学思想，比较刘熙载与王国维、黑格尔、艾布拉姆斯有关文艺的主要观点，指出刘熙载文艺美学思想具有宗经意识、史家意识、现代意识

---

① 鄂霞：《中国近代美学关键词的生成流变》，博士学位论文，东北师范大学，2010年。
② 詹志和：《佛陀与维纳斯之约——近代佛学与近代美学关系研究》，博士学位论文，湖南师范大学，2004年。

和民族特色等特点。① 研究王国维美学思想的硕士学位论文较多，如刘聪颖的《论王国维美学思想的现代性》（河北师范大学，2002年）、李卫国的《〈人间词话〉"境界说"研究》（安徽大学，2008年）、薄丹影的《王国维"自然"说研究》（山东师范大学，2010年）等论文，都从不同的视角研究了王国维的核心美学思想。吴洋洋《王国维美学研究的动因》（东北师范大学，2008年）以王国维的治学经历和美学研究的内容为根底，挖掘王国维美学研究的动因。汪文忠的《王国维美学思想的现代诠释》（安徽大学，2006年）着重阐发了王国维创造性的理论贡献及其现代性意义。阳辉军的《王国维美学思想转型研究》（湖南科技大学，2017年）关注到了王国维美学思想的现代性转型问题，但论析还不够深入。对近代美学家研究的高质量学位论文还有待进一步丰富。

通过文献检索，没有查找到直接以"庄子""近代美学"作为关联对象的重要文献。而事实上，在风云变幻的近代中，我们比较熟知的是中国现代美学、文艺理论奠基者如王国维，在建构其美学、文学理论体系的过程中经常以庄子思想作为支撑，并以之转译西方思想，从而实现了庄子与西方美学"不期然而然的汇归"。② 实际上，在此之前的学者对庄子的接受也为近代美学发展传承了良好的基因，有着极大的探讨空间。虽然，目前学界还没有对庄子美学在近代的接受研究进行整体把握的学术成果，但也有对一些个案进行散点透视性研究的成果。博士学位论文中以彭昊的《曾国藩与道家思想》（博士学位论文，湖南大学，2010年）最为典型，该文从曾国藩从政、治军、处世、为文和养生五个方面，论述了以道补儒的实践，揭示出道家思想在曾国藩思想中的地位，分析曾国藩接

---

① 徐林祥：《镜与日：刘熙载文艺美学思想研究》，博士学位论文，扬州大学，2006年。于2010年由社会科学文献出版社出版。

② 刘绍瑾、侣同壮：《二十世纪庄子文艺思想研究回顾》，《暨南大学学报》（哲社版）2003年第6期。

受和践行道家思想对近代经世思潮形成的价值,发掘以道补儒对近代中国士大夫的意义①,该文整理后于2015年由岳麓书社出版,是一篇较为直接阐释近代思想家接受庄子思想的研究成果。2005年,方勇先生指导其硕士研究生刘文军的学位论文《论严复的庄子学》较早地关注到近代思想家对庄子思想的阐释和接受,着眼于严复的《〈庄子〉评点》,广泛地将庄子思想和西方学术思想进行比照,互相阐发,为融贯中西学作出了大胆的尝试,对《庄子》阐释与接受研究具有一定的创新意义,但该论文研究还没能集中到美学思想上。

在期刊学术论文中,关注"近代美学"的有20多篇。其中比较有意义的有以下几篇:张青运的《近代启蒙美学的理论建构与价值追求》[《南京理工大学学报》(社会科学版)2004年第10期]关注了近代启蒙美学的发端,并将康有为的哲学、严复的进化论和王国维的审美境界说作为启蒙美学发生的重要标志,以此作为20世纪中国美学的源头。唐孝祥集中探讨了中国近代美学的时代特征、思想特征、理论特征和目标特征[《华南理工大学学报》(社会科学版)2004年第4期],并且在论述中他十分关注近代以来美学发展的内外背景,有对传统的思辨、中西美学的融通、代表性的意境理论形成及审美理想变革等方面的清晰论述,是一篇比较宏观的把握中国近代美学的成果。夏洁从教育学视角切入,将学术研究与学科发展结合,从高等院校的设科建系以及专业研究团体的出现等方面探讨了中国美学学科的建立过程《20世纪二、三十年代中国美学学科的建立》(《大学教育科学》2007年第6期)。韩书堂关注到日本美学对中国近代美学的影响《中日近代美学学科生成源流考——兼论王国维美学新学语的来源》(《理论学刊》2011年第3

---

① 彭昊:《曾国藩与道家思想》,博士学位论文,湖南大学,2010年,于2015年由岳麓书社出版。

期),肯定了王国维对中国近代美学的贡献,主要是通过消化吸收日本学人的已有成果和直接从西语中翻译这两种途径,把一整套美学所需要的术语、概念、范畴比较集中地固定下来,推动建立中国近代的美学学科。但同时也强调,此时中国美学本身也在向自觉构建的方向发展。祁志祥站在中国美学体系角度,对古典美学精神进行了重新概括,架构起由"味""心""道""文"为重要支点的美学精神系《中国美学的历史演进及时代特征》(《社会科学》2011年第11期),并且指出近代美学是"中国诗文美学的借鉴期"。

期刊论文中以近代学者个案为研究对象的居多。例如康庆、李宝红的《严复〈庄子〉评点与庄学的近代转换》(《安徽史学》2009年第6期)是教育部人文社会科学重点研究基地重大项目"中国近代老庄学研究"的阶段性成果,该文对认为严复的《庄子》评点分别从研究范畴的转换、近代学术分科体系下对于科学思想和进化论的阐发、宣扬"科学方法"三个方面展开,一改传统庄学研究模式,因而具有了近代转换的意义,同时指出这种转换是不彻底的,只具有初步意义。① 李昱的《梁启超晚年〈庄子〉研究的思想特色》[《北京师范大学学报(社会科学版)》2008年第5期]认为梁启超的特色是以佛解庄,是为了借以发挥自己的政治思想和观点,是否探求《庄子》之本义并非梁启超的兴趣所在。佴同壮的《王国维画论与庄子艺术精神》(《名作欣赏》2009年第2期)指出王国维论画的几篇文章重视创作主体的内心修养,多处直接移用或化用庄子的语言进行表达,体现了庄子自由解放的艺术精神、淡泊凝定的艺术境界。上述研究中不乏细致的论析,在论析中研究者多能提出独到的见解。但这些研究缺少对近代《庄子》阐释与接受的

---

① 康庆、李宝红:《严复〈庄子〉评点与庄学的近代转换》,《安徽史学》2009年第6期。

宏观整体把握，从而使人们对近代《庄子》接受研究的印象较为分散。当然，一个时期文论研究著作的形成，要以大量散点式的研究为基础，近代美学研究的繁盛需要更多学人的共同努力和更多研究成果的积淀。

综上，中国近代社会正是中国社会一个非常典型的转型期，近代美学正体现出社会急剧变革在文学艺术上的反映。在中国美学史上，近代美学处于古典美学与现代美学之间，有着重要的历史地位，发挥着不可替代的转承、过渡作用。它较之古典美学增添了新的内蕴，具有新的形态，特别是开始有了对人的关注，对人性的回归，使近代美学表现出新旧并陈、旧中寓新、中西交汇、新质萌生的特点。在这一过程中，庄子思想对民族美学精神的传承、西方学术思想的冲合，有着不可忽视的作用，而目前学界关于近代《庄子》阐释与接受的研究还很欠缺，有尚待开发之处。

因此，本书至少有以下几方面意义：

其一，本书能够进一步深化对庄子美学思想的认识，加强对中国古典美学要素的关注和挖掘，进一步突出庄子美学在中国古典美学体系中的作用，丰富庄子美学研究的成果。

其二，本书运用阐释与接受的角度，对庄子美学思想进行研究，通过对近代美学的宏观梳理以及对若干思想家、美学家的深入解析，形成宏观与微观相结合的立体研究框架，在一定程度上填补了庄子美学思想研究的学术区，进一步丰富《庄子》阐释与接受研究。

其三，本书选取"近代美学"这一方向，既是《庄子》阐释接受史中被疏落的部分，也是中国美学体系中被忽略的部分。研究有助于梳理近代美学思想发展史，发掘近代美学承前启后的作用，将进一步丰富近代美学研究成果。

其四，本书通过近代思想家对庄子美学思想的阐释与接受研究，进一步推动当下更多人关注庄学，进而促进庄子美学的现代性发展，用庄子思想滋养生命、润泽心灵，还文学以本真，还生命以真情。同时，研究也将推动学界对近代美学的整体关注，对近代思想家的深入阐释。

三 研究方法和路线

1. 在前人研究的基础上，运用文献整理法、个案研究法、文本细读法、历史与逻辑分析相结合、宏观概述和微观阐释相结合等方法，立足于庄子的美学、文艺学思想，力图从近代美学发展的角度，较为系统地梳理庄子思想所产生的影响、近代学人对庄子的接受与重释。

2. 利用权威、新近和可靠的参考文献，广泛研讨学界的各类研究成果和观点，综合运用哲学、美学、文艺学、历史学、政治学、心理学等学科知识进行多维度、建构性的研究，打破壁垒，超越单一研究领域的界限，将庄子放在近代学术发展的视野之中进行探讨，更好地发掘其学术价值。

3. 鉴于近代社会的演变特点、学者对庄子的接受实际，研究对近代美学中《庄子》阐释与接受进行点线面结合的勾画。一是对庄子美学理论范畴，如精神自由、本真自然、趣味自足、意境自成等，均纳入近代美学阐释的整体框架中进行分析；二是对不同理论背景下的《庄子》阐释与接受进行概要评述；三是重点对近代学者《庄子》阐释与接受个案进行考察。

4. 运用中西美学理论结合的方法。借用阐释学、接受美学理论，融合中国古典美学观点，从近代文论家、思想家的理论体系中找出各具特色的接受点，构建起庄子在近代美学中的接受体系。

5. 辩证方法。对庄子美学近代阐释与接受的研究，既关注近代学人自身形成的新思想和新的创作实践成果，同时也注意把握其对庄子美学不够深入的地方，更加客观和理性地看待接受本身的意义与价值。

四 主要研究内容

研究从阐释学和接受美学视角，对近代美学中的《庄子》阐释与接受作较为系统的探讨，研究中采取客观辨识、一分为二的观点，既挖掘出近代美学中《庄子》阐释与接受的成果和亮点，也不回避近代学者对庄子的借重和误用，努力勾画出《庄子》在近代美学中所走过的轨迹和所产生的影响。对《庄子》在近代美学中的阐释与接受情况，本书有以下几个基本观点：

一是《庄子》在近代社会受到重视并非偶然，其思想内核体现着中国古典美学的精髓，符合近代学人的现实审美需求。《庄子》在近代美学中的渗透与呈现，是其思想内涵与言说方式的旺盛生命力的具体体现。因此，研究尽可能遵循《庄子》文本的原意，尽量避免因近代学者的接受而产生曲解或附会。

二是庄子美学思想在近代美学中的阐释与接受具有多向性、多元化的特点，学人因各自的思想渊源与特质而产生接受与阐发《庄子》的不同视角和不同态度，呈现出古典美学、启蒙思想及西学冲击下的多种接受形态，形成了《庄子》美学发展的丰富图景。

三是《庄子》在近代美学中的阐释与接受，使庄学研究出现了新的景象，使庄子美学思想的价值突显，为现代庄学研究提供了广阔的视野。更为重要的是，其接受促使一批具有民族和时代特色的美学思想产生，丰富了近代美学的成果。因此，研究将关注庄子美学在中国美学体系建构中的重要作用。

研究重点和难点：

一是将阐释学和接受美学理论与中国古典美学的传承、阐释思想结合，既要体现出接受研究的主线，也不改变中国古典美学自有的体系和风格特质。

二是确定近代美学中《庄子》阐释与接受的线索，勾画出近代不同美学思潮对《庄子》阐释与接受的轨迹，并使之能够反映出近代美学的全貌。

三是对学者阐释与接受的个案分析，要深入研读学者的著作，获取第一手资料，同时也对研究近代美学、哲学、文学等有关论著进行整理，既要保证其思想体系的系统完整，又要挖掘影响《庄子》阐释与接受的要素；既要体现出学者本人美学思想的广度，也要体现出庄子思想影响的深度。

研究创新之处：

一是综合运用哲学、美学、政治学等学科研究方法，第一次将庄子美学放到近代美学思想的大视野中加以考察，通过对刘熙载、曾国藩、龚自珍、严复、梁启超、王国维等近代美学大家的生平经历与思想分析，系统梳理他们在为政、为学、为人、为文等不同方面，阐释与接受《庄子》所呈现出的不同方式和成果。

二是第一次用翔实的文献细致勾勒出庄子思想在近代学界历时性的发展和丰富，总体上呈现出援庄补儒、庄体儒用、以儒解庄、以佛释庄、以西释庄、以西拓庄等不同形态和特点，使庄子独立自由的精神、雄奇瑰玮的境界、自然真切的风格、诡谲恣肆的语言，与近代学人的学术论著、诗文创作相映生辉，在丰富学术思想的同时，带给人们养性怡情的艺术享受。

但由于学识和功力所限，在研究中也遇到一些问题。

其一，搜集占有的研究文献有待进一步充实。研究所选取的近代学者多兼有政治家和学者的双重身份，其思想涉及范围较广，思想走向变化较大，如曾国藩和梁启超都是著作等身之人，阅读原文耗时很长、搜集文献资料更难免有遗漏，对在五四运动前的文本资料较难查找，在一定程度上影响了研究工作的进展。

其二，个别学人美学思想分析有待加深。近代学人大多具有很高的国学造诣，对儒、道、释均有研究，并对西学极有兴趣，庞杂的思想体系也使研究工作遇到析缕分条的难题。特别是因为本人对西方哲学、佛学的理解与把握不甚深刻。因此，对于个别学人美学思想的分析还有待深入。

其三，对文学之外的艺术美学所论不够。按美学包含的范畴，研究应涉及书法、绘画、戏剧、音乐等美学领域，但因学识所限，难以触及，也是一大遗憾，将在以后的学术研究中加以克服，不断完善知识体系，丰富研究成果。

总之，由于近代中国处于一个极其动荡的时代，颠沛不安的时局在带给人们苦难的同时，也刺激着人们的思考与创造的激情，当时有诸多学人怀抱深厚的学养和宽广的胸襟，探寻着思想的蹊径，对庄子思想的研究较多。因此，总结庄子思想在近代的发展，无论对于认识庄子思想本身抑或其时代价值、意义都是巨大的。笔者今后将继续探研近代学者对庄子美学思想的阐发，力克本书中的不足之处，以期匠成更有价值的研究成果。

第 一 章

近代中国学术背景下的《庄子》阐释与接受

近代是中国历史上的一个重要时期,在这段并不长的历史阶段里,落后与苦难、救亡与抗争成为贯穿始终的主题词。鸦片战争作为重要的历史转折点和分界线,将不断滑向低谷的古老中国推向了更深重的谷底,开始了一段长达百年的屈辱史。在颓势已成且持续没落的过程中,人们在不断地反思落后、封闭和屈辱的根源,开启了半殖民地半封建国家艰苦而又漫长的抗争历程,寻求民族独立解放之路。中国近代史由苦难和屈辱而肇始,激发了思想文化的变革,也形成了以启蒙、新民等为特点的思潮。作为一个时代、一段历史的重要标记,思想文化、学术研究与其社会现实紧密关联,成为历史行进的引领者和风向标,其作用和影响深刻绵长。

第一节 近代中国的思想文化变革

一 思想文化变革是解决近代中国社会危机的现实需要

近代中国社会由内到外的全面危机,加速了社会形态的根本性变革。清朝自嘉庆年间开始从承平走向衰落,其社会危机以潜在的暗流演进聚集,滑上了衰败的下坡路。这种衰落之象体现在政治上，首先是政府消耗无度，清政三大要事严重垄断，弊端重重，显露颓败的端倪；其次是官场腐败泛滥，清政府失去了民众的公信力。家庭农业经济活力不足，自然灾害频发进一步导致贫富差距持续加大，流民数量大量增加，人们过着居无定所、食不果腹的生活，民怨积重而发，多地出现揭竿而起的会社，形成了不可遏制的潮流。由这一时期埋下了衰落的种子，使古老的中国消磨了千年的沉淀，渐渐成了无源之水，泱泱大国呈摇摇欲坠之势。

正在清政府闭国内耗之时，西方资本主义国家陆续完成了第一次工业革命，并先后把资源丰富而落后陈腐的中国作为掠夺的目标。在实施掠夺计划的过程中，英国从瓦解中国人的意志入手，使一大批具有抗击侵略愿望的国人成为鸦片的奴隶，由此引起的鸦片战争便成为清政府走向灭亡的导火索。丧权辱国的《南京条约》签订后，西方列强争相而至，每一场战争过后都要签订几份不平等条约，巨额赔款、割让领土、开放口岸、倾销洋货，成为霸占中国领土、掠夺民族财富、压榨中国人民、摧毁华夏文明的工具，近代中国社会出现了前所未有的乱局，政治、经济、文化剧烈动荡，逐渐沦为半殖民地半封建社会。

从清末政府的昏庸和官吏的贪腐窥探社会风云，一代文化精英早已觉醒到中华民族的危难。反帝反封建，争取独立、民主和富强，是中国近代历史的主题。在各类自求自强的主张和运动中，魏源提出"师夷长技以制夷"，打开国门了解世界；洪仁玕在《资政新篇》中强调要借鉴资本主义做法；翻译、报刊等大量兴起促进了西方思想和学术方法的传播形成了一定的冲击，也促进了深刻的变革，同时也激发了宋恕、黄师培等人标举的国粹论；在文化领域内，则使晚清开始萌发的白话文运动发展成为"五四"时期的新文化运动。所有这些观点和努力，无论是"拿来"还是要固守，都是围绕"救国"二字展开的，都是围绕民族独立和解放展开的。

在前仆后继的战斗中，洪秀全领导的农民起义爆发，1853年春建立"太平天国"，逐步在军事上形成了对清朝的巨大震慑。1864年夏，洪秀全病逝后不久，在湘勇的打击下，太平天国消亡。而后，以奕䜣为首，辅以曾国藩、李鸿章、左宗棠、张之洞等人，创建北洋、南洋、福建三支海军，发起了以"自强""求富"为目的的洋务运动，大力发展军事、教育、科技，客观上刺激了中国资本主义的产生；以康有为、梁启超为代表的有识之士直接推动了维新变法运动，而变法的失败，间接加快了中国资产阶级的发展。

经过数年的酝酿，1911年10月10日，孙中山领导的辛亥革命以武昌起义为号令，历经艰辛，于1912年1月1日，成立中华民国南京临时政府，建立了资产阶级民主共和国，两千多年的封建君主制度宣告终结，成为中国历史上具有完全意义的反帝反封建的资产阶级民主革命。但这场革命因为政治上的软弱，不仅断送了胜利果实，而且作为战胜国，中国的合理要求在1919年的"巴黎和会"上却被各国无视。不公平的国际待遇、不硬朗的外交形象再次激起国内民众的强烈愤慨。5月4日，在北京爆发了以学生为主、工人群众和商业人士广泛参与的大规模爱国运动，无产阶级由此登上中国政治舞台，拉开了新民主主义革命的大幕，并以新文化运动推动中国人民思想解放和民族独立的进程，为中国近代史写下了句号。

二 儒学传统与诸子新释、思想启蒙、西学东进此消彼长

近代社会的一切变革，都是围绕着寻找自强之路而展开，而在其背后，是日渐衰落的以儒家为主体的传统思想文化。只有解决思想之弊，才能从根本上实现政治、经济、军事的强大。对于这一点，具有开放视野的一些仁人志士有着较敏感的认识，他们从各个朝代盛衰演进的历史规律中不断反思和探索，以忧国忧民的民族情怀努力挖掘经世致用的思想价值，期待能够寻找到具有变革性、引领性的思想主张和发展道路。于是，或是向传统文化中被儒学遮蔽的其他思想求解，解答时势难题，汲取应对变局的精神力量；或是奋力打开眼界，学习和借鉴西方的经验，努力探寻未知的领域和规律，思考如何求生和重建。

从思想史的角度看，晚清儒学的衰落是由多种原因造成的。一是其发展演进的必然性。清末，儒学理论思维已滑至低俗，此时所谓的大儒已渐渐失去探讨哲学思想的动力。二是社会形态变革产生的重要影响。一大批探索维新运动的资产阶级革命者期望通过君主立宪、洋务运动等渠道重新建构政治秩序，通过吸收借鉴更多的西方思想来塑造新国民，完成对社会主导思想和社会管理体制的全面变革，也包括对政治、哲学、教育、文化、军事等各个领域的思想体系的重塑。这就让儒学在与西方文化交手时显得捉襟见肘，失去了革新、重起之力。而此消彼长的规律，则给儒家以外的各家思想学说一个重获新生的机会，让儒家之外的中国传统诸子学说获得展露的舞台，打开了新的阐释空间，从而促进了时代背景下传统思想资源的重新估量，核心与边缘、权威与异端进行了重新组合。

在艰难求索的背景下，近代中国思想文化领域的变革形成三大特征，概括地说就是诸子学重新得到重视、启蒙思想从民族文化内部萌发、西学东进促进了学术思想和方法的融合。首先是诸子学重新得到重视。一大批宗儒的文人士大夫，为了能够在激烈变局中寻找蹊径，探求救世之学，他们不惜打破传统，在经学子籍中为思想发展探寻出路，为齐家治国提供新的精神给养。刘熙载从为官毅然转而为学，其传世著作《艺概》不只梳理总结中国古典美学，更为诸子学兴起、推动文化革新作出了探索。"名儒"曾国藩看破诸子皆为其师、缺一不可的道理，在为官治学、家国友亲、疾病缠身的多重负累之下，以"游心能如老庄之虚静，治身能如墨翟之勤俭，齐民能如管商之严整"①的准则修身济世。他在诸子百家思想中解答治军之法和为官之智，以"治身""齐民"突显经世用处，以"虚静""游心"解悟人生起伏，获得对老庄之道的现实回应，使其最终享有"一代完人"之誉。作为洋务运动的重要推动者，曾国藩通过江南制造总局翻译局引介传播西方书籍，先后翻译126种图书，涉及数学、物理、化学、医学、天文学、军事学和地图册等领域，通过科技文化知识传播，推动了近代科学技术进步，影响了一大批维新人士的思想。

在近代思想家中，龚自珍、严复常常被放在一起来讨论。实际上两位思想家之间有明显的差异和各自的代表性。被称为"一虫独警"的龚自珍是思想启蒙的先觉者和先行者。人们对其思想的关注主要在对传统学说的改造和文学创作上。思想启蒙本身强调的是激发新生的动力，寻找光明的力量，经世致用是启蒙思想的重要基础。龚自珍以洞幽烛微的思考，在《春秋公羊》"三世说"的基础上，再造提出治世、衰世和乱世，直指当时之中国已经是"将萎之华，枯于槁木""岌岌乎皆不可支日月"的衰世。他多次撰文痛斥时弊，提出内惠民众、外强边防的变法革新建议，如实行土地平均、加重地方官员权力、设立新疆行省、加强农田水利建设等主张，虽未能得到清政府的认可在现实中得以实行，但对曾国藩等人推进的洋务运动、康有为等人发起的戊戌变法等革新运动，都产生了重要的启蒙作用。

龚自珍的启蒙思想形成是以救亡为目的的自发选择，而严复则代表了近代中国学人主动破茧寻找重生力量的思潮。严复有龚自珍所未能拥有的走出国门看世界的机会，作为第一批前往英国求学的中国留学生，他如饥似渴地吸收和传播着西方思想和技术，其涉猎

---

① 《曾国藩全集·日记》，岳麓书社1987年版，第652页。

包含练兵建军、造船制炮等科学技术，以及西方哲学和社会科学领域。为了给在迷茫中求索的有识之士带来启发和力量，让更多国人能够主动向西学问计问智，严复把翻译西书作为自己的重要学术方向。虽然我们也看到，严复与同行者的努力并没有使近代中国实现根本性变革，但他通过译书，不仅使近代中国翻译学获得重大发展，而且让更多中国人看到了科学技术、科学理念对历史进步的重要推动作用，唤醒了一大批后来人。在严复这里，启蒙之声高扬且回声不绝。

在西学之风涌入的过程中，近代思想中的先行者也好，后来人也罢，都十分关注"国民性"问题。作为着重强调"新民"的近代思想家，梁启超从公德、权利、自治、义务等诸多角度进行系统论述，不仅把"新民"为国家第一急务，还从教育革命、小说革命等方面倡导开民智、兴民权。"欲新一国之民，不可不先新一国之小说。故欲新道德，必新小说；欲新宗教，必新小说；欲新政治，必新小说；欲新风俗，必新小说；欲新学艺，必新小说；乃至欲新人心，欲新人格，必新小说。何以故？小说有不可思议之力支配人道故。"[①] 他认为文学具有塑造和发扬国民性的重要价值，对培育自由独立的新国民有不可替代的引导作用。权利与义务、公德与私德均衡发展。这是对严复等人的思想脉络的承接，由关注西方政治制度、科学技术转向对民族心理、思想文化的关注，从而改造民性，提高民智，使国民从灵魂上焕然一新，以实现救国的根本目的。

按照这样的历史逻辑，西学的影响渐渐由形而下的领域向形而上的层面转移。到王国维这里，他在接受西学时，比较明确地关注于形而上领域，从训诂学、历史学到哲学、美学、图书文献学等各个领域，剥离传统观念中文学所附有的政治功能，突显文学自身的

[①] 梁启超：《饮冰室合集》第二册，《论小说与群治之关系》，中华书局1988年版，第6页。

属性与意义，进一步发扬"无用之论"的审美观念，对中国古典美学思想精髓作出了历史性的集成发展，彰显和挖掘民族美学精神不可低估的价值。王国维借助西方美学的学理模式，探讨中国美学学科创构的基础性问题，走上了一代学术大师的宽阔道路，为建立中国现代美学奠定厚重的思想和方法基础。

中国近代思想文化是"启蒙与蒙昧、革新与守旧、进步与落后、开放与封闭等多重意识、多重形式交织混合"① 的文化大观，新文化不断萌发、生成，传统思想在挣扎中探索，有的萎缩、有的淘汰，也有的被重新阐释并获得新义。那些经得起世事和历史检验的思想精华，在社会巨大的变革中得以保留、传续和发展。

第二节　"美学"学科进入中国

透视各学科的发展规律，早在人们产生系统认识之前，一些相关的现象、体验早已存在于现实之中，并对人们的生活产生了相应的影响。中国美学学科的诞生也与此规律高度吻合，人们对美的体验远远早于"美学"学科的诞生。"中国美学"一词虽然是后人在学术研究中提出的，而其在中国思想文化中却是历史的存在。中国美学理论产生的起点并不晚，只是明确提出具有共识性的概念体系要迟些，在学术上未出现理论完备的美学典籍，而以诗话、词话、文论、书论、画论、曲论等命名，以较松散的论说、评点形式传世的专著却十分多见。可以肯定地说，从儒家到道家，中国古典美学的理论形态早已走向自觉，并沉淀为中国美学的重要基因。

从现代学科分类来说，美学属于哲学学科分支下的二级学科，其所涵盖的理论与方法体系是地道的舶来品。在传入中国之前，美

---

① 关爱和：《中国近代文学史》，中华书局2013年版，第15页。

学已经在西方发展了一个多世纪,形成了颇具规模的流派和体系完整的理论。作为西方学术名词,美学是从哲学中分离出来的,自然具有其母体的突出特征,体现出对人的精神体验和情感反应的高度关注。

在"美学"概念进入中国思想体系之前,其理念早已伴随西学之风进入古老的中国。而此时正值中国古典美学寻找新生的重要过渡时期。这一阶段,出现了刘熙载、曾国藩、龚自珍等经学功底扎实、文学思想敏锐的士大夫,他们以专著或散论等不同形式,对古典文论和作品作家进行系统总结,期望能够挖掘出更多推动思想更新和时代进步的见解。此后,又有严复、王国维、梁启超等较早接受西方理论的学人,逐步接受具有学理规范性的思想和认识,并尝试以西方科学理论和方法,解读中国美学观念、范畴和价值,从理论意义上,促进了一批代表性美学著述的诞生。如王国维的《人间词话》较好地实现了中国古典美学名词与西方美学学术观念的融合,深化了中国古典美学的感性特质,打开了中国美学创新发展的新天地。

王国维在求学日本时较多地接受了西方美学观念。1901 年在谈到儿童早期教育时,他开始使用"审美""美感"等词,但未涉及美学理论概念。1902 年,王国维翻译了牧濑五一郎的《教育学教科书》时说:"……欲使教授时有生气有兴味,而使生徒听之不倦,不可不依美学及修辞学之法则。此外哲学、社会学、人类学等,与此学之关系亦不浅。"[①] 美学正式成为王国维的研究领域,并对"美学"概念作了定义式说明。"美学、审美学:Aesthetics。美学者,论事物之美之原理也。"[②] 这里的"美学"就是研究事物美的

---

① [日]牧濑五一郎:《教育学教科书》,王国维译,教育世界杂志社 1902 年版,附录第 2 页。
② 王国维:《哲学小辞典》教育丛书二集,教育世界出版社 1902 年版,第 1 页。

原理的学问。在《哲学辞典》中，他又分别对"人类学""伦理学""教育学""哲学""心理学""社会学""论理学"（今译逻辑学）等学科都作了简单的界定。但此时王国维对西方现代学科的定位和理解还是趋于表层化的，无法明确区分各自的学科归属，只得笼统地将它们都归入哲学的名下。1903年10月，蔡元培先生在翻译《哲学要领》一书时也指出："美学者，英语为欧绥德斯尼 esthetics（即 Aesthetics），源于希腊语之奥斯妥奥，其义为觉与见。故欧绥德斯之本义，属于知识哲学之感觉界。……美学者，固取资于感觉界，而其范围，在研究吾人美丑之感觉之原因。好美恶丑，人之情也，然而美者何谓耶？此美者何以现于世界耶？美之原理如何耶？吾人何由而感于美耶？美学家所见、与其它科学家所见差别如何耶？"① 这是中国学者首次从"美学"概念的语源角度去解读美学的本质内涵，认识到美学的本意不是汉语名称字面意义上所谓的"美"，而是"觉与见"，即"属于知识哲学之感觉界"。

在此之后，伴随着西方哲学教育的开展，美学进入大学课堂，时称京师大学堂的北京大学最早开设了由蔡元培亲自主讲的"美学"课程，蔡元培的著作《美学的进化》也成为中国美学史研究的重要文献，推动中国美学理论框架逐渐走向清晰，从学科意义和历史意义上确立了中国美学独立的学术地位。具有过渡性质的中国近代美学思想，其理论基础源于中国古典美学，同时受西方美学多元方法论的启发，形成了中国美学学科的理论雏形。

有学者曾探讨说，在近代社会转型的重要时期，如果中国美学如果能够实现一次现代性的发展，那么今日的中国美学至少可以比当下的境况进步五十年。在历史演进的波涛中，这种假设无法成立，这种遗憾也不能消解。今天的我们，更应感到庆幸的

---

① 中国蔡元培研究会编：《蔡元培全集》第1卷，浙江教育出版社1997年版，第176页。

是，在动荡的近代社会进程中，美学在进入中国时始终葆有其哲学母体的功能，并且有一批学人在接受与借鉴中没有忘却古老中国的美学基因，通过传播与阐释促进融合，为中国近代思想启蒙和新文化运动带来重要的思想力量，为唤醒民众、塑造新民提供了宝贵的良方。

因此，从学科建立的角度审视中国美学由古典向近代的转型，虽然历经几十年，走得磕磕绊绊，但站在新时代的方位上，我们仍然要说，王国维等前辈学人所做的努力可以说具有划时代意义的学术贡献，为中国美学学科打开了新天地。从此开始，中国美学在保持传统的同时，确立了与西方文化进行初步对话的姿态，从而明确了融汇中西、自觉发展的历史走向。

第三节　阐释学与接受美学的兴起

何为阐释学？即解释学，又称诠释学（hermeneutics），主要是一个学术名词、一种哲学理论及相配套的研究方法。阐释之本义是阐述、解释。阐释学理论基础主要由斯宾诺莎、鲍姆嘉通等学术先驱奠定。19世纪下半叶，德国哲学家狄尔泰等人在此基础上，提出作为以"历史理性批判"为核心的解释学，即处于具体历史情境中的人可以对其他历史阶段的文本或主张做出解释和理解，而放到文化中，这里的"解释"和"理解"就是解释者"进入"创作者的主观精神世界。在其后，20世纪的德国哲学家海德格尔又发展建立现代解释学，实现了两大转变，一是研究领域由人文科学向哲学领域转变；二是研究对象范围从方法论、认识论研究转变为本体论。海德格尔的主张在思想界、美学界产生了较大影响，其思想与笔法经常被中西方学者拿来与老庄等先哲进行对照和比较，成为中西方思想融通的重要纽带。

20世纪50年代，伽达默尔总结海德格尔的本体论与古典解释学，将其发展成为一个哲学学派，把这一理论扩大到美学、历史与语言三个领域，强调历史性认识、解释的局限性，为后来产生的现象学解释学、批判解释学等流派创造了重要的思想条件。20世纪60年代以后，解释学开始与诸多西方哲学学派结合，先后形成了现象学解释学、批判解释学等新解释学学派。特别是哈贝马斯和阿贝尔以重视实践问题为重要特征，认为解释学应发挥改进社会的有效作用，将主观意识的影响降低，从而保障认识的客观性和语言系统的客观性，并借以达到改善人类生活机制的目的。

在中国古典美学中，阐释现象出现并不晚。有学者甚至提出，两千多年来的中国思想文化研究不过就是对轴心时代诸子学说反复阐释的历程。汉语中的"阐释"一词最早出现在东晋时期，著名道学家葛洪提出"幽赞太极，阐释本元"，其时他主要关注的就是道家学说的阐释。也就是说，中国阐释学的实际行为远远早于理论的产生，这也符合前文所述的学术发展规律。20世纪60年代后，徐复观等学者开始运用阐释学原理解读中国古典美学与艺术精神。到80年代初，海德格尔、伽达默尔等人的著作陆续被翻译传入中国，现象学、阐释学的方法和理念逐渐成为中国大陆学者开展研究的重要视角，并为经传注疏找到了理论依据和理论重构的途径，力图形成具有中国传统哲学与古典美学特点的中国解释学。进入21世纪后，学界先后出版了《中国古代阐释学研究》（周裕锴，上海人民出版社2003年版）、《中国古代诗学解释学研究》（邓新华，中国社会科学出版社2008年版）、《阐释学与跨文化研究》（张隆溪，生活·读书·新知三联书店2014年版）等研究成果，以西方阐释学作为一种理论参照，回望中国两千多年思想文化体系中的阐释学行为，对中国古典哲学、诗学和传统文化进行全新的解读，也给中国现代哲学、美学发展创造了更多可能。中国阐释学问题逐渐成为文艺美学领域新的研究热点。

何为接受？从汉语词源上说，有承受、吸纳、认可之意，其含义是心理上对事物容纳而不拒绝。作为哲学名词，接受指的是个体在与对象互动时，所产生的接纳、吸收以及内化的过程。作为美学概念，"接受"由姚斯于1967年明确提出，主要强调的是读者的审美不是被动的消费，而是对作品进行再创造的过程，文学接受是文学活动的重要部分，能够发掘出文学作品的更多意蕴。接受美学于20世纪80年代从西方引入中国。姚斯《提出挑战的文学史》和伊瑟尔《本研究的号召结构》作为接受美学的开山之作，在中国大陆学界广泛流传。接受美学家反对历史客观主义，认为文学作品的涵义因读者的审美经验和创造性不同而不同，文学的社会功能也是由读者的参与而实现的，而作家创作与读者接受之间形成一个由作品为媒介的动态交互的过程。① 接受美学提出，文学研究不仅要关注作家的创作活动，还要关注到文学接受者的心理、反馈和再创造的活动，以及接受所产生的直接成果。接受美学主张的是对文学活动做立体化考察，强调文学或艺术本身具有流动性，是一种社会文化载体。接受美学思想与研究方法的建立，预示着人文主义的回归，对丰富文学理论和研究视角具有重要意义。

接受美学的建立与阐释学有十分密切的关系，阐释学是其重要的理论基础。特别是海德格尔、伽达默尔的观点，把美学放在阐释学范畴内，把现代诗学作为重要研究内容，给接受美学的理论创构提供了极大的支持。在这些接受美学家的学术概念中，任何一种认识或者思想观念都有一个发展和接受的过程，因此具有一定的历时性，并将在时空、环境等外在条件发生变化时，产生各种各样的影

---

① ［德］H. R. 姚斯、［美］R. C. 霍拉勃：《接受美学与接受理论》，周宁、金元浦译，辽宁人民出版社1987年版。

响。相应地，读者作为接受的主体，也会依据自己的认识、经验、观念和价值追求对接受对象进行审美判断和价值认定，这就是把自己的认识与解读作品发生关联，从而形成接受和阐释的不同结果。在这方面，伊瑟尔的"隐含读者"、沃克·吉布森的"冒牌读者"和"真正读者"等理论，都是由此而来的。在这一点，其实与马克思主义美学对文学活动的认识相近，文学生产、文学消费是两个同时存在并相互作用的过程。在文学创作和艺术产出的同时，接受与再创造的过程同样存在着，或者共时，或者延迟，但一定存在。如果一种创作活动没有引起相应的阐释与接受，那么，创作活动本身的价值就无法实现。所以，在文学史中，创作史与接受史都是不可或缺的组成部分。

在接受美学进入中国之前，中国本土的美学观念中尚未形成理论体系，但在中国诗学与古代文论中对传承与接受问题的探讨极为普遍。从诗词创作到书画鉴赏所提倡的兴味、留白、得意忘象等境界，都是与接受相关的要求。这种审美理论形态本身就是中国诗学及文论特质的本色传承。"构成中国诗学体系的范畴大致有两个来源：来自于抽象的形而上理念或自然的元范畴，如道、气、象、兴等；与身体及自身体验有关的一般范畴，如味、主脑、肌理、意脉等。前一类范畴虽然来自于天地自然，但后来也不完全只是与天地自然相关联，而且还涵盖了人体运行规律的某些因素。范畴在中国传统诗学语境中难以找到这样的语词来指称。从而也带上了一定的感性色彩。这是中国传统诗学与偏重于理性的西方诗学理论体系的不同之处。"① 中国古典美学的这种感性思维特征，是由中国传统思想文化直接影响形成的。在创作与欣赏的过程中，重视作者、作品和读者三者之间是否形成和谐相通的状态，特别是对"见仁见智"

---

① 陈学祖：《错位与融合：中国诗学范畴现代转型与西方美学、诗学术——以梁启超"情感表现"为例》，《江汉论坛》2008 年第 12 期。

或"以意逆志"等主观能动接受现象产生的分歧,中国古代文论运用"诗无达诂"的观点给文本阐释留下空间,通过侧重强调感受与体验的方法绕开观点的差异,调和审美冲突。因此,中国诗学重情感,任何成功的诗,不论写景、叙事、说理,既然要以情为根基,就应以情为统帅。我们在读诗或评诗时,所追求的诗味、诗美,从何而来?即从诗情而来。诗而无情,也便乏味,谈不上诗美。无情的诗,既没有吸引力,也就没有生命力。① 而像"滋味""神韵"之类的术语,具有创作指引和接受体验的双重内涵,其运用既体现在创作中,也关联着文学接受。

从学术发展的逻辑看,在一个概念明确之前,它所涵盖的活动与行为往往已经存在,并且因为长期发展而逐渐成为一种普遍性行为。接受美学问题就是如此。虽然接受行为长期、广泛存在于中国诗学与文论之中,但因缺乏现代学科体系的支撑,并且属于审美理论的末梢环节,它的诞生就显得迟些。实际上,我们在中国古代文论的诸多名篇论著中,如刘勰的《文心雕龙》、钟嵘的《诗品》、王昌龄的《诗格》、司空图的《二十四诗品》、严羽的《沧浪诗话》、袁枚的《随园诗话》等,都能潜移默化地感受到中国接受思想的引导和熏陶。屈庄之魂、李杜之风、欧苏之文无不在接纳中继承、创新和发展,创造了璀璨的中国古典文学盛景。离开了接受和批评、传承与创新,中国文学就失去了发展的根本动力。到了近代社会,刘熙载、曾国藩、龚自珍、梁启超、王国维等人的思想理论和他们的诗文创作,也无不印证着这一规律。

更可喜的是,在引入西方美学理论时,童庆炳、朱立元等一批具有学术视野的理论家,较快地推进了本土化研究。童庆炳先生曾对文学的"接受"内涵作过这样的界定:"对'接受'的理论界定

---

① 吴奔星:《论诗学是情学》,《社会科学战线》1989 年第 2 期。

可以作为我们研究的指导原则：对于接受本身来说，当然应该充分地高扬审美性的欣赏或鉴赏地位，但是与此同时也不能不有意识地顾及准审美或非审美性的诸多反应现象。……只有如此，我们才可能不断地趋近现象的内在规定性。"① 朱立元先生从接受美学理论出发对读者进行了细致的分析，并将其分为高中低三个层次，其中高层次的读者具有较好的审美情趣、文学视野和鉴赏能力，能够通过接受反馈极大地促进文学活动的发展。这一观点类似于迈克尔·里法泰尔提出的"超级读者"的概念，主要指从事文艺创作与理论批评和研究的群体，包括作家、批评家、阐释家、高等学校学者等。② 童庆炳、朱立元两位美学大家在吸纳西方接受美学思想的同时，将其与中国文学理论融合，在建构中国美学理论框架的过程中，传承发扬了古代文论和古典美学的精髓。

当前，学界对中国古典文论的阐释与发展前所未有，阐释学与接受美学中国化的步伐不断加快，随着学术的不断开放，未来必然出现更多新的研究视角，促进学人发掘更多前人所未深入的领域，以新的方法阐释今天未探入的问题。

第四节 《庄子》阐释与接受概况

轴心时代的中国思想文化，以言论纵横、诸子蜂起的多元化特点而著称。道家作为与儒家相辅相成的思想流派，在政治、文化、军事等各个领域中，以若即若离又不可或缺的状态，见证着朝代更替，也促进了学派分合发展。抛却政治因素，道家思想对形成中国传统审美心理意义十分重大，对中国历代文化观念和文人生活态度

---

① 童庆炳主编：《文学理论要略》，人民文学出版社1995年版，第221页。
② 蒋述卓、洪治纲主编：《文学批评教程》，武汉大学出版社2010年，第148页。转引自李超《论刘熙载〈艺概〉的文学接受思想》，博士学位论文，浙江大学，2011年，第4页。

的影响更为深刻。道家美学在表现形态上以思想含蓄、语言凝练、词断意连为重要的审美特征，在很大程度上影响着中国古代文论也呈现出同样的特点，留下了诸多观点鲜明、视角独特、自成体系的文学理论著作，为古典美学与文论思想的传承和阐释创造了广阔的空间。《庄子》一书便是如此，八万余字的篇幅放到今天白话文书籍中看虽然不算长，但与五千言的《老子》相比，应算是体量庞大。历代文人和思想家对庄子思想展开了各个角度的阐发，留下不可计数的文字。到了近代，庄子思想获得更大程度的挖掘，也不足为奇。

纵观学术史上三次庄学研究的高峰，第一次出现在魏晋时期，不仅出现了向秀、郭象等传世注本，出现阮籍、嵇康等追步庄子的名士，还将庄学阐释拓展到了本体论、知识论、伦理学等领域。"一到魏、晋之间，庄子的声势忽然浩大起来，崔譔首先给他作注，跟着向秀、郭象、司马彪、李颐都注《庄子》。像魔术似的，庄子忽然占据了全时代的身心，他们的生活，思想，文艺——整个文明的核心是庄子。他们说'三日不读《老》《庄》，则舌本间强。'尤其是《庄子》竟是清谈家的灵感的泉源。从此以后，中国人的文化上永远留着庄子的烙印。"① 闻一多先生的这段描述既指出了魏晋玄学与庄子之间的关系，也说明了历史如何成就今天的庄子，使庄学在一定程度上具有了超出老学、与儒学并立的地位。

第三次高峰出现在 20 世纪 80 年代后，庄子研究从哲学、文学再到美学，实现了一次次跨越，美学研究成为庄学研究的重镇，占据了庄子研究的大部分成果，一大批庄子美学研究专著陆续出版，把庄子美学研究推向前所未有的新高度。进入 21 世纪后，方勇的《庄子学史》（人民出版社 2008 年版）将传统训诂方法、史论方法

---

① 闻一多：《闻一多全集》第二卷，开明书局民国三十七年（1948）版，第 279 页。转引自马元龙《郭象玄学与魏晋风度》，《中州学刊》2000 年第 7 期。

结合，阐述庄子学说及历朝历代思想家对庄子学说的继承、运用、发展、修改以及批判，是具有重要学术价值的庄子学巨著。这期间逐步衍生出了庄子语言美学、庄子生存美学、庄子生态美学等诸多与时俱化的研究领域，将庄子与柏拉图、庄子与海德格尔、庄子与萨特、庄子与尼采等人的美学思想进行比较，成为重要的学术探讨方向，促进了庄子思想的国际化。

而第二次高峰就出现在清末。如前所述，这一时期，儒家的内部格局发生了变化，经世致用的思想高潮逐渐褪去，无论是宋学还是汉学，以及宋汉合流都难以完成儒学自我调节、自我拯救、自我发展的使命，这时，庄子美学中的精神自由、本真自然、趣味自足、境界自成、卮言自悦等思想要义，恰好符合时代的需求，切中学者的内心，这也是《庄子》被近代思想家发掘、借重和阐释的根本原因。《庄子》文字、音韵、训诂研究成果频出，文章学研究达到制高点，义理阐释方面也呈现出数量明显上升、深度开掘聚集、思想广度拓展、方法角度多样的态势。近代庄子研究纷繁丰硕的成果，使《庄子》内化修己、外延济世的思想价值得到彰显。

近代学者郭庆藩和王先谦，从文字、训诂方面发扬了前人的传统，矫正了清以前学人的诸多失误，分别以《庄子集释》和《庄子集解》而著称。马叙伦存有《庄子札记》上下册共十四卷、《庄子义证》五卷，考证研究成绩斐然。但训诂考证学的固有思维使这些研究失去了思想阐发的活力，陷入了僵化的窠臼，既缺少宏观理论体系的建构，也缺少对重要观点的深度挖掘。在阐发义理方面，运用传统方法阐释是较多学人的选择，如马其昶的《庄子故》八卷、林纾的《左孟庄骚精华录》《庄子浅议》、王叔岷的《庄子校诠》等。较有特点的是刘文典，他以传统哲思加狂狷风格成就《庄子补正》十卷本。陈寅恪先生对刘文典所议"庄子之书，齐彭殇，等生死，寂寞恬惔，休乎天均，固道民以坐忘，示人以悬解者也"①深以为然，称赞"先生此书之刊布，盖将一匡当世之学风，而示人以准则，岂仅供治庄子者所必读而已哉"②。有关刘文典在课堂讲解庄子的故事亦流传甚广。

在美学的学科概念进入中国前，近代思想文化发展的窘境使中国古典美学走入了瓶颈期。道家思想从中国古典美学发端之时，便注入其精神元素。刘熙载集各家之长，采用传统诗话形式，对文、诗、赋、词曲、书和经义等中国传统艺术样式展开论述，作出了"内容纯粹，颇成体统"的理论建构。他在《叙》中明确提出"艺者，道之形"，辨析了"艺"与"道"之间的依存关系："艺"属于末端之术，是"道"的外在表现。在此基础上，他还论述了"正"与"真"的辩证关系，"正"源于儒家之道，"真"属于道家之本，"赋当以真伪论，不当以正、变论。正而伪，不如变而真。屈子之赋所由尚也"③，对"真"与"道"的强调，显露出其道家文艺美学思想的倾向，是刘熙载作为中国传统文学理论家的自觉选择。

在此之后，龚自珍、魏源等启蒙思想家，以超常的魄力打破儒学僵化的传统，使被挤压的诸子学获得重释的机会，也使西方外来文化获得了落地的土壤，通过内生外促，进一步激发革新力量，有力地推动了近代中国思想文化的深刻变革。

与龚自珍、魏源等人的启蒙意识不谋而合并发生催化作用的，是自明末开清末不断增强的西学之风，当国门被强行打开后，西方思想和各学科知识以不可阻挡之势进入中国社会，译书出版的兴起

---

① 刘文典：《庄子补正》，自序，安徽大学出版社、云南大学出版社 1999 年版，第 2 页。
② 刘文典：《庄子补正》，陈寅恪序，安徽大学出版社、云南大学出版社 1999 年版，第 1 页。
③ （清）刘熙载著，薛正兴校：《刘熙载文集·艺概卷三·赋概》，江苏古籍出版社 2001 年版，第 123 页。

更直接地发挥了推陈出新的作用，冲击着传统思想文化和学术体系，也使庄学研究不断拓展。近代以章太炎、严复乃至康有为等人为代表的庄子研究，首先从哲学领域起步，开创以西拓庄、以西释庄的新思路。其主旨还是借重、阐发和传播庄子学说，解除思想上的禁锢，力求唤醒更多国人，获得修己救世的启发。

章太炎在《生平与学术自述》中称其一生"会通庄佛"，体现出以佛释庄、庄佛互通的用意。实际上，他对《庄子》的研究既有文本字义的考评训释，也有思想阐释上的探求，《庄子解故》为前者，《齐物论释》则代表后者。章太炎古文功底扎实，学术思想开放，学术视野宽广，又善于吸纳西方哲学思想，以较强的思辨能力汇成《齐物论释》。他通过佛学、近代思想与庄子的比较，对自由、平等进行了深入的阐释。虽然"自由平等"的愿望是人类所共同期望的，但他看到庄子的自由平等观涵盖之广，意义之深。"庄子的根本主张，就是'自由'、'平等'，自由平等的愿望，是人类所公同的，无论哪一种宗教，也都标出这四个字。自由平等见于佛经。'自由'，在佛经称为'自在'。庄子发明自由平等之义，在《逍遥游》、《齐物论》二篇。'逍遥游'者自由也，'齐物论'者平等也。但庄子的自由平等，和近人所称的，又有些不同。近人所谓'自由'，是在人和人的当中发生的……《逍遥游》所谓'自由'，是归根结底到'无待'两字。……真自由惟有'无待'才可以做到。近人所谓平等，是指人和人的平等，那人和禽兽草木之间，还是不平等的。佛法中所谓平等，已把人和禽兽平等。庄子却更进一步，与物都平等了。仅是平等，他还以为未足。他以为'是非之心存焉'，尚是不平等，必要去是非之心，才是平等。庄子临死的'以不平平，其平也不平'一语，是他平等的注脚。"[①] 章太炎还详论

---

① 章太炎：《国学概论》，上海古籍出版社2008年版，第34页。

了庄子的内七篇，并在论述中指出庄子比老子的思想更进一步，强调无我是庄子才有的思想，在老子中则没有这一观念，① 其用世之心不似老子之切，是后世隐逸思想的源头。

严复对庄子的阐释主要集中在《〈庄子〉评语》中，关于这一注本，还有一段因外借给马其昶后是否完整归还而产生的近代学术疑案，此事后人难以评断。从目前严复译作和其他著述看，他把自己所接触和吸收的进化论等思想和方法，运用到对中国传统哲学思想的阐发中，特别关注庄子思想与西方学认识及科学规律之间的相通性和关联性，把庄子对世界的认识放到实证主义和科学主义的范畴。同时他还反思卢梭理想主义的弊端，宣扬以个人主义为核心的自由主义思想；强调"物固自生"是庄子对"物竞天择"的最好回答。他的《〈庄子〉评语》从研究视角、方法和观点上均有突破性进展，被当代学人视作近代庄学史上初步具有"范式"意义②的研究论著。在此之后，借鉴西方学科研究方法成为近代庄学研究的重要特点，促使庄学研究开启了现代性的转换。③

在近代学者中，能够保持中国古典美学、诗学的内在风格，同时推动中国美学在近代开始形成学科雏形的大家，无疑是梁启超、王国维。梁启超因师从康有为，首先是在政治思想上展露其锋芒。戊戌变法失败后的梁启超，开始更多关注哲学、文化、教育及美学领域。梁启超通过游历欧洲各国，在西方文明的两面性中发现西学的优势，也看到中国传统文化的精髓，他期望以淬厉固有的文化传统、采补西方文明的精华的方式重构民族新生的力量。在众多中西方思想文化相互连接的过程中，他敏锐地选择了一个具有容载性和发展性的概念，创建了覆盖教育学、史学、文

---

① 刘固盛、刘韶军等：《近代中国老庄学》，福建人民出版社2014年版，第440页。
② 康庆：《20世纪上半叶的庄学研究》，《中国哲学史》2009年第1期。
③ 康庆、李宝红：《严复〈庄子〉评点与庄学的近代转换》，《安徽史学》2009年第6期。

学等诸多领域的"趣味主义",使西方文明的科学精神和中国文化的人文之道相融成趣。梁启超与庄子有着跨越千年的心往神交,在梁启超的心目中,庄子有着一副救世热肠,而他自己也以极大的热忱感受着庄子对世界的热爱,一反世人对庄子消极之处的夸大,作出了全新的诠释。

相比梁启超,王国维是中国美学界公认的启蒙者和建设者,他具有中西学的深厚学养,十分善于学习西方哲学、美学,他将西方哲学、美学思想与中国传统哲学、美学思想相互交融,对美学的基本问题,如美的性质、功用、审美价值,美的种类、范畴、审美心理等,都进行了较为深入、系统的论述,撰写了大量美学和文学批评的专论和专著,对文学的性质、作用、审美价值进行了研究,对中国现代文学批评作出了开创性贡献,奠定了中国近代美学的基石。王国维以广博的学术视野,跳出国界与民族文化的框架,把目光放到四海五洲,探讨的是宇宙、国家、民众所具有的共性问题,看到众生、世界及万事之中的学问、境界和智慧。他还明晰地觉察到学习和使用西方的学术方法,改造和发展中国自己的学术研究,是比直接借用西方的思想和科学技术更合理的道路,这也是王国维的学术初衷。王国维与庄子在主体形象、生活背景和精神追求上有很多相通相似之处。他既有自觉吸收外来文化的热情,又有深爱中国古典文化的根质,他从庄子思想中汲取了精神给养。庄子和王国维都重视"真",王国维在《人间词话》中把"自然"作为"境界说"的重要标准,既有对文学美学性质的追求,也有对理想人格和宇宙人生的豁达认识,这正是王国维和庄子在审美境界上跨越时空的共鸣。

晚清以来国势衰败的背后隐藏的是民心的溃散,是精神的坍塌,也是文化艺术的没落。发展到近代的中国思想文化已经滑入了由盛及衰的谷底。在这样的社会背景下,庄子思想成为改善性情、拯救衰世的良药。道家学说和庄子思想具有让人安静下来的内在特质，让人于思己之中修炼身心，在问世的过程中体悟大道，面对诸多内忧外扰能够从容处之，并以对事物发展规律的深刻理性认识，破解现实中的问题，使人们在反思与借鉴、批判与发展中实现自我完善，从而走出一条推动时代变革与进步的兴世之道。

第二章

古典美学余韵下的《庄子》阐释与接受

中国思想文化的起点之高,使得两千多年来的思想流变,都未从根本上突破先秦多元、丰富的思想内核。两汉以来,大多数人都能切实感受到儒家思想的深厚根基所带来的思想"垄断"气息,儒家在中国思想史上的统治地位几乎无法撼动。但仁者见仁,智者见智,著名学者陈鼓应就在研究中提出了不同的观点,这种观点不唯他是道家学说研究的大家而言,更揭示了一个思想文化史上的现象:"中国哲学史实际上是一系列以道家思想为主干,道、儒、墨、法诸家互补发展的历史,而决不是像一些学者所描述的主要是一部儒家思想发展的历史。"① 在中国思想文化史中,道家之所以会居于幕后,隐于山林,成于无形,是由道家思想的特质所决定。庄子作为道家的重要代表,其思想如同道家学说一样,看似无形,却在中国古典美学中成为不可或缺的精神力量和思想支撑。

第一节 古典美学观念的余韵

在鸦片战争爆发之前,古老的中国在传统思想文化的主宰下,

---

① 陈鼓应:《论道家在中国哲学史上的主干地位——兼论道、儒、墨、法多元互补》,《哲学研究》1990年第1期。

已经出现了僵化的苗头。由于主流文化始终以儒家为核心,道、墨、法等文化的补缀作用难以发挥,对外来优秀文化的吸收极少,在严酷的宗法、礼教和伦理长期制约下的人们,逐渐陷入了一种僵固化的思维模式、行为方式和教条主义中,社会前进的脚步放缓,文化更新的节奏也放慢。明代后期短暂的市民文化运动及文学创作的高潮,给中国文化和社会带来过一丝转机,但随着清王朝的建立和文化控制政策的推行,使得整个文化阶层及其知识分子都沉浸在一成不变的模式中。在这一时期,道家思想与佛家思想逐渐明晰地成为儒家思想的帮衬,那些带有儒家正统标签诗文作品难以突破其内在束缚,"遭逢盛世,歌颂生平,故题材不外应制、游燕、祝贺、赠答、赋物、怀古、题图诸端,既无所用其深湛之思,遂少回荡之妙;极其所诣,但求对仗之工稳,声调之铿锵,辞条之裔丽而已"[①]。这段评述直指艺术想象的僵化、创作题材的陈旧和情感表达的单调,使这一时期的文学落入了复古主义的窠臼,使清代文化不可避免地陷入沉暗的氛围之中,造成了文学的精神追求和审美心态越来越大的惰性,清代后期复古主义思潮的盛行,并成为预示"文明解体"的重要标志。[②] 清末后期,无论是"桐城派"古文,还是嘉乾派考据,抑或是道咸宋诗运动,无一例外地成为这种复古主义思潮的助推者,形成了一股巨大的、难以掌控的力量,将社会整体推入了下行路段,以儒学彪炳正统的落败之象难以回旋。刘师培对此曾说:"明儒之学用以应事,清儒之学用以保身。明儒直而愚,清儒智而谲。明儒尊而乔,清儒弃而湿。……由是儒之名目贱,而所治之学亦异。然亦幸其不求用世,而求是之学渐兴。"[③] "保身"这一不得已之举,在清代思想史上,萎缩为一种极为保守与狭隘的

---

① 汪辟疆:《近代诗人述评》,载《近代文学研究论文集(诗文卷)》,中国社会科学出版社1984年版,第5页。
② 季桂起:《近代以来文化资源的变化与文学观念的调整》,《东岳论丛》2009年第4期。
③ 刘师培:《清儒得失论》,中国人民大学出版社2004年版,第259—260页。

精神基调，导致乾嘉学派实证训诂之风的兴起，理学内部革新性的衰退，对好古之学的一味推崇与追求，进入越来越狭窄的学术空洞之中，所言无物，所论无文，对于人性、公德、道义等方面的教化和激励作用无济于事，自然也谈不上"经世"的可能，宋学以来的信仰与价值色彩已经殆尽。

戴震是清代学人中由训诂而后求义理的代表人物，屡次应试而不中的他无法效仿宋儒明儒进入庙堂，在经世上有所作为，使他在苦恼之余必须另辟蹊径，通过重新考证"情"与"理"这两个理学最核心的词语，对主流意识形态进行迂回的挑战。戴震认为三教互释是极不可取的，明确提出反对以儒释道相补规划思想体系，指出宋以后儒家本源思想殆尽的事实，需要依靠老庄之意对照、佛经之解生发，才能强化儒学的价值。他关注到由于这一现象的出现，真正的儒学家所剩无几，有不少由儒学入门的士人逐渐转变为道学者或佛学者，儒学的没落之势渐渐变得难以挽回。因此，戴震一直强调儒学的义理须"治经先考字义，次通文理。志存闻道，必空所依傍。汉儒故训有师承，亦有时傅会，晋人傅会凿空益多。宋人则恃胸臆为断，故其袭取者多谬，而不谬者在其所弃。我辈读书原非与后儒竞立说，宜平心体会经文，有一字非其的解，则于所言之意必差，而道从此失"①。细读这段文字，可见戴震满怀复兴儒学的恳切之情。他竭力在乾嘉学风之中发扬朱子的"道问学"之旨，将人性概括为欲、情、知三个方面，欲、情、知三者通畅才是人生的理想状态，这个观点是戴震以前任何一个思想家都不曾提出的。"人生而后有欲、有情、有知，三者，血气心知之自然也。"② 在欲、情、知三者之中，他认为"情""欲"较之"知"，与人性的关系

---

① （清）戴震著，张岱年主编：《戴震全书》（六），《答彭进士允初书》，黄山书社1995年版，第496页。

② （清）戴震：《孟子字义疏证》，《才卷》下，中华书局1982年版，第40页。

更为密切。他说:"生养之道,存乎欲者也;感通之道,存乎情者也;二者,自然之符,天下之事举矣。"① 将人的情欲放在人性的首位,这显然与儒家正统的人性论是相冲突的,而与道家自然人性论却有着深厚的渊源。而他所秉持的"凡学始乎离词,中乎辨言,终乎闻道"这条治学路径,体现出在清朝文化封锁的社会环境下,学人和士大夫心灵与思想源泉的枯竭,他们无不是在故纸经典中,逐字去寻求其内涵深意,再去语句中推导先哲圣贤的"理",他们对"理"坚信着"训诂明而后义理明""执义理而后能考核"。这就使自己的思想又被封锁。因此怎样努力论证,最终却让义理无从谈起,并被曲解,甚至完全走失。

如前所述,道家的经典著作也经历了这番训诂考证的翻腾,诸多学人的心血结晶今天还在发挥着某种作用。以往我们已经习惯使用"儒道互补"一词来概括道家思想在中国传统文化中的重要地位。而实际上,大多数时候,道家所处的尴尬地位用"以道补儒"更合适。儒家思想特质带给它的主导地位确实不易撼动,形成这种局面最主要的原因是儒家能够满足上层建筑稳定人心、巩固统治的需要,从治国之方到愚民之术,儒家的"五常"与统治阶层教化民众的目标完美结合,使儒学随形就势,变的仿佛无所不能,其核心地位变得愈发不可动摇。而道家思想作为儒学的对照物和补充,长期处于从属或边缘地位。隐士高人暂且不论,道家在中国思想传统中的处境,更像一位命运不济的才子,或是名落孙山的秀才。传统士大夫只会有遭遇打击、难以自救之时,转而向道家寻求心灵的慰藉。以道补儒,或援庄救儒,自然而然地成为中国传统士大夫必然的选择。道家自身的文化因子确实与人心的需求更为贴近,使其在世道中落、人生起伏时发挥出其独有的作用。这也是士人群体由儒

---

① (清)戴震:《孟子字义疏证》,《原善卷》上,中华书局1982年版,第64页。

转道、将其视为精神归宿的根本原因。

事实上，这种归宿与惯常人所谓的消极避世，抑或明哲保身不能等同。从哲学意义上讲，道家对生活、生命和世界规律的认识比儒家更为透彻和深刻，因此也更容易切入人心。庄子的人生理想是追求逍遥自在，但从根本上讲，他未曾放弃对社会现实的正面思考。换句话说，庄子的用世之心与儒家学者相比，是有过之而无不及的，《庄子》中内七篇处处都在讲与世、与人、与物相处的道理。所以说道家思想被拥有绝对话语权的儒家定义为遁世自保之学，导致了它在某种程度上的被遮蔽，同时映射出话语权的局限性之所在。道家一向有挽救天下、拯济百姓的理想，体现在军事、艺术和养生等方面，比儒家思考得更加精深、详尽，其丰硕的理论成果对中国政治军事史和思想文化史产生了不可低估的深远影响。

在近代动荡的社会变革中，老庄思想对士大夫潜移默化的影响无法回避，也不乏儒道思想融合的学人。如曾国藩、刘熙载的美学思想基础都是以儒学为主，但当人生出现转折，其思想也随之发生逆转式的变化，老庄思想便成为其应对世事、慰藉心灵的良方。两位大家对近代美学的贡献不容小觑，他们的庄学之思都有从儒学转变的深刻痕迹，形成了较鲜明的思想特征。因此，本章探讨中国古典美学的"余音"之下的《庄子》阐释与接受，就从曾国藩、刘熙载美学思想的渊源与内核来审视。

第二节　曾国藩：从"以庄补儒"到"老庄为体"

曾国藩（1811—1872），原名子城，字伯涵，号涤生，谥文正，湖南省湘乡县（今属双峰县）人。其父曾麟书年近五十方中秀才，一心一意栽培长子曾国藩科考。曾国藩年少时资质并不出众，但一生刻苦自励，勤学好问，其用功程度非常人所能及。他先后就学于父亲开办的家塾、衡阳唐氏家塾、湘乡涟滨书院和长沙岳麓书院。道光六年（1826）春，16岁的曾国藩在长沙府童子试中名列第七名，七年后考取秀才，事隔一年后在湖南乡试中得第三十六名举人，而后却遭遇两次会试落第。直到道光十八年（1838），37岁的曾国藩，才在殿试中名列三甲第四十二名，获赐同进士出身。后朝考被选为翰林院庶吉士。道光二十三年（1843）升侍讲并出任四川乡试正考官。其后，他遍任五部侍郎，十三年九迁，理学精进，成为学术新秀。咸丰二年底（1853年1月），曾国藩在守丧制期间奉旨筹建湘军，屡战屡败甚至落魄至投水自尽，被救休整后终获转机，重整旗鼓，一路凯歌，及至被朝廷一再重用，予其统辖江南四省的军政大权，一时间成为清朝汉族士人中的最高代表人物，达到了权势的顶峰。同治九年（1870），朝廷命曾国藩处理"天津教案"，因其主张对外让步，发布《谕天津士民》的告示，引起天津绅民的不满。同年，朝廷命曾国藩再任两江总督，前往南京审理马新贻被平民刺杀案，又伤神忧思。同治十一年（1872）二月初四，在金陵总督辕门病逝。清朝廷追赠其为太傅，谥文正。

毋庸置疑，曾国藩是理学大家，但他的思想渊源绝不局限于此。曾国藩与道家思想文化的联系具有天然性。曾国藩所处的湖湘之地，与中原儒家文化中心相隔甚远，此地广为流传的是巫术及巫文化，这与老子所处的文化圈具有同源性，均属楚文化的传承区。"湖湘文化正是以屈庄思想为底蕴，以道家思想为根柢，又在不断开化过程中吸收并泽润着北来儒家文化的精髓，产生一种儒道互补的传统。"① 质而言之，曾国藩具有与道家思想文化的天然联系。历史也证明，以屈原、曾国藩为代表的无数楚地英杰，是兼融道儒、

---

① 刘绪义、方吉杰：《湖湘文化讲演录》，人民出版社2008年版，第170页。

经世致用的湖湘文化精神的代言人。

曾国藩一生大概可分为三个阶段：前期指咸丰二年（1852）六月二十五日回乡奔丧以前，主要是京城游学养望、平步青云的时期，即42岁以前；中期指同年十二月十七日赴长沙帮办团练至咸丰十年（1860）四月二十日署理两江总督时期，兵事困顿，内外交困的阶段，即42—50岁间，因为是咸丰二年年底赴长沙，所以曾国藩多自称为咸丰三年（1853）以来领兵；后期当指总理两江军政大权至同治十一年（1872）二月初四日去世，正值事机日顺、权位日重时期，期间包括攻克天京、剿捻不顺和处理天津教案，即50—62岁年间。这与欧阳兆熊说曾国藩一生三变相呼应：青年时期依靠理学入京为官；组建湘军征伐太平军强调申韩之术；到人生后期老庄占据其思想的核心。但曾国藩对老庄思想的青睐并非始于人生第三阶段，而是早有所悟。

从曾国藩的思想渊源看，主要由儒家、道家构成，相对次要部分是墨家、法家、兵家和佛教等各家思想，从其日记、家书、读书录可以看出涉猎之广。早期经书是他阅读的重点，"英年读书，温经为上，读史次之，时文又次之"①。在汲汲于实现儒家人生理想时，仍未忘以道家思想开解内心的困惑。盛年之时，他将书房命名为"求阙斋"，正是来自对老子"大成若缺，其用不弊"的体悟（《道德经·四十五章》）。后来在内外交困之时，道家更成为他修炼的核心，"十三经外所最宜熟读者，莫如《史记》《汉书》《庄子》、韩文四种。余生平好此四书，嗜之成癖，恨未能一一诂释笺疏，穷力讨治。自此四种而外，又如《文选》《通典》《说文》《孙武子》《方舆纪要》、近人姚姬传所辑《古文辞类纂》、余所钞十八

---

① （清）曾国藩：《曾国藩全集·书信》，同治五年五月初九日，复邵顺国，岳麓书社1988年版，第5745页。此书自1988年至1995年陆续出版。2018年修订为31册，其中奏稿12册、批牍1册、诗文1册、读书录1册、日记4册、家书2册、书信10册，以下《曾国藩全集》引文，为行文方便只注出书册名和页码。

家诗,此七书者,亦余嗜好之次也。凡十一种,吾以配之《五经》、《四书》之后。"①其弟子黎庶昌在《曾国藩年谱》中说:"自登第以还,于学无所不窥,九经而外,诸子百氏之书,靡不规得要领。其余《庄子》《史记》《汉书》《资治通鉴》《明史》《文献通考》《五礼通考》数种,尤笃好不厌,治之三反"。②幕僚李元度也曾回忆曾国藩"尤好《庄子》《史记》《汉书》《通鉴》《文献通考》《五礼通考》,治之三反"③。通过以上记叙可见曾国藩对《庄子》的喜好程度。

从其政治哲学角度看,曾国藩的思想标签为"内圣外王"。他对道家思想的经世价值的认识比常人更加敏锐与深刻,由此能够在内圣的层面上援道入儒,在外王的层面上整合儒道。"以老庄为体,以禹墨为用"的主张,指引着他穷尽一生为"内圣外王"作出实践验证。他所醉心的"虚"与"静"、"淡"与"缺"等庄子之说、道家之谈,与历史上很多士大夫不同。曾国藩并不是在人生逆境时以老庄作为开解心胸的药方,而是较早就在对道家著作的习悟中领受了其真谛,领悟到天道循环的规律,作出了进退自如的人生设计,形成与道家一致的思维方式。他从实用理性出发,自觉汲取道家思想,不仅在为政、治军和处世等外王之道的实践中灵活运用主柔守静的道家战略战术原则,以占据战争的主动权;而且在与人交往中,他遵循知雄守雌的策略,有效地处理与朝廷、同僚和下属的关系,弥补儒家理论的不足而获得成功。如果说经学让他走上了政治舞台,那么,道家思想则帮助他真正成为"千古完人""官场楷模"。

从其文学理论和实践看,曾国藩宗法桐城,但并不拘泥于桐城

---

① 《曾国藩全集·家书》,咸丰八年九月二十八日《谕纪泽》,第430页。
② (清)黎庶昌等:《曾国藩年谱》,岳麓书社2017年版,第226页。
③ (清)李元度:《天岳山馆文钞》,《曾文正公行状》,载《近代中国史料丛刊》,台北文海出版社1969年影印本,第84页。

之法，他坚持要在变革中谋求发展。作为中国传统士大夫的典型代表人物，传统文化铸就了曾国藩的多重品格，但传统的经世之学并没有拘束住他的思想触角，他站在一个高于世人与同辈的角度，甚至从西学中寻求灵感与启发，以此打通被世人所忽略的思想世界的通道，这并不意味着他对传统文化的怀疑与否定。他更希望通过融会中西思想，寻求拯救大清、实现中兴的捷径。所以，他所尊崇的"内圣外王"已经超越了自身的生存理想，更主要的是他在时代背景下针对民族崛起所提出的经世之道。

从其养生思想和结果看，曾国藩更是深受道家养生思想的恩惠。他生来体弱，年幼多病，正是靠汲取黄老道家的智慧，长期以虚无、无为、坐忘的方法养心体道，追求心灵的虚静、恬淡与超越，以豁达恬淡的心态面对功名得失与生死，才在超出常人的精神压力下实现自我修炼和拯救，成就传奇的一生。

曾国藩的创作实践与理论主张相辅相成，学派思想的传承与延伸是他接受庄子美学的重要渠道。由于学缘关系，曾国藩较早研读桐城派所做的老庄注疏并作出评点，透露出调和儒道、救治社会痼疾的用心。姚鼐著有《老子章义》1卷、《庄子章义》10卷，曾国藩称赞其"深造自得，词旨渊雅"，"义精而词俊，复绝尘表……方氏而后，惜抱固当为百余年主盟"。[①] 姚鼐在美学上提出以"阳刚""阴柔"来区分文章的风格，并指出这两大风格相互调剂与配合，会产生出多种多样的风格。道光年间，桐城中人姚莹为老庄学说正名，明确指出老庄思想对于挽救社会的颓势具有不可小觑的作用，其被斥为异端实属不该。曾国藩接受老庄的主要渠道是源于学派的思想传承，早年在研习儒家经典之余，就常常醉心于道家典籍，深受道家美学的影响。他喜爱《庄子》的汪洋恣肆、恢诡机趣

---

① 《曾国藩全集·书信》，第7495页。

和不拘一格，京官时期他的诗文风格明显受到庄子美学思想的滋养，体现在对境界、风格、语言的追求和诗文欣赏中。曾国藩在翰林院自庶吉士到侍读学士的九年里，利用充足的时间和学习材料研究各门学问。他在京城为官时与梅曾亮交往甚密，梅曾亮十分熟悉《庄子》，两人经常交流观点。其好友吴子序也是庄学研究者，咸丰九年（1859）正月十一日，曾国藩读罢好友吴子序所作的《释爱篇》，觉得大有《庄子》之风，对其大加赞赏，"庄生之诙诡恣睢，自以为羊枣我所独嗜，不意老兄又窃尝禁脔，兹可妒耳"①。与友人之间的学问探讨，成为曾国藩汲取和阐释道家思想资源的重要方式。

桐城派对曾国藩影响较深的是"义理、考据、辞章"三位一体的主张。因仕途所带来的济世用心，曾国藩在此基础上又提出了"经济"一说，要使诗文直接服务于社会，议论军事臧否政治行文不失洒脱。在咸丰元年（1851）七月的日记里，曾国藩详论义理、词章、经济和考据四科："有义理之学，有词章之学，有经济之学，有考据之学。义理之学即《宋史》所谓'道学'也，在孔门为德行之科；词章之学，在孔门为言语之科；经济之学，在孔门为政事之科；考据之学，即今世所谓'汉学'也，在孔门为文学之科。此四者阙一不可。"② 由此形成"义理、考据、词章、经济"分科的学术思想。这期间，曾国藩尤以词章之学用功最深，深受桐城派和宋诗派的影响，诗文创作颇有心得，但思想进步却异常迟缓，于是他在家书中说"余近来读书无所得"，可见他从古之经学中已经无法汲取更多的滋养。幸有早年对道家及诸子学说的积累，助其另辟蹊径。而后他又一反平时的谦虚形象，直言"古文各体诗，自觉有进境，将来此事当有所成就。恨当世无韩愈、王安石一流人与我相

---

① 《曾国藩全集·书信》，第822页。
② （清）曾国藩：《求阙斋日记类钞》卷上，传忠书局光绪二年版，第8页。

质证耳"①，可见他应是有较高的自我评价和诗文追求。后来，他所创立的散文流派——"湘乡派"，成为湖湘文化的重要代表流派，在清末文坛上亦是独树一帜。现岳麓书社版《曾国藩全集》中收录了曾国藩的大部分诗歌作品。这些诗歌大多作于他官居京城期间，虽然其时他对功名有着强烈的追求，但字里行间所流露出的老庄思想清晰可见。

曾国藩一生善于反省，尤其在建立湘勇、率军出征后，残酷的战争促进他更深刻的自我反思，期间他的诗歌创作数量明显减少，转而将道家等哲学思想直接写进日记、读书录和书信之中，这是他人生的中年思想逐渐成熟后，希望让后人受益并传承其思想的重要体现。在经历长年征战、胜负起落的过程中，他真切地感受到人生的荣辱悲喜，只有不断地从先哲的智慧中汲取力量才能使人战胜困难，坚定地走向目标。

曾国藩治学用功至深，他反复地温习《庄子》，陶醉于其汪洋雄奇的文风，钦佩庄子开阔豁达的胸襟。从目前可考文献而言，自咸丰八年（1858）到同治十年（1871）间，在曾国藩的日记和家书中，可以看到其读庄、释庄的记录多达20余次。他在《读书录》中对《广韵》进行辨正，全篇62处引文中引用《庄子》多达19处，可见曾国藩对《庄子》十分熟悉，在落笔之时已是信手拈来。② 咸丰九年（1859）二月，他系统梳理了33位圣贤古哲的思想成果，命为《圣哲画像记》，庄子是所列先贤之一。在选编《经史百家杂钞》时，曾国藩把《庄子》作为重点篇目，入选数量与韩愈选文一样多达9篇，可并称为"双雄"。这一时期也是曾国藩潜心研读《庄子》的重要时期，他对庄子的思想内涵有了更多的见解与领悟。同治二年（1863）三月，他将自己的读庄心得数次记录在

---

① 《曾国藩全集·家书》，第80页。
② 参见彭昊《曾国藩与道家思想》，博士学位论文，湖南大学，2010年，第52页。

案。同治十年，曾国藩在右目已经失明的状态下，依然还在翻阅王闿运的《庄子七篇注》，也算是对自己未能实现为《庄子》作注的一个慰藉。

曾国藩从道家思想中汲取丰富的给养，尤其是对庄子如此为意恐无人能出其右，他是真正将《庄子》作为一部"经世致用"的指导书来研读。曾国藩曾在读后道出其细致入微的内心感慨："静中细思，古今亿百年无有穷期，人生其间数十寒暑，仅须臾耳，当思一搏；大地数万里，不可纪极，人于其中寝处游息，昼仅一室，夜仅一榻耳，当思珍惜；古人书籍，近人著述，浩如烟海，人生目光之所及者，不过九牛一毛耳，当思多览；事变万端，美名百途，人生才力之所能及者，不过太仓之粒耳，当思奋争。然知天之长，而吾所历者短，则忧患横逆之来，当少忍以待其定；知地之大，而吾所居者小，则遇荣利争夺之境，当退让以守其雌。"（同治元年四月十一日）这段话是他阅读《庄子》之后获得的感悟，可见其格局之博大，情怀之高尚。内心安静、坚守定力使曾国藩受益良多，成为曾国藩后半生所秉持的人生准则。

曾国藩的一生功过成败皆有之，世人对他的评价也是见仁见智，并且随着时代风云变幻出现了众说纷纭的局面。如果抛开其宦海沉浮、操兵湘勇不论，单就学术学问而言，世人对曾国藩的肯定大体上是一致的。所以出现梁启超式的评价就不难理解了，既批评曾国藩为排满家最该唾骂的人物，又给予曾国藩学术上的至高评价，称"曾文正者，岂惟近代，盖有史以来不一二睹之大人也已；岂惟我国，抑全世界不一二睹之大人也已。然而文正固非有超群绝伦之天才，在并时诸贤杰中称最钝拙；其所遭值事会，亦终身在拂逆之中。然乃立德、立功、立言三并不朽，所成就震古铄今，而莫与京者，其一生得力在立志自拔于流俗"（《曾文正公嘉言钞》序）。相对于其他历史阶段而言，对曾国藩较为中肯的评价是在清末民初和 20 世纪 40—70 年代两个阶段，集中出现了以否定为主、肯定为辅的评价。章太炎对曾国藩的"所志所学既深表不满，于其道德功勋，亦痛加非斥"，同时期的湘籍革命家宋教仁也认为，曾国藩"其是非亡足论，观其识度，无忝于英雄"。辛亥革命前后，孙中山曾在《太平天国战史·序》中，怒斥曾国藩为："不明春秋大义。""汉子孙不肖。"显然，这是孙中山以资产阶级革命家的政治立场批判曾国藩。而蒋介石却十分推崇曾国藩："辛亥以前，曾阅曾文正全集一书……民国二年失败以后，再将曾氏之书与胡左诸集，悉心讨究……实不愧为当世之名将。"毛泽东也曾有过"予于近人，独服曾文正"的评价。萧一山在《曾国藩传》中称赞他，"能发先圣先王之义蕴，以经世之礼学为依归，他的人格修养、道德自有特殊的造诣，绝不是一般汉学家、理学家、文学家所能比拟的"①。曾国藩在勤勉入世之时，注重道家的无为而治，强调老庄的自然守朴，为政之道融会变通，具有兼收并蓄和经世致用的特征。

曾国藩的文字留世甚多，岳麓书社从 20 世纪 80 年代开始编纂修订，涉及诗文、日记、家书、书信、奏稿、批牍、读书录等七大类，力争将每篇作品的写作年代予以考订，陆续增补完善，然后依类依时排序，对非他本人创作而经由他整理编纂的《经史百家杂钞》和《十八家诗钞》，以及他的各类书法作品还没有纳入其中，这是一项耗时较长的工作，今日整理尚且如此之难，不由让人感喟曾国藩的勤勉。

曾国藩有一代儒宗的盛名，却用较大心力体会和发掘道家思想的经世价值。纵观其一生所学所用，明确体现出"以道补儒、援庄补儒"到"老庄为体、禹墨为用"的思想路线，使道家的为政处世理念在思想史上再次焕发光彩，展现出道家思想永恒的生命力。

---

① 萧一山：《曾国藩传》，江苏人民出版社 2014 年版，第 30 页。

而后的严复等人对道家典籍的重新阐释无不受其启发,特别是对西方民主与科学的深度挖掘,在庄子思想中找到理论根源,赋予鲜明的现实意义。在近代思想文化演变过程中,曾国藩对道家思想的经世内涵和价值的发掘具有极其重要的作用,成为那个时代承上启下的关键人物。纵观曾国藩对庄子思想的接受、阐释与践行,其在中国近代经世思潮中的重要价值和独特意义昭然若揭。

一 曾国藩哲学思维取"道"庄子

"道"是道家哲学的核心范畴,"道"既是天地万物之根,也是理想的人文之源。"道"是一个隐含着审美特质的存在,这些审美特质也就是道家的审美标准。[①] 过去,曾国藩"以道补儒"说得到学界一致的认可。如果将此说放在曾国藩的前半生来探讨,是基本符合的;但就其整个生命历程来说,显然有些差强人意,因为即使是其政治思想也存在"以道补儒"向"道儒并行"转化的明显变化。对诗文书法等艺术表现领域来说,道家在曾国藩的内心应是占主导地位的。世人皆谓曾国藩为理学名臣,理学是曾国藩为求功名、建功业所做的文章,而其内心真正依从的却是道家。

曾国藩曾在多篇日记中提到庄子思想带给他的益处,在青年时期他就关注为人立身、修己治人之道,融合禹墨之勤俭与老庄之静虚(《求阙斋日记类抄》)。在中年又添军功、再履要职的重要人生节点上,他再三反思,然后明确地表达出对道家思想价值的认同,并将道作为他为人入世的根本指导。他在日记中论述过"以不言者为体"并"存诸心"的观念,"圣人有所言有所不言。积善余庆其所言者也,万事由天不由人,其所不言者也;礼、乐、刑、政、仁、义、忠、信,其所言者也,虚无清静、无为自化,其所不言者

---

① 李生龙:《道家及其对文学的影响》,岳麓书社2005年版,第221页。

也。吾人当以不言者为体，以所言者为用；以不言者存诸心，以所言者勉诸身；以庄子之道自怡，以荀子之道自克。其庶为闻道之君子乎！"① 综合这段日记前后所言及"所言者"与"不言者"的比较，可以看出虚无、清静、无为、自化——不言者——存诸心——庄子之道四者之间的所指，交代了曾国藩内心所遵循的准则。这段日记记录于咸丰九年（1859）十一月初四四更早醒后，是曾国藩在静思之后所感所记，可谓是其内心的独白，充分说明此时他的思想已是"道内儒外""道体儒用"。

同治六年（1867），几近耳顺之年的曾国藩明确表示以不与、不遑、不称为法，道明"吾曩者志事以老庄为体，禹墨为用"② 的心志，指出其深识远略背后的智慧之源。这比起他在八年前的表述显然更进一步，官场的磨炼、征伐鏖战的苦痛以及世人的亲疏离合，让他饱尝人生的艰辛苦涩，由此对老庄之学的领悟更加深刻与超脱，对道家思想的领悟取得了实质性的进展，也有了更确定、果断的表述。"体"乃人之本，以老庄为体成为曾国藩的思想根基。他以老庄思想中的"虚无、清静、无为、自化"为"体"，吸收了黄老道家的思维方式、经世致用的宗旨和兼容百家的学术精神，并将之运用到军政实践和安身立命中。而对文化、文学、诗文、书法，曾国藩则主要取自老庄学派的理论，以庄子的雄奇、自然、诙诡、旷达为体，吸收了庄子的艺术审美主张和生命审美趣味。因此在他的读书笔记、诗文、日记和书信中庄子思想的印记比比皆是。

对于这一点，也可以从曾国藩子女和友人处得到旁证。曾国藩在外公干，与曾纪泽书信往来甚密，曾纪泽自然较为了解曾国藩的思想渊源与内涵，他在其祭父文中说："博览周稽，涉猎黄老，清

---

① 《曾国藩全集·日记》，第 443 页。
② 《曾国藩全集·日记》，第 1579 页。

净为政，道出轩昊"①，指出了曾国藩政治生涯中黄老无为的核心特征，认为其父突破了正统儒学的藩篱，且没有朝廷重臣们揣摩君主心思的顾虑，体现的是黄老色彩。黄老道家博采百家之长，旨归于治国和养生，具有鲜明的经世致用的色彩，在汉初取得了良好的社会效果。实际上，黄老道家在突出社会对立面相互转化以及促进人在矛盾中转化和解具有重要的意义。曾纪泽的概括评价应值得重视。从身边弟子、幕僚和下属的记叙中，也可窥见曾国藩的为人作文之旨。文学作品于曾国藩而言是高超的解脱之法，他通过对文学作品感受与领悟来缓解绷紧的神经。在京师时曾国藩算得上官运亨通，其质朴的性情是被其坐师提携的关键之所在，但因性情中朴质有余，缺少几分世故，后期也不免遭遇坎坷。回乡丁忧之后，曾国藩感受到人情冷暖，又临危受命组建湘勇，戎马生活就此开始，应付湖南官场的挤压，担负剿灭太平天国的重任，又经常要为军饷粮草而发愁，还有屡战屡败以及自溺未遂的不堪经历，诸次失利，诸多不顺，使身为统帅的曾国藩长期处于高度紧张的状态。面对如此之多的坎坷与诘难，曾国藩如何得以排遣？跟随曾国藩的学生记载他身在军中之时，之所以能够做到意气自如，主要是经常以诗文自娱。②资质一般的他所获得的业绩无不源自他的勤奋苦读、经营苦心，经史子集、诗文词话，不仅给予他强大的精神支撑和心灵力量，更让他学会在世事斗争中自如从容，保全自我。

曾国藩在咸丰八年（1858）再出督师时，反省自己的本心、言行和军务，重新理顺自己的处世之法，多次提到庄子"虚与委蛇，绝去町畦"的策略，并付诸为人处世、军政事务及外交谈判的实践中。在对待外交事务中的棘手问题时，他有了更加清晰的周旋交涉

---

① （清）曾纪泽：《曾纪泽集》，祭文正公文，岳麓书社 2005 年版，第 145 页。
② （清）黎庶昌：《拙尊园丛稿》，载《近代中国史料丛刊》，台北文海出版社 1971 年影印本，第 230 页。转引自彭昊《曾国藩与道家思想》，博士学位论文，湖南大学，2010 年。

思路，又提到在探清对方的意图之后，"如仪文不甚倨傲，情意不甚隔阂，然后虚与委蛇，渐择同泊之地，徐讲统辖之方"。①落实到外事交流与谈判的具体问题上则辩证地运用孔子忠敬以行蛮貊之道与勾践卑辱以骄吴人之法。②并对谈判中的僵持局面提出了解决思路，"与洋人交际……形迹总以疏淡为妙。我疏淡而足以自立，则彼必愈求亲昵"。③这里"形迹疏淡"的处世章法，正是与庄子的"虚与委蛇"的策略相同，助其在处理复杂局面的过程中达到刚柔并济的效果。可见，《庄子》在此时已经由曾国藩的思想深处展现到他的言行之中。

在治理湘勇、带兵剿捻的过程中，凡遇到大事、乱局，老庄学说都成为曾国藩的解围之法。范蠡、张良、诸葛亮、李泌、郭子仪等著名的军事谋略家都受到道家的深刻影响。王夫之以批判的眼光在《老子衍》中指出老子的思路多在言兵。魏源主要认为《老子》是救世而非退隐之书，盖谓老子目睹时世恶劣故悯时而欲以真常不弊之道救时，其救道之术就是"以太古之治矫末世弊"。④亦将《老子》视为"兵家之言""言兵之书"加以发挥，他在《老子本义·序》中说："有黄、老之学，有老、庄之学。黄、老之学出于上古，故五千言中动称经言及太上有言，又多引礼家之言、兵家之言。其宗旨见于《庄子·天下篇》。"⑤这些深刻的论述为曾国藩深入领会老庄之法、制定军事战略提供了重要的帮助。曾国藩曾引用《庄子·达生》中"以瓦注者巧，以钩注者惮，以黄金注者殙"的话说明"外重而内轻，其为蔽也久矣"的道理，拒绝再增抚州陆兵，"实以金注太重为虑"，希望李元度"冷眼窥之，无乘以躁

---

① 《曾国藩全集·书信》，第 3948 页。
② 《曾国藩全集·书信》，第 2892 页。
③ 《曾国藩全集·书信》，第 2918 页。
④ 刘固盛、刘韶军、肖海燕：《近代中国老庄学》，福建人民出版社 2014 年版，第 34 页。
⑤ 魏源：《老子本义》序，华东师范大学出版社 2009 年版，第 1 页。

气","自能觑出可破之隙"。① 江西战场的景德镇争夺战，曾国藩严厉批评张运兰不听指挥，性急出战，"此后宜敛兵守险，蓄锐养精，以静待动，一月以内，无许出队进攻。贼若来犯，俟其近前，然后并力痛剿，必能得手"②。两天后，再次批示张运兰："止宜固守，不宜轻动，"等到对手"粮食将乏，自可乘机痛剿。"③ 朱品隆守休宁，也要"不出则坚壁静守"，对付敌方的攻城，要"少钝其锋而销磨其气"。怎样做到静守呢？要"不放一枪，不出一人"，告诉罗萱要"蓄养锐气"，若瑞州城守军出来搦战，"我军善刀而藏，坚壁不战"④，"善刀而藏"一词出自《庄子·养生主》，是庖丁解牛后的收尾动作，也是休养生息、韬光养晦的行为选择，曾国藩以此来形容内心的静守。

在曾国藩的哲学思考中，有着对"内圣外王"的强烈追求。儒道两家虽均有此词，但内涵大有不同。"内圣外王"一词最早来源于《庄子·天下》。从内圣讲，儒家是指人的一言一行皆要谨守纲常伦理，合于中庸之旨，必要时应该为仁义忠信的礼教献身。道家的理解则不同，生命的保养，心灵的自由，人格的独立，力求在精神领域实现对现实世界的超越，成为道家圣人的终极目标。从外王讲，儒家认为齐家、治国、平天下具有更高的社会价值，值得士人努力追求；而道家却认为那不过是尘垢秕糠般的余事，不值得耗费心力去求取，个体生命更应该思考如何养生尽年，安顿心灵，自然无为。可以说，儒家执着于个体在社会中体现价值，道家强调个体在自然中的生命意义。

曾国藩的内圣外王之道取自儒道两家，"内圣"与"外王"有其逻辑的顺序，也有其取舍。曾国藩意识到，儒家思想与道家思想

---

① 《曾国藩全集·书信》，第541页。
② 《曾国藩全集·批牍》，第136页。
③ 《曾国藩全集·批牍》，第137页。
④ 《曾国藩全集·书信》，第595页。

存在着本质的区别，儒家思想的最终目的是做有用、有为、不朽之事，而庄子所倡导的自然、虚静、清为则更符合人生的要旨，所以他便寻求"内圣"之道，进而将其转化为"外王"之用，以实现明体达用、经邦济世的"中兴"目标。曾国藩用豁达恬淡的道家心境安身立命，在保全生命和心性的基础上，才去追求儒家的"三不朽"。他在一生中，在儒道之间，在内圣与外王之间，在体、用之间，作了十分微妙的调和，用一生的事功诠释了内圣者全身而退的路径，践行了道家思想的经世价值。

二　曾国藩诗论对庄子美学的借重

曾国藩学术功底深厚，但由于军务政务繁忙，处理各方关系耗去很大精力，对他热爱的诗歌、古文和书法没能留下更多成果。曾国藩在遗书中曾抱憾自己未能用更多的时间和精力将多年的理论心得付之于创作实践，不过他在文学理论方面十分推崇道家美学，有关的表达十分清晰和独到。由这些理论主张，可以见出曾国藩的艺术修养之深厚，治学为文之勤勉，创作能力之旺盛，这一点是令世人钦佩的。

（一）意境雄奇

曾国藩在诗境上崇尚雄奇瑰玮，摹写风云世事而不流于平俗。他将自己所推崇的文人明确划为阳刚与阴柔两个门派，直言"平生好雄奇瑰玮之文"[①]，直言庄子之文为阳刚之境的代表，"余尝数阳刚者约得四家：曰庄子，曰扬雄，曰韩愈、柳宗元。阴柔者约得四家：曰司马迁，曰刘向，曰欧阳修、曾巩"[②]。"雄奇"不仅作为他品鉴文章的重要标准，同时在书法艺术的评价和创作中也将阳刚与阴柔之说纳入其中。咸丰十一年（1861）六月十七日，他由观赏刘

[①]《曾国藩全集·书信》，第1154页。
[②]《曾国藩全集·书信》，第934页。

埔的《清爱堂帖》深入，对作书一事进行精准概括，"文人技艺佳境有二：曰雄奇，曰淡远。作文然，作诗然，作字亦然。若能合雄奇于淡远之中，尤为可贵"①。"雄奇"与"淡远"成为他艺术评价的两个重要标准，雄奇体现着阳刚美，合于乾道，在技法上体现为着力，风格大气；淡远则体现为阴柔美，合于坤道，在技法上体现为不着力，尤以韵胜。他最赞赏的佳作就是能够把阳刚与阴柔完美糅合的，这也成为曾国藩一以贯之的艺术主张。同治元年（1862）三月，他记录看到方子白所学书目有《庄子》《史记》、韩文、杜诗等数种，十分高兴地表示"甚得要领，心窃韪之"②。对自己所钟爱的作品，曾国藩怀有一份欲寻知音之意。

同治四年（1865），曾国藩在日记中拓展深化了自己对艺术境界的有关论述，提出了较完备的"八美"思想体系。此前，他在咸丰十年（1860）的日记中记过"雄、直、怪、丽、淡、远、茹、雅。近于茹字似更有所得。而音响、节奏，须一'和'字为主，因将'淡'字改为'和'字"。据此重提，他将"八美"改换了两字后基本落定，分别划入阳刚、阴柔两大类别之中。阳刚之美包括雄、直、怪、丽四种意境，阴柔之美包括茹、远、洁、适四种意境，详解道："雄：划然轩昂，尽弃故常；跌宕顿挫，扪之有芒。直：黄河千曲，其体仍直；山势若龙，转换无迹。怪：奇趣横生，人骇鬼眩；《易》《玄》《山经》，张韩互见。丽：青春大泽，万卉初葩；《诗》《骚》之韵，班扬之华。茹：众义辐辏，吞多吐少；幽独咀含，不求共晓。远：九天俯视，下界聚蚊；寤寐周孔，落落寡群。洁：冗意陈言，类字尽芟；慎尔褒贬，神人共监。适：心境两闲，无营无待；柳记欧跋，得大自在。"③ 从这段日记看，曾国藩

---

① 《曾国藩全集·日记》，第632页。
② 《曾国藩全集·读书录》，第725页。
③ 《曾国藩全集·日记》，第1105页。

将雄奇排在"八美"之首,并对"雄奇"之境作出解释:"文章之道,以气象光明俊伟为最难而可贵。如久雨初晴,登高山而望旷野;如楼俯大江,独坐明窗净几下,而可以远眺;如英雄侠士,褐裘而来,绝无龌龊猥鄙之态。此三者,皆光明俊伟之象。文中有此气象者,大抵得于天授,不尽关乎学术。自孟子、韩子而外,惟贾生及陆敬舆、苏子瞻得此气象最多。阳明之文,亦有光明俊伟之象。虽辞旨不甚渊雅,而其轩爽洞达如与晓事人语,表里粲然,中边俱澈,固自不可几及也。"① 曾国藩所提的"道"隐含着独特的审美特征,其中最为显著的便是"大"。庄子说:"夫道,覆载万物者也,洋洋乎大哉。"(《庄子·天地》)这里的"大"并非简单所指的空间之大,其指向已然超越空间,推理到了世间万物,意指容纳之广,涵盖之深,甚至可以洞悉到灵魂的深处。曾国藩曾运用对比的方法,将雄奇之文与孟子之文进行比较分析,其云:"细玩孟子光明俊伟之气,惟庄子与韩退之得其仿佛,近世如王阳明亦殊磊落,但文辞不如三子者之跌宕耳。"② 而后他在《阳刚》一文中,则对理学家的一贯认知完全摒弃,转而称赞韩愈文章兼美于瑰玮和诙诡,集雄奇之大成:"雄奇者,瑰玮俊迈,以扬、马为最;诙诡恣肆,以庄生为最;兼擅瑰玮、诙诡之胜者,则莫盛于韩子。"③ 在曾国藩看来,光明俊伟之气象,既是庄子之文风,又是韩愈、苏轼等人的追求,而儒学经书中,只有孟子之文尚能以此论之。

同治元年(1862)七月二十九日,曾国藩批阅曾纪泽所作的《拟庄》诗三首,反复阅读并深感欣慰,"尔若能解《汉书》之训诂,参以《庄子》之诙诡,则余愿偿矣"④。同治四年(1865)六月,曾国藩在给曾纪泽的书信谈到了更深层次的理论认识,并希望

---

① 《曾国藩全集·读书录》,第367页。
② 《曾国藩全集·日记》,第661页。
③ 《曾国藩全集·诗文》,第373页。
④ 《曾国藩全集·家书》,第853页。

曾纪泽对照邵雍的"四象"之说，对气势、识度、情韵、趣味四者进行深入探究。邵雍是北宋哲学家，在历史上亦有"内圣外王"之誉。其"四象"之说来自易学，以春夏秋冬为时之四象，太阳、太阴、少阳、少阴等为天之四象，"四象"之说作为重要理论范畴在邵雍哲学体系中举足轻重。这一学说被曾国藩化用，提倡气盛之文，强调文章的"气势"远比"理法"重要："文家之有气势，亦犹书家有黄山谷、赵松雪辈，凌空而行，不必尽合于理法，但求气之昌耳。故南宋以后文人好言义理者，气皆不盛，大抵凡事皆宜以气为主，气能扶理以行，而后虽言理而不厌，否则气既衰惫，说理虽精，未有不可厌者。犹之作字者，气不贯注，虽笔笔有法，不足观也。"① 这里重点强调了气势之盛，与康德论雄伟有相似之处，此处所指"雄伟"尤在精神，体积次之。高山大河之所以"雄伟"是源于体积的庞大；而屠格涅夫的麻雀之所以"雄伟"关键在于精神，依康德之见，前者所指的是"数量的雄伟"；后者所指的是"精力的雄伟"。康德以大量的自然界事物来讨论"雄伟"，使得后人对此提出质疑，认为其主张自然之外无"雄伟"，将道德和艺术的"雄伟"所忽略，其实不然，康德对于道德与艺术的"雄伟"论述大半可以包在"精力的雄伟"里面。② 曾国藩在这里提到的气势，就是既有自然的数量之雄伟，又体现出文人作字者本身的精神之雄伟。亦即绝妙的道理若在阐述中缺少生气，也不会广为流传。

同治四年（1865）七月初三，曾国藩在给纪泽、纪鸿儿子写信时强调，作文要追求雄奇气势，体现阳刚之美，明言纪鸿的文章属于"少年之文，总贵气象峥嵘，东坡所谓蓬蓬勃勃如釜上气"。③ 言外之意是在要求儿子应秉承古人的此种传统，行文时要将文章中

---

① 《曾国藩全集·日记》，第1310页。
② 朱光潜：《文艺心理学》，华东师范大学出版社2018年版，第237页。
③ 《曾国藩全集·家书》，第1205页。

的气势表现出来。他还对气势作了颇为精细的描述与解析,"文之迈往莫御,如云驱飙弛,如马之行空,一往无前者,气也"(薛福成《论文集要·曾文正公论文上》)。气息一泻千里,无所阻挡,是气之要领。在书法创作中也是如此,"其提振转折,关锁飞动处,以一语发动机牙,便发起下面数行、数十行,一齐俱动,所谓'笔所未到气已吞'者,势也"。"势"之所以为"势"是由于它转折、回荡,并造成了一定的悬念和落差。那么,两者如何才能合二而一?曾国藩指出要通过矛盾、冲突最终达成,"气欲前而势欲逆,必处处取逆势而气乃盛,二者交相为用也。机得而势胜,势胜而气盛"。当然,这种逆用须有章法,并且需要恰如其分的创新。

对于如何做到雄奇、气盛?曾国藩在给儿子纪泽的家书中曾说:"尔问文中雄奇之道。雄奇以行气为上,造句次之,选字又次之。""是文章之雄奇,其精处在行气,其粗处全在造句选字也。"[①]他所强调的是要把行气造势作为首要一环,将布局变换作为重要因素,把声调句式视为重要手法。

一是将行气与义法进行比较,突破桐城派"义法"说的樊篱,指出在创作过程中行气比义法更为重要。"行气为文章第一义,卿、云之跌宕,昌黎之倔强,尤为行气不易之法。"[②] "古人之不可及,全在行气,如列子之御风,不在义理字句间也。"[③] "行气"是创作活动中作家主体精神的充分张扬,体现了创作主体内在的、本质的精神气质和个性特征。"奇辞大句,须得瑰玮飞腾之气,趋之以行。凡堆重处皆化为空虚,乃能为大篇,所谓气力有余于文之外也。否则,气不能举其体矣。"[④] 文字、词句需有流畅之"气"驾驭,否则仅是在堆砌辞藻。

---

① 钱仲联主编,涂小马选注评点:《曾国藩文选》,苏州大学出版社2001年版,第196页。
② 《曾国藩全集·家书》,第853页。
③ 《曾国藩全集·日记》,第950页。
④ 《曾国藩全集·求阙斋日记类钞》,第18104页。

二是要在语言上应"偶句多，单句少，段落多，分股少，莫拘场屋之格式"；继而"将气势展得开，笔仗使得强，乃不至于束缚拘滞，愈紧愈呆"①。为文必须善变，不以一法而对万物，才能以气势使然。只是一味追求气盛，"高才者好异不已，往往造为瑰玮奇丽之辞。仿效汉人赋颂，繁声僻字，号为复古，"②曾国藩之所以不提倡走复古之路，并非是古代的创作都是糟粕，他看到的是由于缺乏创新，使得这条路越走越窄，最终与艺术创作的要求背道而驰。于他而言，文章的精妙在于行气，而炼字、造句和分段等只不过是创造气势的辅助之法。

三是强调诗文要"声调铿锵"。曾国藩在《鸣原堂论文》中，以"声调铿锵"作为"文章第一妙境"。咸丰九年（1859）九月十七日，他在评论韩愈文章时，将声与情结合起来论述，认为声情并茂是文章的第一妙境："韩文《柳州罗池庙碑》，觉情韵不匮，声调铿锵，乃文章中第一妙境。情以生文，文亦足以生情；文以引声，声亦足以引文。循环互发，油然不能自己，庶渐渐可入佳境。"这既是对韩愈文章的高度评价，更是体现了曾国藩对文章之气、声、情三者关系的美学认识。他还曾特别强调过："读者，如《四书》、《诗》、《书》、《易经》、《左传》诸经、《昭明文选》，李杜韩苏之诗，韩欧曾王之文，非高声朗读则不能得其雄伟之概，非密咏恬吟则不能探其深远之韵。"③一篇文章是婉约、忧郁的，还是激昂、刚迈的，可以通过抑扬顿挫的声调，平仄交替的自然搭配来体现，而体现在读者身上便需要用相应的语调进行诵读，方能体现出声调自身所具有的表现力，进一步帮助读者与听众加深感悟。

同治五年（1866）十二月初二，曾国藩在《致沅弟》中，又

---

① 《曾国藩全集·家书》，第 1204 页。
② 《曾国藩全集·求阙斋日记类钞》，第 18104 页。
③ 《曾国藩全集·家书》，第 406 页。

论及自己的"古文四象"审美理论,"《古文四象》目录抄付查收。所谓四象者:识度即太阴之属,气势则太阳之属,情韵少阴之属,趣味少阳之属。其中所选之文,颇失之过于高古。弟若依此四门而另选稍低者,平日所嗜者抄读之,必有进益"①。晚年所编《古文四象》,其篇幅虽不能与《经史百家杂钞》相比,但却具有重要的审美价值。他还举樊哙之例,以证阳刚之气难以想象的作用,"盖人禀阳刚之气最厚者,其达于事理必有不可掩之伟论,其见于仪度必有不可犯之英风。哙之鸿门披帷,拔剑割彘,与夫霸上还军之请,病中排闼之谏,皆阳刚之气之所为也。未有无阳刚之气,而能大有立于世者。有志之君养之无害可耳"②。曾国藩把对雄奇气势、阳刚之美的推崇,由文章、诗词、经史、书法推行到人物,隔行不隔理,符合认识的规律,而这也是"道"之所在,亦可谓之"范围曲成"之意。

(二)文法自然

除雄奇之风外,曾国藩对庄子的自然之道更是深为赞赏。同治元年(1862),他以"老、庄、淮南、管、商、申、韩诸子"为题,要求幕僚作300字以上的文章;在与陈虎臣在谈论诗文时,他强调应学习老庄自然之道,重视人与自然的协调和谐,"人法地,地法天,天法道,道法自然"。一切文法,效法于道就是效法于自然。曾国藩看重《庄子》诸篇,也是因其如风行水上,自然成文;又如万斛泉涌,随地涌出,因物赋形;语言流畅,声调铿锵,机趣横生,这正是因任自然、不拘于外物的体现。

庄子从相对主义思想出发,认为万物齐一,世界上根本就不存在所谓美丑、善恶。这种"美者自美"的"美"显然只是个别人观念上的"美",是一种主观之见,不具有普遍有效性。但是庄子

---

① 《曾国藩全集·家书》,第1296页。
② 《曾国藩全集·诗文》,第394页。

并不否认美的存在,具体事物虽无美丑可言,但天地之间却有一个"大美"存在着。"天地有大美而不言……原天地之美而达万物之理。是故至人无为,大圣不作,观于天地之谓也。"(《庄子·知北游》)天地之"大美"是"不言"的,它不依赖于人们的"言""议""说"而存在,这种"大美"不是至人有意为之,不需圣人成心造作,不带有任何人为塑造的因素,即是天然朴素的美。"淡然无极而众美从之。"(《庄子·刻意》)这里的"淡然"就是"恬淡、寂寞、虚无、无为"的意思,即自然无为。

在《天道》中庄子对"美"的属性还有更加充分的论述,他借用圣人尧舜的对话诠释这种自然之"大美":

> 昔者舜问于尧曰:"天王之用心何如?"尧曰:"吾不敖无告,不废穷民,苦死者,嘉孺子而哀妇人。此吾所以用心已。"舜曰:"美则美矣,而未大也。"尧曰:"然则何如?"舜曰:"天德而出宁,日月照而四时行,若昼夜之有经,云行而雨施矣。"尧曰:"胶胶扰扰乎!子,天之合也;我,人之合也。"夫天地者,古之所大也,而黄帝、尧、舜之所共美也。故古之王天下者,奚为哉?天地而已矣。

天地、日月、四时之行是庄子所说的"大美",舜所称许的"大美"就是日月运行、云行雨施的天地之美,而非行仁义、抚老幼的儒家"美德"。庄子善于借古人先贤之口表达观点,他在《田子方》篇中,以借老聃之言强调水之习性正是自然大美的体现,"夫水之于汋也,无为而才自然矣;至人之于德也,不修而物不能离焉。若天之自高,地之自厚,日月之自明,夫何修焉!"水的天性是随物赋形,而天、地、日、月也如水一般顺道而行,它们遵循着自然的法则而变化,把这些自然变化和美景写成诗文,只要是传达着自然的风貌，不管气势磅礴还是浅浅流淌，都是来自美之本源，也体现着作文者可贵的初心，这便会自然而然地打动人，让人沉浸其中。摒弃雕饰，崇尚自然朴素之美，首先在于顺物之性，这是中国古典艺术关于自然美最本真的思想。

曾国藩对《庄子》反复揣摩，深得庄子美学思想的精髓，在创作中力主自然而然，要求其子着力寻味自然的深意，并要求通过解说陶诗来提高这种修养，其子寄来的学习心得他都一一审阅回复。咸丰八年（1858）八月二十日，曾国藩回复其子纪泽，详解何为"天籁"："盖有字句之诗，人籁也；无字句之诗，天籁也。解此者，能使天籁人籁凑泊而成，则于诗之道思过半矣。"这里的"天籁"即是自然之意，这种审美境界不能依赖外力强之求之，只可意会不可言传，只能偶遇不能硬凑，而这就是庄子美学的意味所在。他还在信中传授儿子艺术创作和欣赏的基本方法，"尔欲作五古七古，须熟读五古七古各数十篇，先之以高声朗诵以昌其气，继之以密咏恬吟以玩其味，二者并进，使古人之声调拂拂然若与我之喉舌相习，则下笔为诗时，必有句调凑赴腕下，诗成自读之，亦自觉琅琅可诵，引出一种兴会来。古人云'新诗改罢自长吟'，又云'煅诗未就且长吟'，可见古人惨淡经营之时，亦纯在声调上下工夫。"① 曾国藩这里所用的"兴会"一词，其意与"兴味"相似，要求儿子在创作前熟读古诗文，并用朗读的方式反复感受其音韵、气度，由此强化对句调、声调的敏锐感知意识。

曾国藩认为要写出人的真情实感，体现内心的自然和谐，作诗撰文者必须饱含真情。他在自己的读书笔记和日记中对此作出论述，作诗文的真情必须来源于生活，才能在笔端流动出纯真的情感。"作诗文，有情极真挚，不得不一倾吐之时。……若平日蕴酿

---

① 《曾国藩全集·家书》，第418页。

不深，则虽有真情欲吐，而理不足以适之，不得不临时寻思义理；义理非一时所可取办，则不得不求工于字句；至于雕饰字句，则巧言取悦，作伪日抽，所谓修词立诚者，荡然失其本旨矣！以后真情激发之时，则必视胸中义理何如，如取如携，倾而出之可也。"① 他从真情—义理—字句—修词的逻辑关系论述中，指出了表达真情需要生活积累，也需要有艺术基础。

曾国藩对自然的推崇，直接影响着他对《十八家诗钞》的选编工作，其中选诗6365首，体量庞大，以陶渊明、李白、韩愈、黄庭坚、苏轼、陆游为代表的18位诗人，无一不深受道家人生观和美学思想的影响，均是追求自然真切、风格天成的文人大家。在谈到诗文鉴赏时，他指出人为的知识、学问、技艺、评议会破坏自然之"美"。《庄子·天下》篇中说："判天地之美，析万物之理。察古人之全，寡能备于天地之美，称神明之容。"一旦"美"进入了人为的知识、学问、技艺领域，初始的、朴素的、自在的"大美"就不再是原来意义的"大美"了，在"判""析"的过程中"美"已经失去"备"与"称"了。所以"与人和者，谓之人乐；与天和者，谓之天乐"。他再三强调不可刻意追求华丽辞藻，"巧言取悦"的文章其真情实感必不会直憾人心。此意正与庄子的"与时俱化"呼应。《庄子·山木》篇中说："无誉无訾，一龙一蛇，与时俱化，而无肯专为。"作文与做人一样，不需要把他人的毁誉作为第一标准，而应坚持以无为之心顺时而为，顺应自然，全性葆真。庄子处世的深邃智慧与其作文、鉴文的思想一脉相承，同时这主张本身也是庄子有感而发，脱口而出，明白易懂，体现出自然真切的风格。

（三）旷达怡趣

曾国藩的豁达胸襟受益于《庄子》，不仅是在仕途受挫、丁忧

---

① 《曾国藩全集·日记》，第131页。

回乡后，他始终将《庄子》视为怡情养性的文字。他所钦慕的人物也多有不忧不惧、淡泊功名的道家风范。在京城翰林院时，太常寺少卿陶梁风流潇洒，襟怀淡泊，传授曾国藩饭后散步养静气的方法，两人交往如庄子和惠施之间，有"曾从大匠斲，挥斧动神灵"[①]般的默契，曾国藩晚年犹忆及此情。曾国藩的另一位挚友刘蓉也深受道家人生态度的影响，无意于仕途，一生则隐居时多，为官时少，被曾国藩视为"卧龙"。"他日余能访，千山捉卧龙。"[②]刘蓉虽自甘于隐居著述，却为曾国藩提供了极大的心理帮助。两位朋友冲襟乐道、逍遥自得的境界亦是曾国藩十分尊崇的。早年曾国藩在翰林院为千里之外的姻伯朱心垣祝寿，称赞他"以第一人补弟子员，再蹶场屋，遂弃举业，其天怀恬淡，视青紫不值一哂耳"[③]，同乡好友朱蓂请他为父亲七十大寿作文，他夸赞老人"守其朴者完其素"[④]；为郭璧斋先生作六十寿序的开篇就说："庄子曰：'木以不材自全，雁以材自保，我其处材不材之间乎？'旨哉斯言！可以寿世矣。虽然，抑有未尽也。"[⑤]他不仅体会到庄子"无用之用"之真谛，还赞赏老人"睨青紫如糠秕"，对世人称许的功名富贵毫不在意，而以顺天无为的达观思想处世。

曾国藩在人生起伏、官场风云中，参透人性与生死，所以他的表达态度始终是从容恳切的。在咸丰十一年（1861）正月初四被困于祁门营时，离太平天国军营不过二十里，当时军心浮动，危在眼前，他却仍然淡然读诗、论诗，读到陆游临死不忘收复中原之时，其胸怀天下的壮志引起曾国藩强烈的共鸣，并赞道："放翁胸次广大，盖与陶渊明、白乐天、邵尧夫、苏子瞻等同其旷逸。其与灭虏

[①] 王澧华：《曾国藩诗文系年》，广西师范大学出版社1993年版，第191页。
[②] 《曾国藩全集·诗文》，第71页。
[③] 《曾国藩全集·诗文》，第135页。
[④] 《曾国藩全集·诗文》，第139页。
[⑤] 《曾国藩全集·诗文》，第168页。

之意，养生之意，千言万语，造次不离，真可谓有道之士。"① 在湘军围剿太平天国而屡屡受挫之时，他告诉家中澄弟："近年在军办事，尽心竭力，毫无愧怍，死即瞑目，毫无悔憾。"② 三月十三日，军情紧急，"四面梗塞，接济已断"，军心大乱，他平静地给儿子留下遗嘱："余自从军以来，即怀见危授命之志。丁、戊年在家抱病，常恐溘逝牖下，渝我初志，失信于世。起复再出，意尤坚定。此次若遂不测，毫无牵恋。自念贫窭无知，官至一品，寿逾五十，薄有浮名，兼秉兵权，忝窃万分，夫复何憾！"③ 其中不见对死亡的惶恐，接下来只是如话家常般说出自己的心愿、遗憾，还在几封家书中不厌其烦说到"八本、三致祥"等持家之道，随时接受死亡的坦然之态十分明显。

在曾国藩的日记和家书中，谈及豁达的文字比比皆是。同治二年（1863）三月二十四日，曾国藩借庄子的话告诫曾国荃要以豁达恬淡的心态对待功名利禄："吾好读庄子，以其豁达足益人胸襟也。去年所讲'生而美者，若知之，若不知之，若闻之，若不闻之'一段，最为豁达。推之即舜禹之有天下而不与，亦同此襟怀也。吾辈现办军务，系处功利场中，宜刻刻勤劳，如农之力穑，如贾之趣利，如篙工之上滩，早作夜思，以求有济。而治事之外，此中却须有一段豁达冲融气象，二者并进，则勤劳而以恬淡出之，最有意味。""以诗言之，必先有豁达光明之识，而后有恬淡冲融之趣；自李白韩退之杜牧之，则豁达处多，陶渊明孟浩然白香山则冲淡处多。"④ 他在这里先是引用《庄子·则阳》，借助其典故强调要保全人的真性，回归冲淡的初心，必须要有开阔的胸襟；而后又以知人论文的方式论述恬淡、豁达的人生智慧，以求通达世事、凝神安

---

① 《曾国藩全集·日记》，第575页。
② 《曾国藩全集·家书》，第653页。
③ 《曾国藩全集·家书》，第662页。
④ 《曾国藩全集·家书》，第959页。

适。这年九月，正值壮年的曾国荃费尽心力攻陷金陵却因功高遭嫉，他又苦口婆心地劝勉弟弟："童稚温温无险巇，酒人浩浩少猜疑。与君同讲长生诀，且学婴儿中酒时。"劝弟弟应该懂得目前的危险处境，不要忘记初衷，回归天真为上。正因为好读《庄子》，在诗文书信中经常流露出豁达恬淡的人生思考，使曾国藩在进取有为之余，不忘以虚静恬淡的道家思想平静心灵，从容应对变局，从而实现人生的旷达。

同治九年（1870），60岁的曾国藩因为双目蒙翳和精力日衰等原因，很少提笔写作了，这一年他仅写作了七篇文章，其中花了五天时间精心为爱婿撰写《郭依永墓志铭》。铭文中吸收了庄子的"安命"思想："又闻道家之言，与化推移。纵心任远，有若委衣。虽宗旨之各别，要安命而无违。览依永之诗篇，似多见道之词。胡含愁而郁郁，岂其中有不自持？……等生死于昼夜，信长短之有涯。"① 曾国藩在此发出"等生死于昼夜，信长短之有涯"的感喟，其对生死的态度完全与庄子的生死观一致，连用词都极其相似，既指出女婿郭依永的诗歌多含道家思想，还希望生者不必过度悲伤，顺天安命，坦然接受天命的安排，以慰亡人。曾国藩这段悼念郭依永的墓志铭，明确表示要以"与化推移"的生死观看待死亡，以顺其自然之心接受天道和命运的安排。好友毛鸿宾孙儿早夭，曾国藩去信安慰："漠然若托于庄周、刘伶之徒"，"无过郁郁"，② 同样劝说老友以道家生死观平衡心理，淡然处之。"庄子每说委心任运听其自然之道，当令人读之首肯，思之发省。"③ 曾国藩对生死之事的旷达正是多从庄子而来。

曾国藩还在庄子的旷达之中，捕捉到非常可贵的"趣"字为己

---

① 《曾国藩全集·诗文》，第326—327页。
② 《曾国藩全集·书信》，第4529页。
③ 《曾国藩全集·家书》，第1353页。

所用。长年累月的仕途压力，不能预测的起伏动荡，以及曾国藩惊人的自律勤奋，使他的生活缺少生气，人生索然无味，曾国藩很注重主动调节，有从文字中寻找感知趣味的敏感，以及主动制造趣味的能力。读趣文，品余味，不仅能赏心悦目，还能怡情养性。咸丰十一年（1861）七月初四，曾国藩要求曾纪泽将"趣味"与"自然"笔法相结合："念古文之道，亦须有奇横之趣，自然之致，二者并进，乃为成体之文。"同治六年（1867）三月二十二日，他把诗文趣味分为两类："凡诗文趣味约有两种：一曰诙诡之趣；一曰闲适之趣。诙诡之趣，惟庄、柳之文，苏、黄之诗。韩公诗文，皆极诙诡。此外实不多见。闲适之趣，文惟柳子厚游记近之，诗则韦、孟、白傅均极闲适。"① 可见此时他在美学思想上对庄子的吸收又深了一层。

　　曾国藩素有失眠顽疾，他喜用道家养生之法涵养心性，后又常以吟咏诗文帮助他清心怡性，缓解压力，助其安眠，特别是豁达恬淡的闲适诗，是他在夜深人静时的最爱。在咸丰八年（1858）再度出山后，曾国藩说"此次专求怡悦，不复稍存郁损之怀"②，他读闲适诗的时候越来越多了，并且告诉学生李鸿章："阁下向好为诗，诗中有一种闲适之境，专从胸襟着工夫。读之但觉天机与百物相弄相悦，天宇奇宽，日月奇闲，如陶渊明之五古、杜工部之五律，陆放翁之七绝，往往得闲中之真乐。白香山之闲适古调，东坡过岭后之五古，亦能将胸中坦荡之怀曲曲写出。……阁下襟度豁朗，度越流辈，及此谢病闭关之时，正好习静寻乐，以为进德之方，即是长生之诀。异日或仕或否，皆将受用无穷。"③ 这段话旨在指导李鸿章以诗文修身。然而李鸿章志不在于此，自然无法体会曾国藩对他的

---

① 《曾国藩全集·家书》，第1332页。
② 《曾国藩全集·家书》，第403页。
③ 《曾国藩全集·书信》，第6521页。

良苦用心。曾国藩用此法开解自己，咸丰十一年（1861）六月十二日，"傍夕高吟'大江东去'数过"。九月二十八日，"傍夕温苏诗。夜温古文，高声朗读"。可以想到曾国藩诵读古诗古文的投入与沉醉。每当在政治与军事的压力下苦闷不堪时，他就会拿出自己的"解药"。"因近日胸襟郁结不开，故思以陶、白、苏、陆之诗及张文端之言解也。"同治元年（1862）十二月，曾国藩在给友人回信时又特别提到"《庄子·内篇》文字，看似放荡无拘检，细察内行，炭炭若天地不可瞬息"。曾国藩既看到了庄子纵横捭阖的气概，更看到了庄子对万物所生的体察，带给他更多处世与自怡的启发。

在日记和书信中，曾国藩论及读书之乐的记载甚多，例如："温杜诗五律，久读'用拙存吾道'二章。三点睡，甚能成寐。"①"夜温《庄子》、《胠箧》、《达生》等篇。二更三点睡，甚能成寐，亦可喜也。"②他在同治四年（1865）七月初五日的日记中说："二更后，阅《史记》、《庄子》，择其有诙诡之趣者，乃不可多得。四更睡。"③曾国藩认识到司马氏父子的学术传承集中体现在《史记·太史公自序》中《论六家要旨》一文中，"终以道家为本"，"其指要则谈启之，其文辞则迁之为之也"④，认为司马迁所著《史记》以道家思想为主线，和《庄子》一样，表现出"诙诡之趣"，夜深人静时读之令人会心解颐，这是阅读儒家典籍无法感受到的。

三 曾国藩诗书创作中的庄式风格

曾国藩的创作实践与理论主张没有分离，桐城派"义理、考据、辞章"三位一体的主张虽对他影响不小，但因仕途所带来的济

---

① 《曾国藩全集·家书》，第717页。
② 《曾国藩全集·日记》，第731页。
③ 《曾国藩全集·日记》，第1166页。
④ 《曾国藩全集·诗文》，第375页。

世用心，他又提出了"经济"一说，要使诗文直接服务于社会，议论军事臧否政治行文不失洒脱。在艺术创作上，曾国藩以身作则实践着他的艺术美学，在雄奇意境、自然天真、旷达怡趣方面，自我要求甚高。他善于直抒胸臆，运用排比、夸张等渲染的笔法，事理明白畅达，笔力纵横驰骋，结构不枝不蔓，思路疏放自如，辞章酣畅淋漓。在主张"文以载道""文道合一"的同时，不断提高诗文的审美价值，创造情景交融、物我合一的艺术境界，追求雄奇诡丽、纵横恣肆的艺术风格，扭转了当时诗文创作的萎靡局面。

曾国藩的诗歌主要创作于在京城做官时期，其时他刚过而立之年，有春风得意之感，而这些诗句却多处引用《庄子》的典故，表达自己恬淡无为的功名观。仕途偶有不如意，曾国藩便感叹道"壮盛百无能""樗散吾所甘"，希望自己成为像"樗散"一样的人，即是庄子在《逍遥游》和《人间世》中所推崇的无用之才。在京城消磨了几年，曾国藩在《秋怀诗五首》中感慨"虚舟无抵忤，恩怨召杀机。年年绊物累，俯仰怜诟机。终然学黄鹄，浩荡沧溟飞"。"虚舟"典故则来源于庄子《山木》篇："方舟而济于河，有虚船来触舟，虽有惼心之人不怒"，说的就是应该虚于万物、无欲无求、不将不迎的思想。

在诗文中，曾国藩还多处借用曳尾于涂之鱼表达不愿仕宦以享天乐的意愿："众鳞争勒潦，鱁者安得舒！岂知逃闲寂，放荡得尾闾。吾乐正如此，君乐复何如？"① 在《酬李芋仙》中写道："爱从吾党鱼忘水，厌逐人间虱处裈。却笑文章成底用？千篇不值一盘飧。"② 这里不仅借用庄子"宁为游鱼曳尾于涂"的寓言，还化用了阮籍"虱处裈中"的典故，表示对功名富贵的轻视。道光二十七年（1847）曾国藩连续被提拔，可谓平步青云，却依然记得庄子对

---

① 《曾国藩全集·诗文》，第89页。
② 《曾国藩全集·诗文》，第61页。

仕宦的警惕,"曳尾不羡宗柘龟,孤豚不羡太庙牺",梦想忘怀尘世间的富贵,最好是"鸡犬全家存帝所,淮南生计未全贫"①,羽化升仙便能宠辱偕忘。曾国藩化用"庄周梦蝶"的寓言嘲讽世人:"可怜繁华子,醉梦几时醒?"以"知足天地宽,贪得宇宙隘。岂无过人资,多欲为患害"②表明他寡欲少求、恬淡无为的心志。

曾国藩行文恳切,诗歌中写景抒怀更多呈现自然本色,世存多首组诗,均有此特征。道光十五年(1835)第一次参加会试不利,留京继续备考,写下《岁暮杂感十首》抒怀,"芒鞋镇日踏春还,残腊将更却等闲。三百六旬同逝水,四千余里说家山。缁尘已自沾京雒,羌笛何须怨玉关。为报南来新雁到,故乡消息在云间"③。第一次离开家乡在异地过春节的曾国藩带着思念、失意及来年再试的压力,诗句明快清新,热切真挚,豁达自信。在翰林仕途顺遂时,他踌躇满志,作《小池》一首言志抒情:"屋后一枯池,夜雨生波澜。勿言一勺水,会有蛟龙蟠。物理无定资,须臾变众窍。男儿未盖棺,进取谁能料?""水"作为道家哲学的重要意象,也成为他抒发情志的重要载体,既显示了进取之心,更见几分直率。在《次韵何廉昉太守感怀述事十六首》中,曾国藩也有多首侧重写水意象:"沧海横流泽有鸡,微生偶出一当熊。千艘梭织怒涛上,万幕筘吹明月中。屠罢长鲸波尚赤,战归骄马汗犹红。谁知春晚周郎老,更与东皇乞好风。""溢舫初引一泓泉,流出蛟龙万丈渊。从古精诚能破石,薰天事业不贪钱。腐儒封拜称诗伯,上策屯耕在现田。巨海茫茫终得岸,谁言精卫憾难填?"沧海横流、怒涛惊浪、清泉溪泽、深渊巨海,曾国藩熟练运用这些意象,表达出起伏跌宕的人生际遇与生命感悟。这种雄奇的气势也得益于其诗句中杂糅着

---

① 《曾国藩全集·诗文》,第89页。
② 《曾国藩全集·诗文》,第38页。
③ 《曾国藩全集·诗文》,第76页。

问句。如"碣石逶迤起阵云,楼船羽檄日纷纷。螳螂竟欲当车辙,髋髀安能抗斧斤?"(《寄郭筠仙浙江四首》)首联用典,平地起势;颔联化用《庄子·人世间》中"螳臂当车"的故事,而后又用反问,气韵深长有力。此类诗句的表达颇具庄子"寓言十九,重言十七,卮言日出,和以天倪"的特色。

在诗文创作中,曾国藩实践着自己通过"声调铿锵"的方式达到"雄奇"之境界的艺术理论。以声律论文,他独崇声调铿锵、雄奇阳刚之作。民国时期李详《论桐城派》评论道:"文正之文,虽从姬传入手,后益探源扬、马,专宗退之,奇偶错综,而偶多于奇,复字单义,杂厕相间,厚集其危,使声采炳焕,而戛然有声。"① 这段话重点指出曾国藩古文上的突出特点在于:语言追求奇玮焕采,句式上骈多于散。曾国藩在四川主考时,偏爱李生文才,写下"岷山万仞雪,太古人迹稀。中有窈窕谷,绿蕙芳以菲。幽芬亦已郁,赏识方庶几。涧边棘荆满,山上春草肥。托根亮同地,岂变谁是非!地亦不能易,香亦不能飞。忽逢荷樵子,采撷盈裳衣。临风再三嗅,俯仰情依依。由来有臭味,不必崇知希"②。此诗从起笔就开阔雄奇,写的既是实景,又在景中寓情,赞美李生才调超群、淡泊名利,满怀期望与嘉许。

这种雄奇盛大、汪洋恣肆的风格在曾国藩的诗文、奏稿、书信于日记中随处可见。咸丰四年(1854)春天出征太平军时,他写下著名的《讨粤匪檄》,结构层次分明,排比句式连用,语气淋漓酣畅,气势喷薄逼人,骈散相间,浩然大气,势不可当,可与历史上陈琳《讨曹操檄文》、骆宾王《讨武曌檄文》并肩,与庄子、韩愈、苏轼等人的风格相契,起到了震慑对手、争取民心的作用。

曾国藩古文功底扎实,所撰写的联语和书法同样境界开阔,气

---

① 李详:《论桐城派》,《国粹学报》1909年第12期。
② 《曾国藩全集·诗文》,第11页。

势奇伟,"千顷太湖,鸥与陶朱同泛宅;二分明月,鹤随何逊共移家"①。这副对联既写明了何太史的身份与处境,又将情、景、事、人四者合一,富可泛舟五湖,雅如咏梅遣兴。上下联开头四字分别写出了雄奇和清淡两种境界,是非常典型的曾国藩的手笔。对于书法创作,曾国藩要求甚高,运笔和间架都要刚柔相济,合乎自然;在阳刚与阴柔之间,他强调用力不能平衡,应通过力度变化展现出跌宕俊伟的阳刚美,如果能写出这样的气势来,他就会感觉十分畅达。咸丰十一年(1861)九月十二日记:"本日作行书,能摅写胸中跌宕俊伟之气,稍为快意。"并且将此感受做以总结,推而广之,"大抵作字及作诗古文,胸中须有一段奇气盘结于中,而达之笔墨者却须遏抑掩蔽,下令过露,乃为深至。若存丝毫求知见好之心则真气漓泄,无足观矣"。"不特技艺为然,即道德、事功,亦须将求知见好之心洗涤净尽,乃有合处。"②曾国藩的书法主体风格险劲挺拔,古朴雄绝,寓圆融于秀劲,合雄奇于淡远,与他所崇尚的诗文境界是一致的。

曾国藩曾在读书笔记中对创作理念作过自述和说明,他强调虚与诚,"灵明无著,物来顺应,未来不迎。当时不杂,既过不恋,是之谓虚而已矣,是之谓诚而已矣"③。这里既讲了自己的世界观,也对"虚"与"诚"作出了诠释,这就是庄子所说的虚于万物、无欲无求、不将不迎、不乱不痴的状态。曾国藩对诗文欣赏也持同样的观点。道光二十二年(1842)十一月十五日他在日记中论述道:"读《中孚》卦,因思人必中虚,不着一物,而后能真实无妄。盖实者,不欺之谓也。人之所以欺人者,必心中别着一物,心中别有私见,不敢告人,而后造伪言以欺人。若心中了不着私物,

---

① 《曾国藩全集·诗文》,第106页。
② 《曾国藩全集·日记》,第205页。
③ 《曾国藩全集·读书录》,第2页。

又何必欺人哉？其所以自欺者，亦以心中别着私物也。所知在好德，而所私在好色。不能去好色之私，则不能不欺其好德之知矣。是故诚者，不欺者也；不欺者，心无私着也；无私着者，至虚者也。是故天下之成诚，天下之至虚者也。当读书则读书，心无着于见客也。当见客则见客，心无着于读书也。一有着则私也。"① 此处所议之"虚"，庄子也做过论述。"气也者，虚而待物者也。唯道集虚。虚者，心斋也。"（《庄子·人间世》）以此不将不迎之心读书，自然能轻松抵达作者要表达的意境。曾国藩即使在咸丰十一年（1861）身陷祁门绝境时，能做到从容恳切，正是因为有这样的心境。他在遗书中对自己的诗文与书法创作作出回顾和总结，"惟古文与诗，二者用力颇深，探索颇苦，而未能介然用之，独辟康庄。古文尤确有依据，若遽先朝露，则寸心所得，遂成广陵之散。作字用功最浅，而近年亦略有入处。三者一无所成，不无耿耿"②。从这段文字可以看出曾国藩对自己在艺术创作上的投入和期望，对自己没有达到理想目标颇感遗憾。

四　曾国藩在家训中对《庄子》的推崇

湖湘文化具有鲜明的楚文化基因，"唯楚有才，于斯为盛"。源远流长的地域文化得益于精神的世代传承和教育的长盛不衰。从这点上说，曾国藩是湖湘文化传续发展的典范人物。随着人生阅历的丰富，特别是湘勇征战屡屡受挫，几次陷入人生低谷，甚至自溺未遂，他从《庄子》中汲取了更多的精神养料和处世智慧。在与家人、友人的言谈和书信往来中，他经常引用庄子的文句传达见解，以长兄的身份坚持以行示范，以父亲的角色践行以智荫子，以长者的地位做到以言劝导，使亲朋至交受益良多。

---

① 《曾国藩全集·读书录》，第1—2页。
② 《曾国藩全集·家书》，第662页。

曾国藩一生对《庄子》好之不辍，早在京城为官时就表露了对道家政治理想的深刻理解。面对人生道路上的诸多选择，他告诫家中弟弟们，在人生道路选择时，除了儒家式的修齐治平之外，不妨吸纳道家的恬淡虚静，树立"生世非一途，处身贵深窈"①，"大材与小辨，相须会有因。嗟余不足役，岂谓时无人"②的人生观。在朝为官时，他对家人说"野服黄冠抵万金"，"回头却羡曲辕栎，岁岁偷闲做弃材"。③壮年之时离京回籍丁忧，曾国藩在命运一波三折的戎马生涯中，常常忧思辗转，夜不能寐。其弟曾国华下落不明时，时事与情感促使他在日记中反思："因思邵子所谓观物，庄子所谓观化，程子所谓观天地，生物气象，要须放大胸怀，游心物外，乃能绝去一切缴绕郁悒、烦闷不宁之习。"他将庄子学说和程朱理学糅合在一起，以帮助自己打开心胸，从而看淡功名利禄，抛开抑郁低落，豁达面对人生的起落和生死规律。其九弟曾国荃性格倔强、作战勇猛，但他求胜心切、贪恋战功，"舍老巢勿攻，浪战无益，逼城足以致敌。虽危，事有可为"④。在天京城南门外的雨花台扎下营寨，使军队处于孤立突出的险境。曾国藩为其思虑，经常劝慰九弟"静虚涵泳，萧然物外"⑤，"胸襟宜淡远，游心虚静之域，独立万物之表"⑥。历史地看，如若不是兄长曾国藩多次劝说，并从中周旋，曾国荃恐怕难以保全善终。

曾国藩一生深受庄子思想的裨益，对庄子文章可用"嗜之成癖"形容，他在家书中多次向儿子曾纪泽推荐庄子。为了让儿子更真切地领会庄子的思想精髓，他多次在书信中详细地讲解庄子的重

---

① 《曾国藩全集·诗文》，第14页。
② 《曾国藩全集·诗文》，第4页。
③ 《曾国藩全集·诗文》，第83页。
④ 《曾国荃集·附录》，岳麓书社2006年版，第16页。
⑤ 《曾国藩全集·日记》，第507页。
⑥ 《曾国藩全集·日记》，第653页。

要观点。在同治五年（1866）二月二十五日写给儿子的信中，曾国藩对庄子"在宥"之意进行解释，"宥，宽也。在，自在也"，"自在宽宥，即天下清谧"。① 他还把苏东坡以庄子之文释己之怀作为重要例证，讲给儿子，把庄子超越世俗与人生羁绊之意味由处世推广到养生，由养生推广到修身、治家，作为一位父亲他对儿子的殷切期望并不在功名之上，而是希望儿子能获得宽松自在的生活，清静无为而怡然自得。咸丰八年（1858），曾国藩在给儿子的信中表达了对《庄子》一书"恨不能一一诂释笺疏，穷力讨治"② 的遗憾。咸丰九年（1859），他给儿子的信中再次强调："好之十余年，惜不能熟读精考。"③ 这是曾国藩多次讲到的真实想法，一生读之释之受之，却仍然觉得对《庄子》还有未解未尽未透之处，这与他对治学心存余愿是一致的。在父亲的认可和指点下，曾纪泽顺从自己个性发展，没有入仕，让曾国藩很是欣慰。

　　曾国藩还常用庄子的思想宽解幕僚好友。年轻时，在送别同乡好友吴荣楷赴浙江任知县时，他就借用《庄子·骈拇》篇无为而治、顺势而为之意道，"方今清华秩，骈拇仅云备"，勉励他不要拘于陈规陋习，要"自抱轮囷材，构厦随所置"。④ 劝慰冯树堂忘掉得失，他连用"塞翁失马"和"臧榖亡羊"的道家典故来说明人生得失无常的道理，"柏梁铜爵安在哉？盗跖唐尧俱朽矣。北翁得马知何祥？臧榖亡羊定谁是？"还糅合《庄子》词句，说"今晨令问倾王侯，明日枯胔饱蚋蚁。铭功谀德千万言，可信人间有真史！……世间自有清静业，日往月来了无累。人迹不到禽不来，万年废井养秋水"⑤，表达淡化功名荣华、重视全性葆真的

---

① （清）郭庆藩：《庄子集释》，中华书局1961年版，第364页。
② 《曾国藩全集·家书》，第430页。
③ 《曾国藩全集·家书》，第477页。
④ 《曾国藩全集·诗文》，第7页。
⑤ 《曾国藩全集·诗文》，第43页。

思想，而且还包含典型的齐物论思想。好友江忠源早年赴京会试未中，心中郁闷，曾国藩与其往来，青眼有加，赞美他"丈夫智勇弥九州"，安慰他"守愚常抱汉阴瓮"，以《庄子·天地》中汉阴抱瓮丈人的寓言抚慰他安分守贫，淡看眼前得失。曾国藩现身说法："我今尘海久沦胥，方寸迷濛足雾霾。乃知贫贱真可欢，富贵縻身百无用。因君寄语谈天客，狂夫小言或微中。但教毛羽垂九天，未要好风遽吹送。"（《酬岷樵》）曾国藩很喜欢弟子李士棻，曾称赞他"太白醉魂今尚存"（《酬李芋仙二首》），在他时运不济时以"委心任运，静以俟之"勉励，"譬养木鸡，迥忘得失荣辱，久之或可重履亨衢耳"①，教他在运气未来之时要学会韬光养晦，要委心静待，并用庄子"呆若木鸡"的寓言，鼓励他只需用心努力，不必在荣辱得失上着意，经过一番积累之后，自然会迎来通达顺畅。

在写给老乡和同僚的书信中，曾国藩常常引用庄子及道家的哲学智慧与友人共勉。咸丰九年（1859），曾国藩在与胡林翼的书信往来中，提到"惟忘机可以消众机，惟懵懂可以被不祥"，再次自述"未能自体行之"②，余兴未了，信写完了还继续与李鸿章谈论《庄子》。吴坤修仕途遇到困境，以致积忧成疾，曾国藩化用《庄子·人间世》的句子劝慰他："与之为婴儿，与之为无町畦。""将来自可涣然冰释，怡然理顺。"③他认为如果能做到这样，自然会迎来风和日暖。作为与友人、家人之间沟通境况、畅叙心情的书信，能够比较直接地体现写信人的真实想法。而曾国藩在大量的书信中运用《庄子》辞句自如表达，确实可以看出他是熟稔在心的。

---

① 《曾国藩全集·书信》，第 7350 页。
② 《曾国藩全集·日记》，第 419 页。
③ 《曾国藩全集·书信》，第 7353 页。

曾国藩对庄子思想的深悟与力行，还体现在他一生遵循的养生修身之术上。他天生体弱，长期被皮癣、头痛、失眠、肝病、咯血、晕眩、目蒙等疾病困扰，在顺其自然的前提下，充分发挥自己的主观能动性，积极养生，是老庄养生观的受益者。60岁时，眼睛失明的曾国藩已不能读书治事，持诵《光明经咒》几十遍，从中竟体会出佛家经咒"盖道家之言也"①，这是典型的以道解佛，也是对道家养生修身之术的深切体会。他还把从《庄子·养生主》中汲取的养生规律，传于家人子辈。曾纪泽26岁时连日患病，神倦头眩。曾国藩以顺其自然之理劝说："吾于凡事皆守'尽其在我，听其在天'二语，即养生之道亦然。""寿之长短，病之有无，一概听其在天，不必多生妄想去计较他。凡多服药饵，求祷神祇，皆妄想也。"②希望其子能破除一切人为的刻意追求，适应自然，顺乎天道，遵循人与自然合一的途径，调养到身与天同、物我为一的和谐境界，百病不生，体自以健，进入养生的最高境界。

作为晚清文坛巨擘，曾国藩不但是"桐城派"的盟主、"湘乡派"的开创者，而且是近代中国经世思潮中承上启下的重要人物，更是近代文学发展史上一位重要的诗文大家。在《庄子》阐释与接受上，他发掘了道家思想的经世内涵和价值，表现出由"援庄补儒"向"道体儒用"过渡的动态特征，"道内儒外"，"道体儒用"，顺乎天道，身与天同，物我为一，这种境界是曾国藩对庄子人生美学的终极诠释。上承以魏源为代表的"通子致用"的经世思潮，下启严复、胡适等后来者。他提出了以识度、气势、情韵、趣味为支点的"古文四象"的审美标准说，崇尚"雄奇"的文章意境，要求以诗文陶冶情操，构架文人"意适神怡"、疗治心灵创伤的精神

---

① 《曾国藩全集·日记》，第1737页。
② 《曾国藩全集·家书》，第1214页。

家园，为中国传统文化走向近代转型作出了努力。

第三节　刘熙载：在儒道共生中，以庄格古通今

刘熙载（1813—1881），字伯简，号融斋，名熙载，晚年自号寤崖子，江苏兴化人。晚清著名学者、文艺理论家、书法家、语言学家、教育家，被称为"东方黑格尔"，世人多以"融斋先生"称之。在文学理论方面，刘熙载的传世著作有《艺概》《游艺约言》《读书札记》等。他创作的诗、文、词等不同体裁的作品主要收入在《昨非集》之中，分为寓言集、散文集、诗集、词集四卷。还有书法作品《古桐书屋六种》和《古桐书屋续刻三种》，以及语言学研究和教育随笔多部。

纵观刘熙载的一生，大致可分为早年求学、中年宦游与晚年讲学三个阶段。其父刘松龄是一位地方上颇有声望的隐君子，乡人称"鹤舆先生"。刘熙载幼时，其父曾说："是子可以入道，殆少欲而能思者也。"（《昨非集》卷二《寤崖子传》）刘熙载10岁丧父，数年复丧母，却刻苦励学。其诗有云："慨余天所弃，十岁为孤儿。数年复丧母，茕茕靡所依。"（《昨非集》卷三）迫于生计，16岁时，他到粮行做学徒，因手不释卷，一意读书被辞退回家。后自开学馆并为科举考试作准备，期间先后从师于张秉衡、徐子霖等人。道光十九年（1839），刘熙载在南京参加乡试中举。道光二十四年（1844）春，刘熙载到京城参加会试，顺利考中进士，被选到翰林院任庶吉士，第二年改授翰林院编修。在这期间，曾国藩正在侍讲学士任，两人之间有较多的交流。道光二十九年（1849），与母丧服满的魏源同修《兴化县志》，多有接触。

刘熙载专注学问，不愿意到地方上做官。咸丰三年（1853），

入直上书房，为诸王师。咸丰帝赞赏他精力充沛，听闻以"闭户读书"应之，便手书"性静情逸"四个字，嘉奖他的品学纯粹、书生本色。咸丰六年（1856）底，朝廷选拔地方官吏，刘熙载虽名列第一等，却以生病为理由，躲开了任职，而跑到山东禹城开馆教授收徒为生。咸丰九年（1859）底，他回京城仍做翰林院编修。咸丰十年（1860），在"都中有警，官吏多迁避"之际，唯"熙载独留"[①]，而后到湖北武昌任江汉书院主讲。这些经历也为他后期潜心治学埋下了伏线。

同治皇帝即位后，朝廷开始起用旧臣，两次催促刘熙载返京受任。同治三年（1864）春，刘熙载任国子监司业。同年秋，其官至左春坊左中允、广东学政。这也是他在官场写下的最后一笔。两年后的五月，任期未满的刘熙载请长假回到故乡兴化，从此脱离官场，使自己的人生彻底摆脱了官场是是非非的羁绊，进入到一个旷达洒脱的生命境界。

同治六年至光绪六年（1867—1880）刘熙载任上海龙门书院山长十四年时间。在此期间，与浙江学者俞樾过从甚密。与郭嵩焘、应宝时、冯竹儒等洋务派官员也多有交往。曾国藩在上海机器局设书院，曾写信邀请刘熙载前往，刘熙载没有应允。特定的时代环境，特有的传统文化情结，旷达的人生态度和深厚的学术积累使刘熙载潜心于教书、治学，所以才有其集传统之大成、又颇具独创性的学术成就。

刘熙载在龙门书院期间，以身为教，务实笃行，与其过往甚密的萧穆称"洁身修行与有宋诸儒言行相为表里"，"与诸生讲习，终日不倦，每五日必一一问其所读何书，所学何事，黜华崇实，祛惑存真。尝午夜周览诸生寝室，其严密如是。与人居，温温然，无

---

① 李详：《刘熙载传》，民国续修兴化县志，始修于民国八年（1919），迄至民国十七年（1928）基本完稿，因经费告罄而未克梓行。

疾言厉色"①。可见，刘熙载是一位尽职尽责、方法得当、重视学习又关心学生生活的师者形象。后人给予刘熙载教育家的身份认可与他在龙门书院的所教所行直接相关。胡适的父亲胡传就是深受刘熙载影响的一位学生，曾回忆说，"先生教人学程朱之学，以穷理致知、躬行实践为主，兼及诸子百家，各取所长，毋轻訾其所短，不许存门户畛域之见"②，反映了刘熙载教书之道及学问之深广，能够兼取百家之长。同治十一年（1872），刘熙载大病，其《沪上病剧旋愈》诗云："一病缘天意，令余悟日新。不妨年六十，认作始生人。"（《昨非集》卷三）光绪六年（1880）夏，刘熙载返回故乡养病。次年三月二日卒于古桐书屋，享年69岁，后被列入《国史·儒林传》。

刘熙载一生酷爱学问，是一位恪守传统治学品格的清末学者。在清末封建王朝垂死挣扎的历史时期，一批批志士仁人在苦寻出路，刘熙载却保持着学者的本色，不热心政治，不攀附权贵，虽然有一段在朝为官的经历，但性情恬静清逸，率性求真，品学纯粹，为人治经而不好考据，无汉、宋门户之见，以儒道互补的审美意识形成其美学思想体系。

刘熙载出身于以楚文化为核心的江苏兴化，纪念屈原的"三闾遗庙"世代为乡人敬仰，北宋范仲淹在兴化创建全国第一座官办学校，丰厚的历史人文资源带给他独有的思想启蒙，对他的文艺理论观点形成产生了重要影响。刘熙载从小所受的是儒家教育，阅读的主要是"四书""五经"，还长期致力于科举考试，但他少年时即有慕道访仙的想法，"生平于《六经》、子、史及仙释家言，靡不

---

① （清）萧穆：《刘融斋中允别传》，见《敬孚类稿》卷十二，清光绪三十三年刻本。转引自徐林祥《镜与日：刘熙载文艺美学思想研究》，博士学位论文，扬州大学，2006年。
② 胡传：《胡适文集》第1卷，《钝夫年谱》，北京大学出版社1998年版，第467—468页。

通晓。"① "昔余学道尚年少，数访仙踪问壶峤"②，"自'六经'、子、史外，凡天文、算术、字学、韵学及仙释家言，靡不通晓，而尤以躬行为重。"③ 可见，儒家思想使他安于世事，并有跻身仕途的济世精神，执教迁善无疑即来自于儒家教化思想的引导，而他内心却倾向于道家的超越精神。因此他能抛开功名，辞官归乡，真正做到"处贫富而超乎贫富之外，处死生而超乎死生之外"④，"君子在贫如客，然岂惟贫哉？处富及处贵贱、死生、皆当如是"⑤。刘熙载认为"善吾生所以善吾死，顺也，善吾死因善吾生"⑥，能够将生死视为自然规律，这与庄子"安时而处顺，哀乐不能入也"的思想遥相呼应。

《艺概》是刘熙载的文艺理论专著，堪称一部以时为序的分体文学史。刘熙载以史学家的气度和眼光、理论家的深度和清醒、语言学家的细腻和专业，从历史流变、创作理论、艺术特征和鉴赏方法等不同角度，对中国古典诗词文赋、书学曲目及八股文作出了"举此以概乎彼，举少而概乎多"的论述。全书由《文概》《诗概》《赋概》《词曲概》《书概》和《经义概》六卷组成，是刘熙载文艺理论观点的汇总，"大致可以看作是中国古代艺术美学的总结"⑦。《艺概》主要采用传统诗话的写法，深入探讨了艺术的本体问题、艺术作品的审美品格、艺术家的美学修养等问题，涉及艺术创作的主体、客体、社会环境、风格传承等诸多问题，展现了中国古代文学的发展风貌和嬗变过程，搭建了一个比较完善的文艺美学

---

① 赵尔巽等撰：《清史稿·儒林传》卷480，上海古籍出版社1986年版，第13158页。
② （清）刘熙载著，薛正兴校：《刘熙载文集·昨非集·梦受丹经》，江苏古籍出版社2001年版，第496页。以下所有《刘熙载文集》引文，为行文方便只注出书名和页码。
③ 《刘熙载文集·左春坊左中允刘君墓碑（俞樾）》，第791页。
④ 《刘熙载文集》，第47页。
⑤ 《刘熙载文集》，第48页。
⑥ 《刘熙载文集》，第49页。
⑦ 黄霖：《近代文学批评史》，上海古籍出版社1993年版，第771页。

体系，达到了建构理论的目的。既推动中国古典文论实现了充分发展，也使中国文论由古代向近代文学思想和学理规范转化。在其《读书札记》《游艺约言》中也有一些精辟的文艺美学思想论述。

"概"是刘熙载的创造，有现代哲学方法论的意义。在《艺概·叙》中，刘熙载明确说明，这里的"概"具有多层次含义。第一，他把文学、书法、绘画等都看作是"道"的具体显现。"次则文章名类，各举一端，莫不为艺，即莫不当根极于道。"① 以"道"为所有艺术的根本，与刘勰的原道观念一脉相承。第二，他所用的"概"就是一言以蔽之，因为深知以一己之力难以对各种艺术逐一作出分析，所以用庄子和太史公撰文之法，"闻、见皆以'概'为言，非限于一曲也"。第三，"概"的对象是什么那？一是概括规律；二是概括各文艺样式，即由"大意"而后"触类引申"，举一而反三，触类而引申，以"此""少"推及"彼""多"，即通过具体分析某一种文学艺术样式，概括出其理论特征，然后以此去概括其他样式。第四，"概"要建立在博与析的基础上，所谓"真约必博"，"非限于一曲"，又须将详析与抽象结合，即秉持着"通道必简"的精神。这正是化用老庄"大道至简"之法，"'概'之云者，知为'简'而已矣"②。面对纷繁复杂的问题，要用抽丝剥茧的方式抓住要点分析，突出表达其特征，看似很简单，实际是对艺术表现的本质、创作与鉴赏规律、手法等获得了深刻认识，从而找到了反映艺术特征的最佳途径。

在《艺概》六卷之中，刘熙载始终坚持这一原则，贯穿全书的模式主要是三段式：点明本源，揭示要义；论述正文，按作家作品的时间排序；概论各种文体的创作特点和写作技巧，偶尔也涉及一

---

① 《刘熙载文集·艺概·叙》，第53页。
② 《刘熙载文集·艺概·叙》，第53页。

些理论问题。① 谈到艺术经验时，刘熙载在前人的基础上，加入了自己的切身体会，并从中提取本质性的东西，化繁杂为简练，以有限把握无限，这种方法比长篇大论更易于理解、传播和发展。这也体现出刘熙载的艺术史观和语言哲学观。他受"言不尽意"和"得意忘言"的影响很深，较好地发扬了中国古典美学特别是道家美学的优秀传统，在表达上言简意赅，"探源本，析流派，窥大指，阐幽微，明技法，以简核之笔，发微中之谈"②，"把对文、诗、词、赋、曲、书等综合为艺术门类之中，进行总体规律探讨，作出个性特点分析，无疑于把'艺'又提升了一个高度，在一定程度上，已经构建了我国文艺美学学科概念的雏形"③。这就是刘熙载文艺美学思想的开创性意义。

《艺概》之中包含了为数不少的文学接受思想，反映出中国古代文论接受思想的流变特征。中国古典美学的诸家观点均于这一时期碰撞汇聚，为传统美学理论的总结提供了丰富的思想支撑。同时又独创体系，按时代顺序对作家、作品和各种文体条分缕析，从文学史的角度提供了中国古代文论接受研究材料。尧斯的文学接受思想是运用马克思主义的历史观及形式主义美学理念，对文学史中的坚守、流变与创新等问题进行阐释，由此提出文学历史观，强调文学的历史存在于作者、作品与读者的历史交流中，存在于读者对作品的历史接受中。④ 这也恰是刘熙载作为一代文学理论家的重要贡献。在他的视野中，不仅将目光投射到自己观照过的所有文学现象，而且并未被已成共识之见所束缚，为自己所未关注到的价值留

---

① 黄霖：《近代文学批评史》，上海古籍出版社1993年版，第772页。
② 佛雏：《刘熙载的美学思想初探》，《江海学刊》1962年第3期。
③ 卢善庆：《文艺美学的乌形构架和文艺整体性研究尝试——论刘熙载的〈艺概〉》，《厦门大学学报》（哲社版）1988年第1期。
④ ［德］尧斯：《走向接受美学》，蒂莫寒·巴蒂译，明尼苏达大学出版社1982年版，第46—75页。转引自李超《论〈艺概〉的文学接受思想》，博士学位论文，浙江大学，2011年。

下了探讨的空间。文学接受结果因接受者的不同而产生无数的可能。在这方面，刘熙载具有极大进步性，他的思想有中国文论与西方美学之间较多的相通之处。

过去很多年刘熙载一直受到冷落。1946年，李长之先生撰文介绍刘熙载，"在包世臣等已经年老，而王国维、严复、林纾等已经出世的时代，中国有一个以教书为业的批评家，这就是刘熙载"[①]。在20世纪80年代以前出版的古代文论研究成果中，包括郭绍虞、朱东润等大家体例详尽的著作，都未提及刘熙载和他的《艺概》。80年代以后出版的著作，虽多有专章或专节论述刘熙载和他的《艺概》，但评价亦有低有高，并未能全面深入地发掘其价值。敏泽先生评价《艺概》的内容在"思想上有严重的局限和糟粕"。叶朗先生虽然肯定了《艺概》对中国古典美学范畴所作的深刻论述，认可其价值，但他只是简单地把刘熙载的意义放到中国古典文论之中作出认识，却没有看到刘熙载的思想体系全貌及其理论创造和发展。

除《艺概》之外，刘熙载还有另一部重要美学论著《游艺约言》，由他的学生在他去世之后刊印，共录札记166条，所论内容以诗文、书法为主，与《艺概》中的《文概》《诗概》《书概》相互补充，也谈及了一些《艺概》没有论述过的问题，可视为《艺概》的补充或续编。"游艺"既有儒家之意味，也表达着庄子自由往来于艺术审美境界的状态。"约言"延续了《艺概》高度概括而又有严谨体系的方法。刘熙载在《游艺约言》中说："神仙迹若游戏，骨里乃极谨严。"这就是说，表面上看是"信手拈来"的即兴式点评，实质上却是一套"头头是道"的严密理论。

徐复观曾说刘熙载"不是中国近代美学思想家，而是中国古典

[①] 原载《青年界》1946年第1卷第4期，见《中国古代文论研究论文集》，上海古籍出版社1989年版。

美学的最后一位思想家"①。刘熙载所处的时代，正是中国古典美学几近尾声之时，他的出现正是时与运齐，将中国美学理论推到顶点，充分显示了其经验主义审美的特征。但其文艺理论其余《艺概》与中国传统诗话、词话之作相比，"内容纯粹，颇成体统"，"自《文心雕龙》以下，并不多见"。之所以说刘熙载的文艺美学思想具有可与刘勰相提并论的价值，主要是刘勰为中国古典文论创造了基本构架和审美概念的基础，刘熙载则在中国近代这一特殊历史时期开启了古典文论的理性转向。如前文所说，刘熙载的不朽功绩不仅在于他为中国古典美学作出总结，更为重要的是，他以深厚的学识根底和博大的精神力量，以其文论研究的卓越思路与语言表达，促进了中国美学理论在古典主义的思想背景下的又一次发展，推动了艺术辩证法的运用，为开启中国近代美学序幕做了厚重的学术奠基。可以说，刘熙载是中国古典美学与近代美学衔接过渡的重要学术代表。

一 刘熙载对高妙之道的本质追求

刘熙载对各家学派思想均有涉猎，他在少年时期便开始了慕仙访道的活动，并逐渐完成了儒道互补，儒者的品质和道家的情怀对刘熙载的人生观产生了重要影响，也造就了他的处世哲学和文艺思想。"忆余自始学以来，知圣贤之道不易明，欲从他道参验之，至如阴阳道释之言，苟有明之者，必竭诚以问，不惮再三问焉。"② 到了后半生，儒家思想的影响更是逐渐减弱，老庄思想成了他的精神支柱。他在《读庄子〈逍遥游〉代述其意二首》曾写道："乐在性中斯广大，游于物外自逍遥。莫言绝迹天行地，姑射山头好见

---

① 叶朗：《中国美学史大纲》，上海人民出版社1985年版，第548页。
② 《刘熙载文集·昨非集·释师》，第645页。

招。"① 这足以见出刘熙载的思想倾向源于其内心与庄子思想的契合，这种契合主要在于他渴望超然物外，进而实现精神逍遥和自由独立。庄子思想在其文论中已成为灵魂。

前文已谈到《艺概》之中"概"的丰富含义，在这里就其在叙中对"道"与"艺"的论述，更深入地了解刘熙载文艺理论的初心。首先，刘熙载谈到两者之间的关系，即"艺者，道之形也"。道为质，艺为表，艺依存于道。"艺"的字源为"种也，从坴（lù，土块）从丮（jǐ，拿），持亟种之"。意思就是手持工具，不失时机地在土地上耕作。"艺"首先是一种劳动行为，伴随人的精神需求的提升，逐渐引申用来表示技艺、艺术，不仅值得学习，还值得人们欣赏；其次，刘熙载说"学者兼通六艺……即莫不当根极于道"。进一步强调道为本而艺为末；然后，他又辩证分析"顾或谓艺之条绪綦繁，言艺者非至详不足以备道"，通过比较繁与简、详与概的优劣，指出"举此以概乎彼，举少以概乎多"，使认识具有普遍意义与传世价值，他还直接以庄子的"概乎昔尝有闻"和司马迁的"辞文不少概见"作为论据，直言其所述"'概'之云者，知为'简'而已矣"，所遵循的就是"通道必简"的基本精神。② 这段论述不仅说明了《艺概》书名的由来，而且道出了《艺概》一书的文学本体论和方法论原则。

李长之先生在其《刘熙载的生平及其思想》一文中指出，"假如对刘熙载的思想加以定性分析的话，那基调却是老庄、加上佛"③，并且指出在刘熙载的诗文中，老庄思想的烙印处比之更加明显。从刘熙载诗文作品中确实可以看出他的人生态度同老庄、佛教有关系。关于中国艺术意境结构特点，宗白华先生有一段精彩论

---

① 韩烈文：《刘熙载〈艺概〉研究》，江苏古籍出版社2002年版，第8页。
② 本段主要引自《刘熙载文集·艺概·叙》，第53页。
③ 原载《青年界》1946年第1卷第4期，见《中国古代文论研究论文集》，上海古籍出版社1989年版。

述，其中在阐述"道""艺"关系问题时，取《庄子·天地》中"象罔"与"玄珠"的寓言，以说明"道"具象于生活之中、礼乐书画之中。"'道'尤表象于'艺'，灿烂的'艺'赋予'道'以形象和生命。'道'给予'艺'以深度和灵魂。"① 这是对刘熙载这一思想最恰当的现代阐释。"道艺"观念来源于中国数千年的美学和文艺思想史，刘熙载把它作为全书的导论，既是理解《艺概》文体思想的一把钥匙，也是刘熙载文艺思想的源泉指引。

庄子对"道"作过精彩的阐释，他说："夫道，有情有信，无为无形；可传而不可受，可得而不可见；自本自根，未有天地，自古以固存；神鬼神帝，生天生地；在太极之上而不为高，在六极之下而不为深；先天地生而不为久，长于上古而不为老。"（《庄子·大宗师》）也就是说，"道"是原始混沌，它寂静无声、空虚无形、"自古固存""自本自根"，不受因果规律的制约，不依赖于任何其他事物，只按自身规律永无休止地运动，在天地万物形成过程中具有逻辑在先的性质，是天地万物的本原。王弼注"天法道，道法自然"曰："法道也，道不违自然乃得其性：法自然者，在方而法方，在圆而法圆，于自然无所违也。自然者，无称之言，穷极之辞也。"② 按照庄子哲学思想的理解，"道法自然"还应包含着"道之末"的"艺之道"。对于音乐，庄子天然敏感而热爱，他推崇洞庭之野的咸池之乐，为古典浪漫主义音乐传统的代表。

庄子在《天地》篇中，还对"德""道""事""技"等作出了具体论证，"故通于天地者，德也；行于万物者，道也；上治人者，事也；能有所艺者，技也。技兼于事，事兼于义，义兼于德，德兼于道，道兼于天。"这里传达出四者之间的紧密联系，符合万物相生相济的普遍认识；并且与"能有所艺者，技也"呼应，而后

---

① 宗白华：《美学散步》，上海人民出版社2005年版，第137页。
② 刘玉建：《周易正义导读》，齐鲁出版社2005年版，第373页。

合用为"技艺"。还指庖丁解牛、佝偻捕蝉等类的生产生活实践中的某些技巧和才能,那个解牛"以神遇而不以目视"的庖丁就说自己"臣之所好者道也,近乎技矣"。这种看似卑贱的劳动行为也是一种"道之艺"。庄子的论述说明道的生命近乎技,而高超的"技"也启示着道。这里的意味与《论语》中的礼、乐、射、御、书、数"六艺"其实是接近的。相比之下,"六艺"之中的礼、乐属于高雅活动,而射、御则属于低卑活动。《论语·子罕》曰:"子闻之,谓门弟子曰,吾何执?执御乎?执射乎?吾执御矣",朱熹解释说:"执,专执也。射、御皆一艺,而御为人仆,所执尤卑。"① 同样,《庄子·在宥》中所说的"艺"也有"六艺"的含义,"说礼邪,是相于技也;……说圣耶,是相于艺也"。"说"通"悦",喜欢、喜好;"相",助长。意思是说,喜欢礼就会助长了浮华的技能;喜欢圣人就会助长了"六艺"的泛滥。到了汉朝,方术兴起,使技艺与方术逐渐建立联系,出现了"艺术"一词,"艺"的拓展意义出现了新变化。联系前文所提庄子对德、道、事、技等的论说,能够比较清楚地看到,庄子的观点对刘熙载的影响较为深入,因此他会有"艺者,道之形也"的表达。

"道"代表中国传统哲学的最高智慧,中国哲学本身就是生命本体体悟"道"的结果。儒家、道家都言"道",但却有本质的不同。在道家哲学中,"道"是中国传统宇宙意识和生命情调的代名词,其核心精神就是"道法自然"。作为"天道","道法自然"所揭示的是"形而上"的最高原理,即宇宙从无到有、自自然然的生成过程;作为"天地之道","道法自然"所揭示的是天地自然万物各得其理、各有其性、自自然然的存在状态;作为"人之道","道法自然"所揭示的是人的本质和理想的存在状态。当"道法自

---

① (明)朱熹:《四书章句》,岳麓书社1985年版,第137页。

然"说与艺术结合,就自然而然产生了艺术的本色论。在道家思想内部,"道"是根本之法,老子、庄子和其他代表人物都会讲道,不过其中存在着很大的差别。比如老子关注的是归元和内敛,而庄子则是奔向自然和逍遥的。庄子和屈原是中国艺术浪漫精神的主要来源,其内质即是自然、自由、无为。自汉唐到宋元,从诗歌到书画,皆有"自然本色说",都以虚静、洒落为上,苏轼用"天工""清新"来衡量诗画的艺术境界,便是以自然为宗。刘勰把自然本色作为艺术鉴赏的基本标准,艺术家们也以"道法自然"作为创作的至高法则,并以创作实践丰富着自然审美经验。到了刘熙载这里,他把这个命题又推进了一步,提出自己的学术创见。

以现时阅读文本角度看,许多古典文学作品似乎没有多大区别,如《庄子》《离骚》《史记》等多有共同之处:"文如云龙雾豹,出没隐见,变化无方"。而刘熙载较早进一步分析,"辨疑似,谨细微",就能看出各自鲜明的特性来。从章法上作出精深的判断,"《庄子》是跳过法,《离骚》是回抱法,《国策》是独辟法,《左传》、《史记》是两寄法"①。《庄子》想象丰富,仪态万方,垂天鹏翼与蜗角鼻垩并行,风格汪洋恣肆,充满浪漫主义气息,在行文上"前后连接不紧密,往往隔段相连"②,因此,他用"跳过法"来概括。刘熙载在《文概》中多次推崇庄子的散文:"文之神妙莫过于能飞。庄子之言鹏曰'怒而飞'。今观其文无端而来,无端而去,殆得'飞'之机者。鸟知非鹏之学为周耶?"③刘熙载虽然对"飞"这个术语未作明确界定和系统说明,但他以大鹏形象来赞誉其文,以"飞"字来涵括庄子散文的艺术美及精神特质,以庄子的《逍遥游》来说明"文之神妙莫过于能飞",从某种意义上说,可以看

---

① 《刘熙载文集·艺概卷一·文概》,第60页。
② 《刘熙载文集·艺概卷一·文概》,第61页。
③ 《刘熙载文集·艺概卷一·文概》,第60页。

作是对主体精神自由性的强调,把"飞"作为评判散文艺术的最高标准。

"飞"本意为"飞动""飞翔"。刘熙载借用庄子笔下的大鹏诠释"飞"的"雄放"之意,增添无拘无束、来去自如之意。"《庄子》文法断续之妙,如《逍遥游》忽说鹏,忽说蜩与鸴鸠、斥鷃,是为断。下乃接之曰:'此大小之辨也',则上文之断处皆续矣,而下文宋荣子、许由、接舆、惠子诸断处,亦无不续矣。"① 刘熙载认为从文法上说是"断续",从美学趣味上说则是"飞"。他同时指出:"文如云龙雾豹,出没隐见,变化无方;此庄、骚、太史所同。"② 这同样是"飞"的表现。他十分欣赏唐皎然所提的"状飞动之趣"的表现手法,提倡让诗文更加灵动起来,显现一种蓬勃旺盛的生气,以"象外之象""景外之景""味外之味",实现言有尽而意无穷的境界。

刘熙载极力称赏高妙诗文,而诗文高妙无不出自心胸开阔、识见突出者之笔。在《诗概》中,他集中对陶渊明、杜甫、李白、苏东坡进行评论,并赞赏有加。对陶渊明诗,他在比较中说:"谢才颜学,谢奇颜法,陶则兼而有之,大而化之,故其品为尤上。"③ 对杜、李、苏,他直陈其渊源:"少陵纯乎《骚》,太白在《庄》《骚》间,东坡则出于庄者十之八九。"④ 对杜诗,他一反世人所关注的忧国忧民思想,简明扼要、准确生动地概括出杜诗的艺术境界,说"杜诗高、大、深俱不可及。吐弃到人所不能吐弃,为高;涵茹到人所不能涵茹,为大;曲折到人所不能曲折,为深"⑤。他还

---

① 《刘熙载文集·艺概卷一·文概》,第60页。
② 《刘熙载文集·艺概卷一·文概》,第64页。
③ 《刘熙载文集·艺概卷二·诗概》,第98页。
④ 《刘熙载文集·艺概卷二·诗概》,第107页。
⑤ 《刘熙载文集·艺概卷二·诗概》,第101页。

在肯定"太白早好纵横,晚学黄老,故诗意每托之以自娱"① 的同时,指出李白同杜甫一样具有济世之心,"太白与少陵同一志在经世,而太白诗中多出世语者,有为言之也。可见刘熙载文学批评的独创性。屈子《远游》曰:'悲时俗之迫阨兮,愿轻举而远游。'使疑太白诚欲出世,亦将疑屈子诚欲轻举耶!"② 透过李白诗歌的表面现象深刻地指出其思想实质。他评价苏诗"其精微超旷,真足以开拓心胸,推倒豪杰"③,看透了苏诗自有"君从何处看,得此无人态"(《高邮陈直躬处士画雁二首》之一)。其人自是超群识见、超旷心胸、适意自然,无论面对何种处境都能心平气和,坦然自处。刘熙载认为苏东坡其文心诗境,其识见心胸超旷,均得力于庄子。庄子比东坡更"透底",其笔法高妙之至,"寓真于诞,寓实于玄","庄子文看是胡说乱说,骨子里却尽有分数。彼固自谓'猖狂妄行而蹈乎大方'也。学者何不从'蹈大方'处求之?"④ 他所提的"分数""大方"即是从艺术审美层次所做的认识。"书有分数,非难,有无分数之分数,为难。"⑤ 庄文之"分数"即为"无分数之分数"。"文章书画,有神品、逸品。神,无方无体;逸,无思无为。"⑥ 从《庄子》中,刘熙载看到了"无方无体""无思无为"的高妙,对庄子所追求的人生极致自由,所传达的审美理想境地,亦是无比推崇。

二 刘熙载对"自然本色"风格论的发展

如前所论,在我国美学思想史上,最早直接提出以自然为美的

---

① 《刘熙载文集·艺概卷二·诗概》,第 101 页。
② 《刘熙载文集·艺概卷二·诗概》,第 100 页。
③ 《刘熙载文集·艺概卷二·诗概》,第 106 页。
④ 《刘熙载文集·艺概卷一·文概》,第 60 页。
⑤ 《刘熙载文集·游艺约言》,第 752 页。
⑥ 《刘熙载文集·游艺约言》,第 762 页。

是庄子。"自然"是庄子审美趣味积极追求的最高审美境界。从审美主客体、人的思想情感、行动实践方面,"自然"都有所指涉和涵盖。"天地有大美而不言。"(《知北游》)天地有一种大美,有天地所孕育滋生的自然万物也是美的:"以日月为连璧,星辰为珠玑。"(《列御寇》)"山林与!皋壤与!使我欣欣然而乐与!"(《知北游》)"秋水时至,百川灌河,泾流之大,两涘渚崖之间不辩牛马。"(《秋水》)对自然美的欣赏和热爱,应该是人的一种本能反应,因此将这种审美感受具象化到文学作品之中也是自然而然的。庄子认为,艺术之中的自然不能以功利的心态去看待,而要采取一种"不以物累形"的超功利的状态,以求得心理上的寄托和自然交融的情感,他所持的这种审美态度正是与西方美学对"美"的本质的界定是一致的。① 他把"不以物累形"称为"游",所谓"游心适性"就是要顺适人性的本然状态,让心灵处于虚静清明的境界,不因外物的变化而受到波动,不受任何羁缚地遨游在自然与宇宙之中,才能真正实现心灵与精神的解放和自由。

刘熙载重视"自然本色"在文学艺术和审美鉴赏中的作用,指出:"白贲占于贲之上爻,乃知品居极上之文。只是本色。"② 而贲即是无色。这里包含着一个重要的美学思想:质朴无华、质地本身发光,才是真正的美,过于雕饰反而会失去原先的美,其要义便是"自然"。"自然"一词在刘熙载的《艺概》中出现十余次,其另一部美学思想著作《游艺约言》也对自然本色进一步作出论述:"文之不饰者,乃饰之极。盖人饰不如天饰也,是故《易》言'白贲'。"③ "极上"之品便是"本色",此"本色"之意并非没有丝毫创造的原始之物的质与色,而是一种经过高妙审美创造的特殊审

---

① 卢善庆:《中国近代美学思想史》,华东师范大学出版社1992年版,第33页。
② 《刘熙载文集·艺概卷一·文概》,第90页。
③ 《刘熙载文集·艺概卷一·文概》,第757页。

美形态，是艺术美的最高理想状态。"诗为天人之合"，或者说，"诗"为"天之心"与"人之心"的结合。也就是说，文艺作为审美对象是审美客体与审美主体的辩证统一，这一认识体现了中国古典美学的本质特征，这一点也体现了刘熙载文艺美学思想的核心。[①] 宗白华先生解释说："贲本来是斑纹华采，绚烂的美。白贲，则是绚烂又复归于平淡。""要自然、朴素的白贲的美才是最高的境界。"[②] 以此审视刘熙载的"自然本色"论，应包含较为复杂的审美层次，其意可以概括为"真""朴""味"等范畴。

"真"本身是一个复杂的范畴。从道家起源的这一美学概念，包含着道、形、心等含义，老子强调"自然"便是要合乎"道"，而庄子对真写的更为直接，体现到了内在世界，即情感上，推崇的是精诚之至的"真"。可以说，"真"的美学标准就是要求创作从生活本身的模样起笔，忠于生活，正视现实，不掺假，不造作。而最高的境界就是将作者的真情实感融入作品之中，使情感在文字之下呼之欲出。对于这一点，刘熙载进行了充分的接纳和吸收，对诗、文、赋等均以"真"来评价，他借用陶渊明来讲诗的"真"："诗可数年不作，不可一作不真。陶渊明自庚子距丙辰十七年间，作诗九首，其诗之真，更须问耶？彼无岁无诗，乃至无日无诗者，意欲何明？"[③] 又深入地讲道："作诗不必多，所贵肝胆真。"（《昨非集》卷三）评价王安石的文章时称："介甫文每言及骨肉之情，酸恻呜咽，语语自肺腑中流出，他文却未能本此意扩而充之。"[④] 在《赋概》中以乐曲演奏作类比，强调"赋必有关著自己痛痒处。如嵇康叙琴，向秀感笛，岂可与无病呻吟者同语？"[⑤] 自己的痛苦和难

[①] 朱志荣：《中国美学简史》，北京大学出版社2007年版，第360—361页。
[②] 宗白华：《美学散步》，上海人民出版社2005年版，第77页。
[③] 《刘熙载文集·艺概卷二·诗概》，第97页。
[④] 《刘熙载文集·艺概卷一·文概》，第80页。
[⑤] 《刘熙载文集·艺概卷三·赋概》，第131页。

言之事，必须化作情感融入演奏之中，才能真情毕现，那种无病呻吟自作多情的人是难以达到这样的境界的。他在谈到表达情景时，用四部传世经典对比来谈各自内容的差别："文有四时，《庄子》，'独寐寤言'时也；《孟子》，'向明而治'时也；《离骚》，'风雨如晦'时也；《国策》，'饮食有讼'时也。"① 把庄子之言放在首位，并引《诗经》中的"考槃在涧，硕人之宽。独寐寤言，永矢弗谖"来说明《庄子》所表达的内容比其他几部更贴近人的内心、更为真实。

朴，既是建立在"真"的基础上的一种审美状态，也是对自然美的一种哲学概括。刘熙载在谈及书法艺术时强调：学书者始由不工求工，继由工求不工。不工者，工之极也。《庄子·山木篇》曰："'既雕既琢，复归于朴。'善夫！"② 这便是以庄子朴素的辩证法来探讨艺术美的存在。而这一审美标准与其对诗所述的"野者，诗之美也"③ 的观点一脉相承。因此，他称赞张炎的"莲子熟时花自落"传达出朴素平易的美，辛稼轩词"英雄出语多本色"，郑燮书画"只写天真"，评价古乐府时说："古乐府中，至语本只是常语，一经道出，便成独得。词得此意，则极炼如不炼，出色而本色，人籁悉归天籁矣。"④ 这些艺术创作正体现出从"不工"到"工"而后又达到"不工"的过程。在这里，前一个"不工"是创作手法，而后一个"不工"则是"复归于朴"的审美境界。刘熙载说："怪石以丑为美，丑到极处，便是美到极处。一'丑'字中，丘壑未易尽言。"⑤ 此处的"丑"即是艺术自然美的真实反映，也回应了中国古典美学的重要理论命题："丑的极处，便是美到极处。"而这美

---

① 《刘熙载文集·艺概卷一·文概》，第91页。
② 《刘熙载文集·艺概卷五·书概》，第185页。
③ 《刘熙载文集·艺概卷二·诗概》，第96页。
④ 《刘熙载文集·艺概卷四·词赋概》，第149页。
⑤ 《刘熙载文集·艺概卷五·书概》，第186页。

从丑中来，正是因为质朴自然的缘故。

味，是指艺术作品有多层次、递进式或持续性的深意，具有现实和艺术的趣味。刘熙载在《艺概》中对此多有论述，如浅中有深、平中见奇、寄厚于轻、寄劲于婉、淡语要有味、天真弥复深雅等，均强调艺术作品要有余味、深味，才能在真、朴的基础上，不流于平淡和庸俗，成为艺术中的极品之作。对此，刘熙载通过剖析陆游的诗、白居易的诗、苏东坡的文章，对语意的平实质朴给予肯定，更突出了思想的深刻性，只有兼具自然风格和深刻内容的艺术作品，才能称得上极品。刘熙载推崇"作书当如自天而来"，自然与精深之间实际是相互依存的，只有风格自然才有可能达到精深，而且精深更能产生出自然本色美。

刘熙载将"真"作为鉴别作品高下的最高审美准则，在论述"自然本色"风格说时，不自觉地把庄子美学的承续者李白、苏东坡、陶渊明作为重要的例证。他在《艺概》和《游艺约言》中，赞叹李白诗"言在口头，想出天外，殆亦如是"，"机会与造化争衡，非人工所到"[1]；赞陶渊明诗其"言在八荒之表，而情甚亲切，尤诗之深致也"[2]，强调指出陶渊明诗作最难得的过人之处便是"真率"。他将李白、苏轼合并评论，"太白诗，东坡文，俱有'空山无人，水流花开'之意"[3]"具神仙出世之姿"。他指出："学太白者，常曰：'天然去雕饰'足矣。余曰：此得手处，非下手处也。必取太白句意以为祈向，盍云'猎微穷至精'乎？"[4] 他认为所谓"与天为徒""神仙出世"，正是与庄子"充实不可以已"寓意相契的，这样的作品乃属"神品"。

作为儒道互补的学者，刘熙载把文之道分为"尚正"和"尚

---

[1] 《刘熙载文集·艺概卷二·诗概》，第99页。
[2] 《刘熙载文集·艺概卷二·诗概》，第97页。
[3] 《刘熙载文集·游艺约言》，第758页。
[4] 《刘熙载文集·艺概卷二·诗概》，第100页。

真"两种方式,前者为儒家的标准,后者为道家的风格,而"真"则是建立在"正"之上的,并辩证地说"正而伪,不如变而真。"①"文之自然无若《檀弓》,刻画无若《考工》《公》《穀》。《檀弓》诚恳顾至,《考工》朴属微至。"②"夫文章书画,欲其真而已矣。"③"盖文惟其是,惟其真,舍是与真,而与形模求古,所于古者如是乎?"④"大家贵真,名家贵精。文章书画,俱可本此辩之。"⑤"正"重的是齐家治国平天下的入世思想;而"真"突出的是道德、人性与自然、天地和谐相融的人文精神。也就是说,在评价艺术作品时,刘熙载自觉地把道家美学作为艺术审美的最高标准。

三 刘熙载对"自然本色"创作论的深化

刘熙载的美学思想与道法自然的美学理念吻合,他认为高超的艺术应该妙造"自然",而"自然"的艺术风格来源于"自然本色"的创作实践,对于创作手法和创作者,他也有着与此相适应的要求。

"造乎自然""由人复天",就是要巧夺"天"工。刘熙载在论述艺术创作之时,提出真色或本色的观点。他所说的本色主要是针对艺术作品给读者从感官到内心带来的体验与感受,"词之为物,色、香、味宜无所不具。以色论之,有借色,有真色。借色每为俗情所艳,不知必将借色洗尽,而后真色见矣"⑥。在人为雕琢之作与自然浑成之作两者之间,要经过长期实践磨炼才可能实现这样的飞跃。能从人力归于天籁,就是庄子"无为"的哲学辩证思想应用在

---

① 《刘熙载文集·艺概卷三·赋概》,第123页。
② 《刘熙载文集·艺概卷一·文概》,第57页。
③ 《刘熙载文集·游艺约言》,第763页。
④ 《刘熙载文集·艺概卷一·文概》,第90页。
⑤ 《刘熙载文集·游艺约言》,第762页。
⑥ 《刘熙载文集·艺概卷四·词曲概》,第147页。

文艺美学领域,"有为,法之所以不贵者,人也,非天也",对照无为,又说"作书当如自天而来","好诗必是拾得"。①"东坡、放翁两家诗,皆有豪有旷。但放翁是有意要做诗人,东坡虽为诗,而仍有夷然不屑之意,所以尤高。"② 因有一种内心的不在意,而使人在阅读苏轼诗作时,能够在豪放旷达中获得高于陆游诗作的体验。在谈到书法鉴赏时,刘熙载的观点也是一样的,"无为之境,书家最不易到;如到,便是达天"③。这里在"无为"与"达天"之间建立了对应联系。无为,在书法创作中就是本色无饰。不饰,因达到天与人合一,而达到饰之极致;那么无为也就是为之极致,是造化使然。只有不饰与无为,才能创作出达到化境的神逸之作。这种极不易得的珍贵体验,主要来自创作者自身"无思无为"的创作心理。

刘熙载十分关注作诗作文者的修养,提出"诗品出于人品,人品悃款朴忠者最上,超然高举、诛茅力耕者次之,送往劳来、从俗富贵者无讥焉"④。从修养品格的角度明确地把作文者分为"悃款朴忠""超然高举、诛茅力耕""送往劳来、从俗富贵"三个层次。他强调文如其人,与作文者的品格、性情特点合而为一,盛赞词人苏轼、辛弃疾是"至情至性人","为最上";评价"谢玄辉诗以情韵胜,虽才力不及明远,而语皆自然流出,同时亦未有其比"。⑤ 他还指出:"陶渊明为文不多,且未尝经意。然其文不可以学而能,非文之难,有其胸次为难也。"⑥ "未尝经意",也就是说陶诗多为自然流露,"陶渊明诗文,几于知道。至语气真率,亦不夸,亦不

---

① 《刘熙载文集・游艺约言》,第 755 页。
② 《刘熙载文集・艺概卷二・诗概》,第 107 页。
③ 《刘熙载文集・游艺约言》,第 752 页。
④ 《刘熙载文集・艺概卷二・诗概》,第 118 页。
⑤ 《刘熙载文集・艺概卷二・诗概》,第 99 页。
⑥ 《刘熙载文集・艺概卷一・文概》,第 68 页。

让，亦令人想见其为人"①；这种自然实乃天籁自鸣之音，无意求工而机趣环生。陶渊明本人也是这样表达的，只是要"常着文章自娱，颇示己志"。"书，如也，如其学，如其才，如其志，总之如其人丽已。"②

说到苏轼，刘熙载强调，"东坡文有与天为徒之意。前此，则庄子、渊明、太白也"③，只有寡欲，才能做到如此；谈"《孟子》之文，至简至易，如舟师执舵，中流自在，而推移费力者不觉自屈。龟山杨氏论《孟子》'千变万化，只说从心上来'，可谓探本之言。"④ 诗歌的品位与诗人的品格互为表里，密不可分，本真的性情直接决定着作品的高低。不论诗文、书画，刘熙载都强调要以"深造，人之尽也；自得，天之道也"⑤。"无欲而静为主"，这正由庄子的虚静、忘我、齐物而来，"真者，精诚之至也。不精不诚，不能动人。"(《庄子·渔父》) 只有做到真与诚，其文之意、画之境才能让人心感神契，深切体会。

刘熙载还吸收庄子"与时俱化"的思想，强调创作者要善于观察，认真体验生活，熟悉事物的常态和在不同情况下的不同形态，以穷尽事物的变化，进而达到"无我"的状态。在"变"与"不变"的辩证问题上，刘熙载用大量的篇幅来论述，极为精彩。可以概括为以下几个层次的含义：

一是强调"文之道，时为大"⑥。"《易》之道，时而已矣。"⑦而善于做好文章的人，能够做到"损益盈虚，与时偕行"⑧。他还

---

① 《刘熙载文集·游艺约言》，第763页。
② 《刘熙载文集·艺概卷五·书概》，第184页。
③ 《刘熙载文集·游艺约言》，第761页。
④ 《刘熙载文集·艺概卷一·文概》，第59页。
⑤ 《刘熙载文集·游艺约言》，第752页。
⑥ 《刘熙载文集·艺概卷一·文概》，第63页。
⑦ 《刘熙载文集·持志塾言卷下》，第41页。
⑧ 《刘熙载文集·游艺约言》，第759页。

举例说明《春秋》《尚书》《左传》《史记》之不同都是"唯与时为消息",而这种不同背后的艺术创作规律却是相同的。在这里,刘熙载表达的有四层含义:其一认为一代有一代之文。在其他的时间里产生不了同样的作品,这是文与时偕行的最基本含义。其二则指明一代之语言均有一代之特质。这是文以时为大在微观表达层面上的体现。其三发展是时代的主旋律。发展就意味有变化,变即是至道,就是最高的规律。其四,各代之文不同,不宜强求同质。只有尊重和顺应不同时代需要的文学艺术,才能使每个时代形成自己独特的文学风景。

二是强调章法的"融贯变化"。刘熙载一方面强调"尽变",一方面强调"通其变"。这就是说,只有"变"到了极点,而又能"通贯如一"者,才是最美的章法。《词曲概》中说:"词要放得开,最忌步步相连;又要收得回,最忌行行愈远。必如天上人间,去来无迹,斯为入妙。"① 在章法美的创造过程中,"开"与"合"都有个度的问题。只有"开"能如"天上人间",反差极大,"合"得又能"来去无迹",天衣无缝,这才是章法美程度高的体现。庄子文之所以美,是因为它既能"文如云龙雾豹,出没隐见,变化无方",又能"寓真于诞,寓实于玄","凭虚而有理致";李白之诗之所以美,是因为它"虽若升天乘云,无所不至",却能够始终"不离本位",要"泯形迹为尚","浑然无迹"就是自然、朴素、"天然去雕饰",它是自然本色美在章法上的体现。他用社会的治乱现象来比喻文章的境界,所说的"乱—治—至治",就是刘熙载心目中关于章法的三种境界:乱是无章法;治是"秩然有条而辙迹未泯",也就是"贯一"而未能"泯形迹",呈现出人工雕琢之美;至治才是既能"贯一"又能"浑然无迹"的阶段,达到毫无造作

---

① 《刘熙载文集·艺概卷四·词典概》,第143页。

之感、浑然一体的状态，也就创造了章法上的自然本色美。

三是强调艺术要捕捉到自然和事物在微观上的变化。对诗文、书画，他尤其强调这一点。"赋取穷物之变。如山川草木，虽各具本等意态，而随时异观，则存乎阴阳晦明风雨也。"① "通其变，遂成天地之文"，"文莫贵于精能变化"②。在说明这一点时，他用一个写捉鸟的例子进行对比：庄子写捉鸟而捉不到时，写的是鸟儿高飞，天地广阔，而一般文人要写就可能会捉到死鸟。这是不顺从自然的本质，没有遵从事物内在的要求和变化。

在评论古典散文时，刘熙载直接将庄文与列子进行对比，其语亦成为庄子美学研究中的重要观点："庄尤缥缈奇变，乃如风行水上，自然成文也。"③ 要达到这种"造乎自然"的境界，非指事物粗陋的原始状态，而是艺术审美的最高境界。要达到这样的境界，靠的是锤炼之功，还指出陆游以"西江名家"为榜样，达到了"锻炼而归于自然"，"文章本天成，妙手偶得之"的境界。而要达到这种境界就需靠平日锤炼的功夫，锤炼生活，也锤炼语感。要"炼篇，炼章，炼句，炼字，总之所贵乎炼者，是往活处炼，非往死处炼也，夫活，亦在乎以取诗眼而已"④。这正与《庄子》中的"庖丁解牛""轮扁斫轮""郢匠运斤""痀偻承蜩"等寓言一脉相承。

四 刘熙载对言意论与气象论的丰富

"意"最初属于哲学范畴，本源于"道"。老子说："道可道，非常道。名可名，非常名。"强调"言不尽意"。庄子在此基础上对"意"与"言"的关系做了进一步丰富发展，并用"轮扁斫轮"

---

① 《刘熙载文集·艺概卷三·赋概》，第132页。
② 《刘熙载文集·艺概卷一·文概》，第85页。
③ 《刘熙载文集·艺概卷一·文概》，第61页。
④ 《刘熙载文集·艺概卷二·诗概》，第115页。

和"得意忘言"等寓言来阐释"言"与"道"之间辩证而又矛盾的处境。轮扁的"斫轮"之道可"得之于手而应于心",却"口不能言",也不能借助语言传给后人。"荃者所以在鱼,得鱼而忘荃;蹄者所以在兔,得兔而忘蹄;言者所以在意,得意而忘言。"此"言"只是通向"道"的通路,或者说指引"道"的方向。"意之所随者,不可以言传也。"(《庄子·天运》)成玄英《疏》:"随,从也。意之所出,从道而来。道既非色非声,故不可以言传说。"也就是说,"意"是"道"在语言领域里的转化,当"道"与语言同一时,就具体表现为"意"。在文艺作品中,"意"是"道"的具体体现,表现为艺术家的主观意识、旨趣、思想感情与艺术形象的统一。所以,"意"又称作"意象"。庄子又说"大道不称,大辩不言","天地有大美而不言,四时有明法而不议,万物有成理而不说"。这就回应了前面所说的"书不尽言,言不尽意"这一现实困境的存在。

刘熙载对"意"这一范畴的阐释,在继承庄子思想的过程中有自己的发展。他以辩证法来诠释"言"与"意"的关系,认为语言只是表意的工具,论述"意"对"言"的统摄作用,强调"意"的重要性,并承继前人理论,用六朝以来我国文艺理论中的古老命题"意在笔先"来阐述这一观点:"古人意在笔先,故得举止闲暇;后人意在笔后,故至手脚忙乱。"[①]"以意为先"能够做到观点或情感更加鲜明集中,使"言"服从于"意"的需要。但同时他也在《诗概》中提出"意不可尽,以不尽尽之"。意"不可能尽"或者也"不可以尽",而"以不尽尽之"又说可以通过"不尽"达到"尽"的效果。这似乎看起来是矛盾的,但却悟到了艺术规律的本质,矛盾便是辩证的真谛所在。刘熙载换言之:"《诗纬·含神

---

① 《刘熙载文集·艺概卷一·文概》,第60页。

雾》曰：'诗者，天地之心。'文中子曰：'诗者，民之性情也。'此可见诗为天人之合。"① 此处的"天地之心""民之性情"便是道与意，而诗便是两者浑成的结晶，既要高远到天地之广大恢宏，又要细微到人之本真喜悲，正所谓"旷如也，奥如也"。这就意味着，道也好，意也罢，其"游于天地"和"雅人深致"都是客观存在且运行不止的，哪怕语言穷尽，也改变不了其"无尽"的本然。

而这种局限性，早在《庄子·秋水篇》中已论述过："计人之所知，不若其所不知；其生之时，不若未生之时；以其至小，求穷其至大之域，是故迷乱而不能自得也。由此观之，又何以知毫末之足以定至细之倪，又何以知天地之足以穷至大之域？""吾生也有涯，而知也无涯，以有涯随无涯，殆矣。"郭象对此也注过："以有限之性寻无极之知，安得而不困哉！"生命的有限与时间的永恒，宇宙的无限与空间的局限，物质的无限和智力的有限，都是人与世界之间的一个根本性困境。艺术、审美以及与之相关的那些"无用之用"，与语言之间的关系本质上亦是如此。

"意不可以尽"还有另一方面，即"言有尽而意无穷"，那些无限的意味均来自有限的表达，这是艺术表现的基本特征，也是中国传统诗论的精要。刘熙载《艺概》最为出彩的地方也在于此。所以，他又说"举一例百""合百为二""一以总多""一索千钧""辞约事详""语疏情密""言简意丰""浅中有深""平中见奇""结实处要空灵""切实处要不尽"；还说"言在口头，想出天外""无中生有，来去无踪""言在耳目，情寄八荒""意在言外，咫尺万里"，都是强调这个意思。"无尽""无穷""无极""无限"，这些词语在《文概》中变换成其他的词语表达，比如"当有者尽有，当无者尽无""文外无穷"，进而达到"空灵蕴藉""味之无极"

---

① 《刘熙载文集·艺概卷二·诗概》，第93页。

"穷物之变""其大无垠""望之无极""探之无尽",臻于神境。①刘熙载用这样词语来表达他的言意观,是他捕捉到了意的无限性和言的局限性。

刘熙载结合散文创作实践,在《艺概》中多处强调"意"的重要性、基础性、前提性,"文赋'意司契而为匠。'糟文之宜尚意明矣。推而上之,圣人茹'书不尽言,言不尽意,'正以意之无穷也"②。他在"言意论"的基础上,由"意"探讨"意"与"气"关系,得出"意气相通"的结论,对"气象论"也作了历史性的总结。"文得元气便厚。左传虽说衰世事,却沿有许多元气在。"③ 又说:"学左氏者,当先意法而后气象。"其含义在于强调写作的基础是"意法",但表达意义、意思的方法绝不是文章的根本价值所在,能够让人从中获得审美体验的也不限于意法,而是文章在"气象"上的展现、感染和追求。两者之间的关系是辩证的,又是有层次感的。

在魏晋以前,"气"和"象"只是两个独立的哲学概念。第一个以"气"论文是曹丕,他在沈约所说"以气质为体""独映当时"的审美情趣的影响下,在《典论·论文》中将"气"引入文学批评领域:"文以气为主,气之清浊有体,不可力强而至。"④ 唐王维评论绘画时使用"气象"一词后,"气象"作为美学范畴开始广泛使用于文学批评之中。到宋以后,苏轼、姜夔等更将"气象"作为评论诗文的重要标准。严羽在总结"汉魏古风""建安之作""盛唐诸公"和本朝诗文的理论与创作实践基础上,将"气象"作为诗评的五法之一,其《沧浪诗话·诗法》一再使用这个概念:

---

① 陶型传:《"意不可尽,以不尽尽之"——刘熙载美学思想散论之一》,《文艺理论研究》2013年第1期。
② 《刘熙载文集·艺概卷一·文概》,第84页。
③ 《刘熙载文集·艺概卷一·文概》,第56页。
④ (魏)曹丕著,易健贤译注:《魏文帝集全译》,贵州人民出版社2009年版,第252页。

"建安之作，全在气象不可寻枝摘叶"，"汉魏古诗，气象混沌，难以句摘"。"象""气象"渐渐成为作品存在或呈现的一种审美价值，将天地一气视为世间万物之生命本原，是华夏民族传统文化心理的一种根本"视界"①。

刘熙载认为"气象"是一个兼具文学、美学与文化品格，内涵十分丰富的范畴，由"气"和"象"化合而成，是"气"与"象"由外而内的有机结合。刘熙载的这一观点，实际上也是从庄子美学思想中得到的启示。"气象"从客观上指作品所呈现出的审美特征，从主观上则指创作主体在众多作品中形成的独特风致，所以说"贾生、陆宣公之文，气象固有辨矣"。又说"贾谊是就事上说仁义，陆贽是就仁义上说事"②。在刘熙载的论述中，气象与风格不是同一的概念，但又常常重合。刘熙载在《艺概·文概》云："文之要，本领、气象而已。本领欲其大而深，气象欲其纯而懿。"③《左传》虽说衰世之事，"却尚有许多元气在"，"文学与元气相合，戒与尽气相寻"④ 的主张。对"气"之类型，刘熙载用比较的方式来强调对奇气、秀气、逸气的推崇，而要避免耗气、昏气、矜气。他称赞太史公文疏荡有奇气，东坡文汪洋淡泊有秀杰之气，指出《左传》《史记》有逸气，而且对书法之美与诗文之美相互对照，"文之有左、马，犹书之有羲、献也。张怀瓘论书云：'若逸气纵横，则羲谢于献；若簪裾礼乐，则献不继羲'"⑤。又将诗文之美与礼乐之美相互辉映，更加鲜明具体。

如何形成气象？刘熙载强调作家先天气质禀赋。如他赞许的

---

① 张杰：《中国传统诗学气象说对作品审美要求的文化心理阐释》，《武汉大学学报（人文社会哲学版）》2000年第6期。
② 《刘熙载文集·艺概卷一·文概》，第70页。
③ 《刘熙载文集·艺概卷一·文概》，第55页。
④ 《刘熙载文集·艺概卷一·文概》，第85页。
⑤ 《刘熙载文集·艺概卷一·文概》，第63页。

"太史公文,精神气血,无所不具。学者不得其真际而袭其形似,此庄子所谓'非生人之行而至死人之理,遁得怪焉'者也。"此处,"气乃血气,先天之气。刘勰在《养气篇》中说:'元神宜宝,素气资养。'"① 刘熙载所论之"养气",实质上与庄子所倡的养生之法一脉相承,以营养血气保持旺盛的生命力和创造力。

刘熙载十分推崇庄子美学中"虚室生白"的境界,多次提到"凿空乱道",就是充分发挥艺术家想象的能力,创造出一个全新的艺术境界,而这个艺术境界是在以非典型意义的面貌呈现出独具特色的内在审美意蕴,表现出更加丰富而有质感的"本心""真我"。如何做到"空诸所有"?他在《赋概》中对比了"肖象"与"构象"的差异,特别关注虚构、想象所产生的无穷审美天地。只有艺术家自身达到澄明之境,才会创设出"空诸所有"的作品。

在继承与接受的过程中,刘熙载还特别关注志向相同者的观点,例如"东坡读《庄子》,叹曰:'吾昔有见,口未能言;今见是书,得吾心矣。'后人读东坡文,亦当有是语。盖其过人处在能说得出,不但见得到而已也②。"对东坡文的赞美、对庄子文的推崇,可见一斑。

除以上论述外,刘熙载在艺术鉴赏方面,对庄子美学也有继承和发展。刘熙载注重对作家作品做宏观把握和全面评论,大量运用比喻,把抽象的理论用形象的意象表达出来,他在《诗概》中梳理了四种意境,即"花鸟缠绵,云雷奋发,弦泉幽咽,雪月空明"③,其比拟自然美妙又鲜活可感。刘熙载还善于通过比较对艺术家及其作品作出鉴赏,"屈子辞,'雷填''风飒'之音;陶公词,'木荣''泉流'之趣。虽有一激一平之别,其为独往独来则一也"。"王右

---

① 《刘熙载文集·艺概卷一·文概》,第64页。
② 《刘熙载文集·艺概卷一·文概》,第78页。
③ 《刘熙载文集·艺概卷三·赋概》,第127页。

丞诗，一种近孟襄阳，一种近李东川。清高明隽，各有宜也。"① 在鉴赏过程中，刘熙载善用如"气""韵""骨""神"等词语，读者留下了丰富的艺术想象空间。

刘熙载论书既强调文如其人，又注重随心而书，道家美学在书论中发挥了总基调的作用。在《艺概》开篇即道"圣人作《易》，立象以尽意"②，由"意"与"象"的关系阐明其文艺观和书法观，并化用《庄子·人世间》"与天为徒，与古为徒，皆学书者所有事也。天，当观于其章；古，当观于其变"。强调师法自然，学习古人，遵循书法演变的规律。结尾收束又再次强调："书当造乎自然。蔡中郎但谓书肇于自然，此立天定人，尚未及乎由人复天也。"③ 书法虽为人力所造，却应以符合自然为美。最后他还指出"学书者"要由"观物"到"观我"，从类情到通德，这与前文所说"炼神最上，炼气次之，炼形又次之"及"醉之以酒而观其则"④ 一脉相连，神通方可"技进乎道""道进乎技"，从而实现摹写自然和情志表达的和谐统一。

综上论述，刘熙载在近代社会思想文化环境下，带着中国古典美学传承的使命，以《艺概》和《游艺约言》为代表，建立了明晰严密的文艺批评理论体系，其诗话式论说虽形似散点，但他探源析流、探幽析微，有理有据，论述严谨，较古典美学论著有较大突破。可以说，在完成自身理论建构的同时，刘熙载对庄子美学作出忠实的接纳，并赋予庄子美学与时偕行的步伐，渐显学理思考的端倪。在西学之风未来之时，刘熙载的美学思想已经显现出向近代美学迈进的特点。

---

① 《刘熙载文集·艺概卷二·诗概》，第102页。
② 《刘熙载文集·艺概卷五·书概》，第158页。
③ 《刘熙载文集·艺概卷五·书概》，第187页。
④ 《刘熙载文集·艺概卷五·书概》，第187页。

小　结

在梳理清末至近代中国古典美学思想发展概况的过程中，通过对曾国藩、刘熙载两位学术大家接受庄子美学思想情况的分析，可以看出这一时期庄子美学接受主要有以下特点：

一是这一时期的《庄子》阐释与接受是从人生哲学开始的。在曾国藩的人生经历中，庄学是他在纷繁复杂的官场、军事和生活烦扰中能够舒展心胸、豁达心境、修养心性的重要思想支撑，在汲汲于名利的世俗中，全心全性，养成了天地并生、万物一齐的胸怀，不忧不惧、庄敬平易的风范，并劝诫弟弟儿子远离权位而求养生尽年。刘熙载思想丰富博大，不主一家，他在恪守儒家信仰的同时，庄子的洒脱与超越让他在繁杂世事和衰落世态中寻得一份心灵的依靠，激发了他内心的"隐者情怀"，造就了"在我者重，则外物轻。故君子处顺逆二境，皆能凝然不动。若从轻外物著意，而不求其在我者"① 的个人品性和处世哲学。

二是这一时期的庄子美学接受有着中国古典美学的深刻烙印。曾国藩和刘熙载都是古典美学或者说传统美学的传承者和发扬者，他们的美学思想都深受以儒、道为核心的传统美学思想的影响，具有华夏民族文化的重要基因，有着突出的感性、情感、直观、领悟等特点，并对庄子乃至道家学说做了更进一步的强化与发展。

三是这一时期的庄子美学接受大家均有鲜明的个人审美主张。曾国藩提出的"八美"之境以及"古文四象"的审美理论，受庄子美学思想影响较大，但还不够系统和全面。相比于曾国藩，刘熙载在《艺概》《游艺约言》等著作中，不仅系统全面地针对中国古

---

① 《刘熙载文集·持志塾言卷二·处境》，第40页。

典文学作品和作家以及文学类别、文学现象进行了深入的美学评述，而且借此阐发了个人的美学思想，其所遵循的美学原则有庄子美学思想的鲜明印记，在中国古典文论中呈现出别具一格的风范。

四是在庄子美学接受中不乏相应的文学创作实践。以曾国藩为例，从词语、典故到文体、语句，以及从文学角度对《庄子》的理性关照等方面，我们看到了"往比已清随毂转，今来身世似舟虚……弘景旧居勾曲洞，杜陵新卜浣溪头。好栽修竹一千亩，更抵人间万户侯"（《失题四首》）的情怀舒展。他们都极为推崇陶渊明、李白和苏轼，追求空渺闲适的境界，认为真正的君子应能做到不为顺逆所动、不为外物所扰，而其文其诗也必以豁达、雄奇之势，展现出泰然处于顺逆沉浮的气度。

第三章

启蒙思想初鸣中的
《庄子》阐释与接受

中国近代史以鸦片战争为序幕，帝国主义强迫清王朝签订了一系列丧权辱国的不平等条约，并与中国封建势力相勾结，划分势力范围，向中国倾销产品，白银外流，烟毒泛滥，使中国由原来正在解体的封建社会沦为半殖民地半封建的社会，社会危机日甚一日，国势急遽衰落，寻求民族出路成为一代人共同的声音，呼唤着更多迎接时代风雷的仁人志士。中国近代美学思想的开端，与近代社会的政治、经济和文化的发展步调一致，也带有鲜明的启蒙意义色彩。"文章与世道为污隆"[①]，是魏源美学思想在诗文创作上的重要理论概括和指导方针。文章学问与世道的盛衰、政治的兴替直接相关，这不仅涉及文艺的社会功用问题，更反映出早期启蒙思想家努力抛弃汉学脱离现实、宋学空谈义理的旧套，追求社会新思潮，解救中华民族的心声。

第一节 启蒙美学思想发端

几千年来，儒家思想在中国封建政治观念与社会文化中始终占

---

① 《中国近代文论选》上册，人民文学出版社1959年版，第5页。

据着统治地位,清初考据学的兴起更将儒家学说奉为经典,诸子之学被看成"异端"而不受重视。直到乾嘉时代,考据之风盛行,经学资源被开掘殆尽,学人开始寻找新的领地。"当后来的学者试图在传统学术中寻找自己施展才智的领域时,不免眼光溢出经典之外,找到了同样可以施展文献功夫的诸子。"① 比如钱大昕、王念孙、汪中、焦循等人用治经之法来治诸子学说,他们把诸子书当作一种解读经典文献的辅助资料。另一种情况是在治经的过程中,把诸子书作为思想和文化资源之一,以表达支持自己的观点。诸子之学尤其是庄学的渐渐兴盛,除了扩充考据资源外,更体现了传统学术思想的权威遭遇挑战的现实,为先秦诸子成为考据学的中心内容提供了契机。此后,越来越多的文人将视线转移到诸子之学上,先后出现了如王夫之的《庄子通》和《庄子解》,章太炎的《齐物论释》和《庄子解故》,严复的《〈庄子〉评语》等著作,这些考据成果映衬出中国近代美学启蒙的光辉。

伴随这一学术发展脉络,经世致用思想渐盛,以龚自珍、魏源为引领的一代先觉和启蒙者摒弃空洞的理学和繁缛的考据学,渴望激发主体自身的革新力量,以超出世人的眼光和魄力向僵化的儒学传统宣战,向被儒学挤压的道学、佛学以及外来文化求援。启蒙思想运动是欧洲历史上继文艺复兴后出现的伟大的思想解放运动。"启蒙"(Enlightmen)的含义是阐明、澄清、照亮,给人启发和启示。进入中国时,被译为"启蒙",取意于易经中的爻卦:山下出泉,蒙。这卦象本质上体现着中国传统文化对"水"的尊崇,如此使用"蒙",也是对"上善若水"的印证:清泉从高山深处涌出,有如太阳初升带来光明。中国近代启蒙思想家就是带着这样的使命开启思想革新历程的,主要代表人物有龚自珍、魏源、阮元、包世

---

① 葛兆光:《中国思想史》第二卷,复旦大学出版社 2004 年版,第 501 页。

臣等。

龚自珍与魏源、林则徐本属于"通经致用"的今文学派，他们克服各种问题和困难，大力主张通过变法来拯救社会，谋求政治改革。这种思想既符合地主阶段改革派的切身利益和发展要求，同时因为这些人物的思想均涉及文艺社会功用导向，这一思想倾向实际上是反对士林萎靡的学风，而要由高蹈世外埋头经籍向立足现世通经致用的方向转换，铸就一种有益于国计民生的学术精神。对于这种学术路径与学术精神，龚自珍概括为"道也，学也，治也，则一而已矣"（《乙丙之际箸议第六》），"学与治之术不分"（《对策》）。魏源称之为"贯经术、故事、文章于一"（《两汉经师今古文学空法考叙》）。两人所主张的"经世致用"成为一种新思潮，影响深远。这种学术路径与学术精神抛弃了汉学脱离现实、宋学空谈义理的旧套，得到嘉道之际知识群体的普遍认同，从而成为超越各流派门户畛域的学术选择。[①] 龚、魏两人注重情感、崇尚自然，激励同辈喊出了有识之士的时代呼声，并凭此精神影响一代学人姚莹、方东树，形成一代文化清流。

崔大华在《庄学研究》中指出，在康有为之前，中国近代第一个接受庄子自然人性论、提到"心死"以及开创"心力"的是龚自珍，而龚自珍对庄子思想的继承无疑是不能被忽视的。从美学角度来讲，通过对两人创作精神及特点的比较，可以帮助后人探讨传统文学富有生命力的近代特征和近代文学所传承的生生不息的古老文明。因龚自珍将在本章中作专题阐发，这里只引魏源等人浅说。

魏源在《〈诗古微〉序》中提出的"循情反性"之说，以"逆"为美，标榜勇于破立的主体精神；吸收了庄子的"奇""绝"

[①] 关爱和：《中国近代文学史》，中华书局2013年版，第25页。

"胜"等特点,在自己的游历过程中,以哲学的高度体察山水之美。姚莹认为,清代诗坛缺少天籁之趣,是对当时社会思想僵化、文学审美僵固局面的一种反应。在这种文学心理需求下,主张回归自然、关注人性本身的道家思想和庄子学说又得到了普遍的观照。阮元以道家自然美为其思想基础,形成了自己的美学思想。他深刻理解了庄子的"无言心悦"和老子的"大音希声",对此境界源自于"道心"进行了明确表达,认为"禅悟"要从自然山水中寻得,而无法从世俗生活中得之。"但教识得林泉趣,自可消除市狱情。"①"情回意回得返真,世俗那得知其故。"② 他倾心于山水,又为古人从山水中获得自然、洒脱、本真的审美境界而感叹。包世臣对这一认识的讨论更深入一层,进入了形式与内涵的关系层面,既关注"道"之根本,提出"言道者,言之有物也;言法者,言之有序也"③。"法",就是指艺术美要符合一定的条理、结构、体制等形式要求。包世臣是在艺术审美上对"道"与"法"作出的界定,其意义又进了一步。除了文论外,阮元、包世臣关于书法艺术的审美主张也具有十分鲜明的时代特点,他们冲击传统、张扬个性,追求精神自由和解放,开了近代尊碑轻帖的先河。这些观点来源于两人大量的创作实践总结,对这一时期的审美艺术观产生了重要影响。

在这样的背景下,这一时期的诗话文论和美学主张出现了"尊心""尊情"的浪潮,心之为尊,强调心志的健全刚劲;情之为尊,在于以无往无寄、变幻莫测的形态参与着文学准备、文学创作和文学接受的全过程,它既是文学创作者的内在凭借,又是文学接受者的感应媒介。④ "尊心""尊情"本身就崇尚天真、天趣、天籁,尤以嘉道士人为代表,强调真者即是心力强健、蕴藉深厚、充

---

① (清)阮元著,邓经元点校:《揅经室集》,商务印书馆1993年版,第903页。
② (清)阮元著,邓经元点校:《揅经室集》,商务印书馆1993年版,第912页。
③ (清)包世臣:《艺舟双楫》,上海古今书室1916年版,第3页。
④ 卢善庆:《中国近代美学思想史》,华东师范大学出版社1992年版,第103页。

满自信的表现。"嘉道士人之崇真黜伪，意在恃崇真而一无遮拦地泄发幽苦怨愤、忠义慷慨之气，借黜伪而讨伐扫荡拟古复古之俗学浮声。崇真黜伪促使他们将目光超越纵横交错的流派门户间的庭阶畛域，而理直气壮地树立起'率性任情'的创作旗帜。"① 总之，龚自珍、魏源、阮元、包世臣、严复等所代表的中国近代启蒙思想家，在继承与创新中写下了开拓和过渡的重要历史篇章，是他们传承和发扬中国古典美学的优秀传统，并为中国近代美学史创造了一个有力的开端。

第二节 龚自珍：援庄救儒，首发启蒙之声

龚自珍（1792—1841），阿珍为其乳名，后名自珍，自号定盦。浙江仁和（今杭州）人，晚年居住昆山羽琌山馆，又号羽琌山民。近代著名启蒙思想家、文学家、诗人。

龚自珍出生于杭州望族，家族世代为学亦为官，祖辈龚敬身、龚褆身，其父龚丽正均是当时著名的学者。其母知书达礼，颇有文学建树。外祖父是著名文字训诂学家、经学家段玉裁，他以"名儒""名臣"为培养目标，严格训练龚自珍。这样的期望深刻影响了龚自珍前半生的仕途之路，使他在较长时间内奔忙在科举之路上。龚自珍初名自暹，"暹"，意为太阳升起，寄寓着其父龚丽正及整个大家庭的期望。在陈铭的《龚自珍评传》中，记叙龚自珍年至20岁时，其父龚丽正致信其外祖父段玉裁求名，段玉裁复信赐名为自珍，"名曰自珍，则字曰爱吾宜矣"，并释其名之义："爱亲、爱君、爱民、爱物，皆吾事也。未有不爱君、亲、民、物，而可谓自爱者；未有不自爱而能爱亲、爱君、爱民、爱物！"据此名来由

---

① 关爱和：《嘉道之际的文学精神与创作主题》，《中国社会科学》2002年第5期。

却还有出入。① 无论"自珍"一名出自其父还是外祖父，名字本身应有深意。"珍"本常用于人名，并不稀奇。但"自珍"则出自《汉书·贾谊传》："凤缥缥其高逝兮，夫固自引而远去。袭九渊之神龙兮，沕渊潜以自珍；俪蝶獭以隐处兮，夫岂从虾与蛭螾？"此句意在追悼屈原，以凤凰、神龙比喻先贤君子，远离蝶獭、虾蛭之辈所污浊的凡世而自珍自爱。古时父母为成年的儿女更名，主要原因就是在洞悉子女的性格后，寄予一种自我认知、自我完善乃至自我超越的期望。而其外祖父段玉裁赠"爱吾"表字，明确说明"固吾婿命名之意也"。借贾谊对屈原的尊崇寄望于龚自珍，此意却正与龚自珍一生对庄骚的吸收与阐发相契合。

龚自珍遭遇了多次落榜的挫败，却没有心灰意冷，反而是屡败屡战，终于在38岁时（1829年）得中进士。但又因其书法不合乎楷书的书写要求，而与翰林院失之交臂。之后龚自珍先后任内阁中书、宗人府主事、礼部主事祠祭司行走等职。因官微职闲，受尽排挤，促使龚自珍产生了对官场的巨大排斥。道光十九年（1839），龚自珍辞官返乡，在颠簸的长途旅程中写下了《己亥杂诗》，一生的感受与体悟似乎都在这段行程中得以迸发。原以为归隐后他会如刘熙载一样迎来新的转机，开启另一段充实人生，却没有想到在短短两年后猝死于丹阳书院，时年50岁，结束了充满传奇色彩的一生。

龚自珍是近代思想史上开先河的重要人物，其思想影响了同时代的很多思想家。他才思泉涌，思维敏锐，情感丰富，创作了大量诗文。其扛鼎之作《己亥杂诗》创作在1839年4月23日至12月

---

① 另有一说，出自樊克攻编《龚自珍年谱》，第16页，"自珍"之名系嘉庆十五年（1810）其19岁时父龚丽正所取，而"爱吾"之字系外祖父段玉裁嘉庆十六年（1811）正月初一所取，并引段玉裁作《外孙龚自珍字说》（见于《经韵楼集》卷九）说："龚婿之子，小字阿珍，嘉庆庚午（1810年），其父名以自珍，以副车贡于顺天，其书来请字于余。余曰：字以表德，古名与字必相应，名曰自珍，则字曰爱吾宜矣。"明确记录时间为嘉庆辛未元旦。

26日归乡途中，由315首七言绝句构成，可以视为其个人前半生的总结。因是郁郁不得志而辞官回乡，虽是记录行程所见所思，却写出了济世理想与仕途失落之间的冲突，不平之气流溢于诗句之中。"一事平生无齮龁，但开风气不为师"，便是其中的代表性诗句。他感慨自己的济世豪情遭遇到的却是"天问有灵难置对，阴符无效勿虚陈"（《秋心》其二）的残酷现实，因而有了"侧身天地我蹉跎"（《己亥杂诗》第65首）的生命孤独和"剑气箫心一例消"（《己亥杂诗》第96首）的满腔悲愤。

其时中国诗坛困境重重，龚自珍在其诗歌创作中进行了积极的探索，成为锐意革新的代表诗人，推动中国诗歌由古典形态向现代形态转型。他在文法上善于用古字典，其《十月廿夜大风，不寐，起而书怀》《西郊落花歌》《送南归者》等堪称佳作。他以入世进取精神的"剑气"和不甘寂寞及冷遇的"箫心"给刻意模仿晚唐、推崇宋诗的晚清诗坛吹进了一股清风，打开了中国近代思想史与文学史的启蒙之门，对后继者发挥了重要的精神引领作用，在近代中国闪耀着光芒，并获得了巨大的嗣响。一大批倡导社会变革、文学革命人士，如黄遵宪、梁启超等人都是龚自珍启蒙思想的受益者。

龚自珍作为中国近代思想史与文学史上的先驱者，对古代前贤的继承也具有重大的开拓意义。在风雨飘摇的衰世，龚自珍穷究东西南北之学，热切呼唤社会改革，从人性之理的高度抓住人性新方向，唤起知识分子的自我意识和社会良知，捍卫知识分子的独立人格和自由精神，都是那个时代迫切需要的。他以文学家和思想家的姿态，更加纯粹地表达知识分子的精神性存在，具有以自由为中心的审美超越性。这种超越性与社会现实紧密相连，更多地表现为批判性，还不是纯粹意义上的美学思考和理论构建。

除文学艺术探索外，更为可贵的是，龚自珍在清朝政府沉迷之时，已敏锐地发现时弊之症结。他曾撰文指出："江西、福建两省种烟草之奸民甚多，大为害中国。"当林则徐奉命赴广东禁烟时，他作《送钦差大臣侯官林公序》，为林则徐规划严禁鸦片反抗侵略的方略，甚至主动提出亲身参加禁烟抗英斗争，爱国情怀溢于言表。面对日益加重的危机，龚自珍从经学入手，援引《易经》中"穷则变、变则通、通则久"的变革思想，在《乙丙之际箸议》《上大学士书》《明良论》等篇中，提出了以变革来挽救社会危机的方案。在《西域置行省议》中指出西方列强不断地侵扰西北边疆，以及解除侵扰的途径。后来又作《古史钩沉论》《六经正名》《六经正名答问》等篇。龚自珍的政治主张、改革思想和忧国之心，得益于段玉裁、刘逢禄经世致用的思想影响，树立了近代思想界文学界"慷慨论天下事"的一代新风。

庄子是龚自珍的重要思想导师。在近代学人涌向诸子学之时，庄子思想以强烈的批判意识、自由洒脱的人生境界、自然恣意的文风、隐逸而又不可忽略的姿态回归士人的视野。作为先秦诸子中最具艺术气质的哲学家，《庄子》一书中既有绵里藏针的批驳，也有大张旗鼓的赞誉；既有奇特瑰丽的想象，也有寄寓深远的哲思，促使龚自珍从人性之理的高度抓住人性新方向，以愤激辛辣的诗文慨论天下事，在反复求索中，其尊剑弃箫、志为名儒名臣的人生追求转化为箫剑并举、实为名士名家的现实选择。龚自珍承前启后之功，确立了他在中国思想文化上由古代向近代转折的标志地位。

李泽厚先生认为："龚自珍思想的特点和意义，主要是在于那种对黑暗现实（特别是对那腐朽之极的封建官僚体系的种种）的尖锐嘲讽、揭露、批判，在于那种极尽嬉笑怒骂之能事的社会讥评，在于那种开始隐隐出现的叛逆之音。这种声音在内容上触着了最易使近代人们感到启迪和亲切的问题——如君主专制、如个性的尊严和自由、如官僚政治的黑暗；而在形式上，这种声音又响奏着一种最易使近代人们动心的神秘隐丽、放荡不羁的浪漫主义色调。"① 李泽厚先生的分析指出了龚自珍作为思想家和文学家的重要特征：批判精神、自由意识及其浪漫主义特色。这些特征既是他接受庄子的契合点，也是他实践庄子思想的重要表现。

一直以来，学界对龚自珍的贡献评价较高。尚永亮说："翻开近代史册，我们第一眼看到的就是叛逆精神极强而又'一生困厄下僚'的近代文学先驱龚自珍。龚自珍无论在思想上还是文学上都受到庄子的极大影响……"② 冯契认为龚自珍是近代人文主义的开端，是中国近代哲学的第一个先驱。③ 顾红亮认为，龚自珍的自我观具有反对理学和张扬主体性哲学的历史功效，肇始了中国近代主体性哲学思潮。④ 高瑞泉也指出，龚自珍推崇"自我"，反对天命论，为中国哲学开了人文主义的新路，也引出了唯意志论思潮的端绪。

龚自珍关注人性问题，他秉持告子的"性无善无恶论"，继承黄宗羲、顾炎武，特别是戴震对"理"的批判，反对窒息人们精神的虚构僵化的"理"，认为人性无善无恶，尊重生命的本然，肯定人的自然生存，主张满足人们的欲望，关注个体存在的价值，强调真诚纯粹的童心意识。他理直气壮地宣称"尊情"："情之为物也，亦尝有意乎锄之矣，锄之不能，而反宥之；宥之不已，而反尊之。"（《长短句序》）其"宥情""尊情"说更是神采飞扬，脍炙人口，构成了其文艺理论思想的核心。

龚自珍的思想体现到文学创作上，既有传统文化的风骨，又有开拓足音。他的诗歌创作深受庄子、屈原和李白的影响，那种悲怨深邃的艺术特色，不落窠臼、想象奇瑰、意象独特的表现手法，与对古代诗歌艺术传统的接受有关。庄子奇特的寓言想象、批判精

---

① 李泽厚：《中国近代思想史论》，生活·读书·新知三联书店2008年版，第31页。
② 尚永亮：《庄骚传播接受史综论》，文化艺术出版社2006年版，第76—77页。
③ 冯契：《中国近代哲学的革命进程》，上海人民出版社1989年版，第29页。
④ 顾红亮：《龚自珍的自我观与主体性哲学的开端》，《学术月刊》2005年第8期。

神，屈原的发愤之思、神话艺术，李白的雄健气势、比兴手法均潜移默化在龚自珍诗歌之中。梁启超曾道："今文学之健者，必推龚、魏。龚、魏之时，清政既渐陵夷衰微矣，举国方沈酣太平，而彼辈若不胜其忧危，恒相与指天画地，规天下大计。"① 可见龚自珍是站在时代前列的形象。

当然，龚自珍的思想体系也有其矛盾和不足之处。一方面，他的人性论主要存在于学理思辨的领域，脱离了人的生存环境。另一方面，由于迫切关注现实，却淡化现实的功利性，他以圣人与师儒的角色承担解说人性之道的责任，践行人性之道实际上更多是与道游的境界，有无为而治的倾向。他以知识分子人生自处的姿态解决社会问题，使其丰富的人生体验得到展现，而相对于他同时代和后来的学人来说，其社会现实性就显得稍逊一些。所以，龚自珍的理想和现实是有距离的，解决现实问题的方案是不够完善的，"病在不深入，所有思想，仅引其绪而上，又为瑰丽之辞所掩，意不豁达。……光绪间所谓新学家者，大率人人皆经过崇拜龚氏之一时期。初读《定庵文集》，若受电然，稍进乃厌其浅薄"②。梁启超在这里所说的"浅薄"和"不深入"大概是指龚自珍没有提出相对具体、现实的解决方案，而是将出路引向了无为而治，从而消解了他自己所强调的积极的生命意识。

研究庄子对近代学人的影响，无法跳过龚自珍。但目前关注庄子与龚自珍之关系的研究并不多，在龚自珍的作品中，既没有明显的关于接受庄子思想的论著，也没有在字里行间大量地表露其影响的痕迹。这是由龚自珍自身的性格特点决定的。他喜欢开拓和创新，不会在效仿庄子的一词一句上耽搁，而是继承庄子的思想、气度和神韵。一方面自称"庄骚两灵鬼，盘踞肝肠深"的龚自珍，从

---

① 梁启超著，朱维铮校注：《清代学术概论》，中华书局2016年版，第116页。
② 梁启超著，朱维铮校注：《清代学术概论》，中华书局2016年版，第114页。

庄子的文字中吸取了批判和揭露的力量，把庄子愤世嫉俗的精神融入自己的文字中，其文极具穿透力、震撼力，而且与庄文相比又增强了先觉者独有的孤独和悲凉。[1] 王镇远认为："《庄》、《骚》之词纵横开阖，浓郁沉挚，无论从文词的绚丽、感情的内蕴，还是从变幻莫测的创作心态来看都可以说是定庵诗的先导，所以定庵也直言不讳地承认庄、屈是自己效法的对象。"[2] 另一方面，由于龚自珍在传承庄子美学思想的基础上有了新的开拓，形成了个人的鲜明主张，他在自觉批判的基础上，已经达到建构自己思想的状态。所以，他有了属于自己的风格标签。

庄子与龚自珍有很多相同点，作为中国历史上具有启蒙性质的人物，敏锐精警的洞察力和嬉笑怒骂的勇气是龚自珍与庄子在个人素养上的契合点。在特殊的历史人文环境下，他们有着超于常人的敏锐和启蒙者的先觉，更有着为民众生灵思虑的无法掩藏的热忱。"轻用民死，死者以（国）量乎泽，若蕉，民其无如矣。"（《庄子·人间世》）在战争与暴政的双重压迫下，人民过着艰难的生活，性命朝不保夕，"殊死者相枕也，桁杨者相推也，刑戮者相望也"，（《庄子·在宥》）庄子对如此恶化的生存空间感到痛心疾首："凤兮凤兮，何如德之衰也！来世不可待，往世不可追也……方今之时，仅免刑焉。福轻乎羽，莫之知载；祸重乎地，莫之知避。"（《庄子·人间世》）龚自珍深受庄子之语的触动，他身处于由古代向近代更迭的中国，面对近代民族和文化危机，古今中西变革之会，与庄子产生了精神共鸣。"当嘉道间，举国醉梦于承平，而定庵忧之，儳然若不可终日，其察微之识，举世莫及也。"[3] 龚自珍以其惊人的犀利和敏锐觉察出"衰世"的气息，并指出"衰世"与

---

[1] 尚永亮：《庄骚传播和接受史综论》，文化艺术出版社 2006 年版，第 80—81 页。
[2] 王镇远：《剑气箫心》，中华书局 2004 年版，第 197 页。
[3] 梁启超：《论中国学术思想变迁之大势》，《新民丛报》1902 年 3 月 10 日。

"治世"的微妙差别:"衰世者,文类治世,名类治世,声音笑貌类治世。黑白杂而五色可废也,似治世之太素;宫羽淆而五声可铄也,似治世之希声;道路荒而畔岸隳也,似治世之荡荡便便;人心混混而无口过也,似治世之不议。"① 这是龚自珍继承了庄子的辩证思想,承认矛盾的普遍性,并揭示了矛盾带来动态发展的推动力,同时吸取先秦诸子的变易观念,在公羊学"三世"循环的理论框架内磨砺锻造出来的。

对于运动变化的看法,龚自珍认为只有渐变,如"万物之数括于三:初异中,中异终,终不异初。一匏三变,一枣三变,一枣核亦三变"②。他对公羊学说作了革命性改造,提出新"三世说"。他认为"衰世"潜伏于"治世",又必然导致"乱世",所以历史循环的趋势应是:治世—衰世—乱世。陈其泰先生说:"龚自珍吸收和利用公羊哲学'变'的内核,将据乱—升平—太平三世说,改造世—衰世—乱世新三世说,用来论证封建统治陷入危机……跟古文学派一向宣扬三代是太平盛世、封建统治秩序天经地义、永恒不变的僵死教条相比,龚自珍所阐发的公羊三世哲学观点,显然是活泼的,容易触发人们对现实的感觉,启发人们对时代变化的观察。"③ 龚自珍真正将这一理论与现实社会紧密结合,作为论证封建统治没落、社会走向"衰世"的思想武器,深刻揭露"衰世"蒙蔽世人的虚伪面目。他从庄子哲学中获得宝贵的精神启迪,在时代变革与启蒙思潮的影响下,对庄子哲学作出了创造性转化。

一 自我觉醒的主体性

关于龚自珍的经学之家学渊源,历来论述甚多,不再多议。对

---

① 龚自珍:《龚自珍全集·乙丙之际箸议第九》,上海古籍出版社 1975 年版,第 6 页。以下所有《龚自珍全集》引文,为行文方便只注出书名和页码。
② 《龚自珍全集·壬癸之际胎观第五》,第 16 页。
③ 陈其泰:《龚自珍与传统文化的转折》,《浙江学刊》1987 年第 6 期。

他接触西学的时间没有确切的史料记录，只是可以看到在1819年与魏源相交之后尤为重之，魏源在《定庵文录序》中，说龚自珍"晚尤好西方之书，自谓造深微云。"龚自珍文集收入其论述增强国力、抵御外敌的论述《西域置行省议》《东南罢番舶议》《送钦差大臣侯官林公序》等多篇均有吸收西学之处。如果说龚自珍经学功底来源家学传承，吸收西学是为寻求救亡图存之法，那么他发掘庄子思想的近代气息，对庄子的哲学和美学思想进行创造性的继承，则主要是基于他个人独特的心理禀赋和学术敏感，其思想似箫之悠长，剑之犀利，更如风雷卷动，有力地推动庄学在近代中国的活跃和复兴。

龚自珍反对程朱理学的"存天理、灭人欲"，在《壬癸之际胎观第一》开篇便提出了"众人之宰，自名曰我"的哲学命题，标志着自我开始觉醒。龚自珍的"我"不仅具有形而上的意义，而且关注人的具体存在。[①] 而他的这种觉醒是在自幼所受的经学熏陶下，对表面承平却危机四伏的社会环境中自发自觉的认识。他形象描述了当时社会的真实景象："履霜之屦，寒于坚冰，未雨之鸟，戚于飘摇，痱癞之疾，殆于痈疽，将萎之华，惨于槁木。"[②] 面对世人的麻木无知，在感叹"一虫惊警谁独醒"时，悲凉的孤独感浸彻他的身心乃至整个生命，现世无解的困境让他转向先哲寻求精神支撑和心灵慰藉。这种自我觉醒使龚自珍能够充分理解庄子、屈子的精神世界和心灵感受，于是用庄子思想不断完善其思想体系。

龚自珍的哲学思想具有反叛精神，与"我"的提出联系密切。龚自珍把世界的统一性归结于精神性，"在他看来第一原理不是道，不是太极，而是'我'。人人都有一个'自我'，即主观精神，世界就是无数'自我'的创造。在中国哲学史上突出地把'我'作

---

① 李洪强、李琼：《龚自珍论"我"》，《孔子研究》2012年第3期。
② 《龚自珍全集》，第7页。

为世界的第一原理提出来,是前所未有的"①。"我"的这一概念是龚自珍整个哲学思想的基础和纽带,"我"的意义不仅体现在对近代哲学的影响,更体现在人类在追求自由的过程中对"人之存在"的关注。在某种程度上可以说,他的敏锐和犀利是超过庄子的。

龚自珍用道的天地流行、漠漠无闻的自由精神来维护知识分子的独立人格,保持批判社会弊病、捍卫天地之道的特质,以担当起推动社会变革的历史责任,这一思想延续到新文化运动时大范围爆发。正是在此基础之上,引导近代思潮和运动实现了对庄学精神的进一步磨砺发扬。他在《壬癸之际胎观第九》中说:"群言之名我也无算数,非圣人所名;圣何名,名之以不名。群言之名物也无算数,非圣人所名;圣何名,名之曰我。"② 龚自珍把"我"与"物"等同,强调"我"的天然存在。从"我"与人的关系来讲,展开为"众人"与"圣人"。"众人之宰,自名曰我。"作为"众人之宰"的"我"是"自"名而存,是逻辑的起点,而非借外力命名。而"圣人"实际上是游离于"天地"之外的。"我光造日月,我力造山川,我变造毛羽肖翘,我理造文字言语,我气造天地,我分别造伦纪。"自然和人世间的一切事物都是"我"的衍生物,印证了"我"与现实的关系。

龚自珍将"我"区分成"大我"和"小我"、"自我"和"他我"等。"大我"作为形而上的存在,内化于具体的人便千差万别,成为"小我"。"小我"因内外而有"自我""他我"之别。由"我"的存在,龚自珍对"天地有私"作了生动的剖析:"天有闰月,以处赢缩之度,气盈朔虚,夏有凉风,冬有燠日,天有私也;地有畸零华离,为附庸闲田,地有私也;日月不照人床闼之

---

① 冯契:《中国近代哲学的革命进程》,上海人民出版社1989年版,第34页。
② 《龚自珍全集》,第19页。

内，日月有私也。"① 其实这段"天地有私"的精彩论述并不是龚自珍的独创，而是他从《庄子》中挖掘出来的宝贵资源。庄子在《天道》中借老子与孔子之口，表达了"性"与"私"的关系：

> 老聃曰："请问：仁义，人之性邪？"孔子曰："然。君子不仁则不成，不义则不生。仁义，真人之性也，又将奚为矣？"老聃曰："请问，何谓仁义？"孔子曰："中心物恺，兼爱无私，此仁义之情也。"老聃曰："意！几乎后言！夫兼爱，不亦迂乎！无私焉，乃私也……则天地同有常矣，日月固有明矣，星辰同有列矣，禽兽固有群矣，树木同有立矣……又何偈偈乎揭仁义，若击鼓而求亡子焉？意！夫子乱人之性也！"②

孔子认为"仁义""无私"是人的本性，而老子认为"无私"就是"私"，连大自然中的天地、日月、星辰都是有私心的，更何况是人呢？因此，老子嘲笑孔子"不亦迂乎"。这里，庄子认为"私"是符合事物本性的自然规律，一个健全的人要顺"私"发展，而"仁义"则是"乱人之性"的根源。庄子认为"性"是指人先天的、本然的方面，要将人从封建礼教的束缚中解放出来，最终实现人性的自由。而实现人性自由的根本途径就是实现人心的自由。"庄子哲学的根本目的，是实现心灵的自由境界。"③ 即天性与人性的合一，"不以心损道，不以人助天。是之谓真人"④。天的因素与人的因素在"真人"身上并存，互不排斥，合而为一，"其一也一，其不一也一。其一与天为徒，其不一与人为徒。天与人不相

---

① 《龚自珍全集》，第92页。
② 陈鼓应：《庄子今注今译》，《天道》，中华书局1983年版，第34页。
③ 蒙培元：《心灵超越与境界》，人民出版社1998年版，第208页。
④ 陈鼓应：《庄子今注今译》，《大宗师》，中华书局1983年版，第169页。

胜也，是之谓真人。"① 真来自天，也就是自然，自然便是真。龚自珍不仅能从庄子思想中汲取精髓，而且结合时代需要，对庄子思想进行了创造性转化。

在认识自然的问题上，龚自珍反对不可知论，继承了唯物论，认为把天地、世界万物作为对象的认识活动离不开人的存在。"夫天，寒、署、风、雨、露、雷必信，则天不高矣；寒、署、风、雨、露、雷必不信，则天又不高矣。"② "自珍最恶京房之《易》、刘向之《洪范》，以为班氏《五行志》不作可也。"③ 他还提出应以科学方法推算天象，初步提出了具有唯物主义色彩的科学思想。他认同庄子"有真人而后有真知"的观点，强调人是认知的发起者，肯定了人的存在对认识的意义；同时也强调了人作为主体，应该有把握"道"的能力，而对于可能"有可知，有弗可知"④，他是持客观、理解的态度，认为是正常的。

庄子和龚自珍都提倡自然主义的人性论和有私论，突出个性价值和人性自由。但在"天"与"人"的对立上，庄子还没有脱离封建传统的天人关系。而龚自珍则突破了传统的天命观，他以其哲学的"我"肯定了"人"之存在以及自我在历史与文学活动中的创造主体地位，以此建立了文学"三尊"说。这一自我观虽然带有明显的主观主义色彩，标志着近代人文主义精神的萌芽，具有反封建的文化启蒙性质。

二 龚自珍"自然论"美学思想的鲜明表达

在美学层面上，龚自珍对庄子思想的吸纳与接受，可以用两人具有代表性的意象鹏蝶与箫剑来表达。鹏蝶本身是自然界中独立的

---

① 陈鼓应：《庄子今注今译》，《大宗师》，中华书局1983年版，第170页。
② 《龚自珍全集》，第83页。
③ 《龚自珍全集》，第346页。
④ 《龚自珍全集》，第81页。

生命客体，没有束缚与牵绊，具有独特的自然属性和美学意味。从意象分析，鹏蝶是庄子自然美学、自由哲学的化身，是庄子思想物化的承载。而龚自珍的箫剑呢？在中国乐器史上，对箫的起源较有影响力的说法便是源自《庄子·齐物论》之中的"汝闻人籁而未闻地籁，汝闻地籁而未闻天籁夫！"郭象注此曰："籁，箫也。"箫，既有源于自然的材质，也有源于自然的美妙声音，是审美化的产物，用以传达某种情感或意趣。而剑有着明显的社会化、功利化印迹，其工艺需经过烈火锻造，其功用是为着某种涉及利害的目的——防御抑或是攻击，而且剑还是一种身份象征。中国自先秦起便有尚剑的传统，在楚地道教发展中形成了法剑的信仰和佩剑的风尚。在《庄子·说剑》篇中也曾论及剑术与佩剑人之别，"示之以虚，开之以利，后之以发，先之以至"；"天子之剑……开以阴阳，持以春夏，行以秋冬……此剑一用，匡诸侯，天下服矣"；"诸侯之剑，以知勇士为锋……此剑一用，如雷霆之震也，四封之内，无不宾服而听从君命者矣"；"庶人之剑，蓬头突鬓于……无异垂冠斗鸡，一旦命已绝矣，无所用于国事"。庄子外篇虽非庄子本人之作，但用的还是寓言手法，与《应帝王》篇呼应，旨在说明为政当无为而治。这里所言之剑并非仅指有形之剑，实则是指礼法制度、军事防御、外交政策等无形之剑，这正是龚自珍褒贬时政、倡导改革的焦点问题。

据统计，龚自珍诗词中"剑""箫"出现40余次，并且连用时居多。箫剑之解，便如龚自珍的人生，建功立业的抱负与悠远缠绵的情思相生相悖。据说龚自珍在很小的时候曾患过一种奇怪的病，听到箫声就会发作。"黄日半窗暖，人声四面希，饧箫咽穷巷，沉沉止复吹。小时闻此声，心神辄为痴；慈母知我病，手以棉覆之,夜梦犹呻寒,投于母中怀。行年迄壮盛,此病恒相随。"① 儿时的病痛使他对箫产生了较为特别的感触,也有某种无法抗拒的宿命。而从家学传承和家庭期待上,他从出生便背负龚、段两家的儒学标签与世族压力,几经官场消磨、世事沉浮,他的内心更加焦灼。"狂来说剑,怨去吹箫",在他的一生里,箫与剑是两种理想的化身,"一箫一剑平生意",但这两者又难以相融。早年龚自珍并不满足自己的诗名:"纵使文章惊海内,纸上苍生而已。"在 32 岁的时候,他就感慨这一箫一剑让他"尽负狂名十五年"(《漫感》)。"检点十五年中事,才也纵横,泪也纵横。双负箫心与剑名。"(《丑奴儿令》)"气寒西北何人剑,声满东南几处箫。"(《秋心》)"气寒西北",指在边疆的建功立业,"声满东南"便是他的文人诗名。辞官归去之时,他也自嘲道:"赖是摇鞭吟好句,流传乡里只诗名。"(《己亥杂诗》第一七八首)年岁增长,阅历增多,失败迭至,他渐感"剑气箫心一例消",路过清江浦,龚自珍对灵箫的痴迷,源于他心中数十年不散的"箫剑情结"。而在他蓦然转身欲退而求其次时,却骤然而逝,其一生被箫魂剑气所系。由种种相生相悖的人生际遇所见,龚自珍一生在针砭时弊中思考,在颠狂叛逆中追索,其人格理想、美学思想虽受庄子影响较深,但始终未达到涤尽尘化、自由逍遥的境界。

"自然"是理解庄子思想的机枢,其意旨所重自然而然,强调事物的本然状态。龚自珍美学思想的核心是"自然论",他秉承庄子博大的胸襟,将庄子道法自然的美学思想,与其"尊情"与"童心"的哲学思想融合,把天地万物化作文学创作中的"自然","外境迭至,如风吹水,万态皆有,皆成文章"②。他在《黄山铭有序》一文中,明确申述了自己的这种审美取向:"予幼有志,欲遍

---

① 《龚自珍全集》,第 454 页。
② 《龚自珍全集》,第 345 页。

览皇朝舆地，铭颂其名山大川。甲乙间，滞淫古歙州，乃铭黄山：我浮江南，乃礼黄岳。秀吞阆风，高建杓角。沉沉仙灵，浩浩岩壑。走其一支，南东磅礴。苍松髯飞，丹朱饭熟。海起山中，云乃海族。云声海声，轩后之乐。千诗难穷，百记徒作。"① 在文中，龚自珍把黄山作为自然美的典型代表，置于天地之美的层面上加以赞美歌颂，俨如庄子容纳宇宙天地的审美气度。

庄子认为，美的事物应该符合自然之规律，借助任何事物来表达意旨也需自然而然，尊重事物的本然状态，而经过矫饰、加工而变得扭曲的事物是丑的。《庄子·天运》中有著名的"东施效颦"寓言，那种扭捏作态使人更加丑陋。对这一点，龚自珍也给予同样的贬斥，龚自珍在《病梅馆记》中斥责了文人画士"以曲为美""以欹为美""以疏为美"的审美标准，使自然生长的梅树被斫直、删密、锄正，遭到人为的迫害和改变。反过来，庄子说："人之生，气之聚也：聚则为生，散则为死。若死生为徒，吾又何患！故万物一也，是其所美者为神奇，其所恶者为臭腐；臭腐复化为神奇，神奇复化为臭腐。故曰：'通天下一气耳。'"（《庄子·知北游》）这是说，生与死、美与丑的根本区别在于是否有气。有气，则生则美；无气，则死则丑。"气"即是一种自然而生的存在。即便在现实中被看作是丑的事物，如果它能散发出一种鲜活顽强的生命力，那么它也是美的。如《庄子·德充符》中塑造的兀者王骀、申徒嘉、叔山无趾，恶人哀骀它，以及闉跂支离无脤、瓮㼜大瘿等一系列外貌异于常人或有明显身体缺陷的人，却是充满德行、智慧和生机的人物形象。他们的生命是"通天下一气"，由宇宙之气凝结而成的，所以最终完成了由丑向美、由臭腐向神奇的转化。

---

① 《龚自珍全集》，第415页。

与道法自然的思想相协调，龚自珍主张文学创作要保护和展现人的自然本性，要"趣舍滑心，使性飞扬"（《庄子·天地》）。这也回应了庄子对恶化的生存状态的批判。庄子指出大言气势凌人，小言喋喋不休，使人们在睡梦中神魂交错，醒来时又身心不宁，与外物发生关联，整日里勾心斗角。人的心灵时刻遭受着强烈的压制而不能自由发展，这是人类的悲哀。那么，如何解脱这种悲哀呢？庄子提出的办法就是：在外要"无撄人心"，在内要"游心适性"。龚自珍把社会分为"治世""乱世""衰世"，认为判断国家盛衰须看人才的盛衰，将衰之世必然人才荒芜，甚至连高超的盗贼都没有。而人心受到摧残是根本原因，"其法亦不及要领，徒戮其心，戮其能忧心、能愤心、能思虑心、能作为心、能有廉耻心、能无渣滓心"①。龚自珍在痛斥现实的黑暗与生命感的丧失后，高扬具有主观精神的"人心"思想，热切追求纯真的心灵，赞许光明磊落的行为，把童心作为情感人格的立论之本。"道焰十丈，不敌童心一车。"（《太常仙蝶歌》）"黄金华发两飘萧，六九童心尚未消。"（《梦中作》）童心本于生存之需，本于生命之本性，放生命本身之色彩，无伪无拙也。龚自珍倡导文学要从自由的情感唤起人们的爱、真和对生命的尊重，简单地说就是要遵从自己的本心，以自然之道为尺度。其童心便是求真、尊真。这是龚自珍在求道、体道过程中得到的启示。

龚自珍将真情渗入到文学创作中，他认为"情之为物也，亦尝有意乎锄之矣；锄之不能，而反宥之；宥之不已，而反尊之。龚子之为《长短言》何为者耶？其殆尊情者耶？"②"尊情"是他文学创作的重要主张，强调因为情才会有其诗文的表达，"少年哀乐过于人，歌泣无端字字真。既半周旋杂痴黠，童心来复梦中身"（《己

---

① 《龚自珍全集》，第6页。
② 《龚自珍全集》，第41页。

亥杂诗》中第一七〇首)。"不是无端悲怨深,直将阅历写成吟。"
(《题红禅室诗尾》其三)在诗文中描绘了想象中的自我繁华以及
其中深深的凄冷意识,在类似艺术的环境中,他总是突然触到生命
本然境界,直接触及生命本思,直接触及一种融体验与境界为一体
的存在,达到无境、无旨、无哀乐的境界,他狂喜而作,与情绪融
为一体,"下笔情深不自持",在理智回来之时,他又不断地烧诗,
戒诗,"此事千秋无我席,毅然一炬为归安"(《己亥杂诗》第六十
首)。然后又破戒复作,且雄心壮志,"安排写集三千卷,料理看山
五十年"(《己亥杂诗》第二一一首)。他沉陷矛盾之中,一面追求
经世伟业,"眼前二万里风雷,飞出胸中不费才"(《己亥杂诗》第
四十五首)。另一面表露清游于"木樨风外"的心迹,"洗尽东华
尘土否?"他深感现实的嘲弄,"多情难似汝?未忍托襄巫","一
日所履历,一夕自甄综。神明甘如饴,何处容隐痛?沉沉察其几,
默默课于梦。少年谰语多,斯言粹无缝。患难汝何物?眈者为汝
动"(《自春徂秋……得十五首》其六)。因为对现实的深刻认识,
使他的忧患意识十分强烈,"故物人寰少,犹蒙忧患惧。春深恒作
伴,宵夜亦先驱"(《赋忧患》),"皇天误矜宠,付汝忧患物"
(《寒月吟》其二)。对于这种现实处境,他一方面有乐观倔强的性
格,"世事沧桑心事定,此生一跌莫全非"(《己亥杂诗》第一四九
首)。官场上的闪跌在他看来也不完全是坏事,"惠逆同门复同薮"
更是体现了道家自然辩证思维的影响。另一方面他也有盲目执拗的
缺点。"终贾华年气不平,官书许读兴纵横。"(《己亥杂诗》第四
十七首)乱世之中的龚自珍,不想逃避命运,面对人生厄运,他始
终在守望新生之花。

再次,自然论美学思想包括"淡然无极"的审美形态。龚自珍
欣赏《庄子》中用质朴平淡的语言来表达哲理和情思,《庄子》常
用"籁""琴"等意象来抒发追求自然、平淡、无为之理想,如

"天籁""昭氏鼓琴"。他曾明确在诗中写出追求的理想境界,"所以志为道,澹宕生微吟。一箫与一笛,化作太古琴"(《丁亥诗六十一首》)。龚自珍希望将自己的"箫"与"笛"化作"太古琴",其"微吟"能如"天籁"一般能够拨动人的心弦,从而达到庄子"淡然无极"的至高审美境界。嘉庆九年(1804),他在《水仙华赋》中多处借用庄式名句,如"姑射肌肤""不事铅华""是幻非真兮降于水涯""写淡情于流水""翩若自超尘"① 等,明显看到龚自珍对质朴平淡的追求,他将水仙花写成一位仙子,与《逍遥游》中对姑射山神人的描写遥相响应,此之谓"淡然无极"的"至美"与"大美"。与之相适应,龚自珍在创作中强调文学语言要质朴平易,"万事之波澜,文章天然好。不见六经语,三代俗语多"②。这里"俗语"特指相对于"六经"的典奥艰深之语而言,不假修饰与雕琢的文字。在《题王子梅〈盗诗图〉》中,他又说:"菁英贵酝酿,芜蔓宜抉剔,叶翦孤花明,云净宝月出。清词勿须多,好句亦须割,剥蕉层层空,结穗字字实。"③ 所有蕴含着精华的东西必有足够的酝酿期,但在表现时又必须简单明了;烦冗芜杂的雕琢修饰,反而破坏了真正的美感。

最后,在诗文鉴赏中,龚自珍直截了当地批评那些鄙俗的艺术内容,毫不掩饰对浮华虚伪的厌恶。"天教伪体领风花,一代人材有岁差。我论文章恕中晚,略工感慨是名家。"(《歌筵有乞书扇者》)由艺术到社会,他以丰富的经历和切身感受,充斥上层社会的虚伪阿谀、营私逐利的丑恶形态。他身为其中一分子,对此也在不断地忏悔,"忏悔首文字,潜心战空虚"(《自春徂秋,偶有所触,拉杂书之,漫不诠次,得十五首之十五》)。要把心空出来,不

---

① 《龚自珍全集》,第409页。
② 《龚自珍全集》,第487页。
③ 《龚自珍全集》,第505页。

思虑任何事物，可是却入定又出定，"万虑亦纷纷"（《观心》），不只是消除不了，还必须不断地写，才可以把甘辛全部写出来。这和庄子反对"乱五色，淫文章"，"饰羽而画，从事华辞"的审美观是一致的。龚自珍对庄子"言不尽意"的语言观也十分尊崇，他认为世间的美难以用语言表达，想要通过文字领受这种美，也是极难实现的。因此面对美不胜收的黄山景色，他发出"千诗难穷，百记徒作"的慨叹，既是对语言局限性的认识，又与庄子"天地有大美而不言"的美学理念契合。

龚自珍远承庄子"自然论"之真谛，坚持开放包容的态度。他提出"莫从文体问高卑"[①]，"骚香汉艳各精神"[②]，以豁达的胸襟博采百家之长，使他的文字具有一种大气磅礴的力度美。

三 龚自珍的庄式美学创作实践

龚自珍以庄子的自然美学思想指导诗文创作，首先体现在诗歌中多用取于自然的意象，化用《庄子》表现手法之处也较常见。庄子擅长通过纵横无际的想象、奇丽变化的笔法、犀利有力的讽刺，把自然意象转化为抒发内心胸臆的载体。龚自珍也常把以神山、仙人、飞鸟、奇兽、异草为代表的意象转化成胸中的遐思，诗句充溢着生命的灵动和鲜明的情感。庄子重视自然，擅写自然景物，如风鸣众穴、洋洋秋水、无际北冥、广漠苍穹，颇得评庄者的赞誉。他尊崇"天地大美""美则美矣，而未大也"（《天道》）。"大"是高于"美"，超越"美"的。庄文中表现"大"的意象，如《逍遥游》以大鹏发端，《秋水》描写秋水之壮观，眼界无限开阔，饱览宇宙天地之"大美"。龚自珍也十分擅于描写宏大的自然景观，借意象之"大美"来寄寓他的理想。在《送徐铁孙序》中，龚自珍

---

① 《龚自珍全集》，第466页。
② 《龚自珍全集》，第443页。

写道:"天下之山川,莫尊于辽东。辽俯中原,逶迤万余里,蛇行象奔,而稍稍洩之,乃卒恣意横溢,以达乎岭外。大瀚际南斗,竖亥不可复步,气脉所届,怒若未毕;要之山川首尾可言者则尽此矣。""如岭之表,海之浒,磅礴浩汹,以受天下之瑰丽,而洩天下之拗怒也,亦有然。"① 以此种文笔表现出一种广阔的胸襟和气度。这种气势恢宏的意境在龚自珍的诗集中随处可见:"手种江山千树花,今年负杀武陵霞","荷叶黏天玉蝀桥,万重金碧影如潮","五岳走骄鬼,万马朝龙王","不容明月沉天去,却有江涛动地来","障海使西流,挥日还于东"等。

龚自珍爱花惜花,"不看人间顷刻花,他年管领风云色"(《己亥杂诗》第二〇三首)。他写海棠、写丁香、写鸾枝花,细细品味,物态自成,栩栩如生,好似走进了它们的生命和情感世界之中,写水仙花宛如仙子,把宅中古桂"辛丈人"视为知己,形成了艺术上"倏忽万匠""应物无穷"的神妙境界。在龚自珍写花的诗歌中最为人所熟知的应是"落花"。在现实生活中,"落花"带着凋零衰飒之气,通常是用来表达失落、萧条的意象。但龚自珍抓住了"落花"能够因时因地而生或败的特点,其与时俱化的本性就是顺其自然的本真表现,把"落花"的意象变得更加复杂多义。龚自珍在身世飘零时自喻"落花",既感叹自己生不逢时,壮志难酬;"十年千里,风痕雨点斓斑里。莫怪怜他,身世依然是落花"(《减字木兰花·人天无据》);同时他又借"落花"诠释他内心顽强的生命力,"难忘细雨红泥寺,湿透春裘倚此花"(《己亥杂诗》第二〇七首)。在龚自珍眼中,这就是鲜活之美:"落红不是无情物,化作春泥更护花","维摩昨日扶病过,落花正绕蒲团前",又有向死而生之感。这些"落花"不仅没有因自身离开根茎的滋养和支撑而失去

---

① 《龚自珍全集》,第165页。

生命，还甘心把自身化为滋养新生命的泥土，延续生气，提升价值。当他呼朋唤友去城郊赏花，面对落花满地的枯败景象，却写出了"如钱塘潮夜澎湃，如昆阳战晨披靡"（《西郊落花歌》）的气势。"落花"的强大生命力，犹如"十万狂花如梦寐，梦里花还如雾"（《金缕曲·赠李生》），被赋予了新的审美意义。与"落花"同样具有这一特质的意象是"枯树"。"西墙枯树态纵横，奇古全凭一臂撑"（《己亥杂诗》第二二一首），一棵枝叶已经枯败的老树，它的枝干虬曲盘绕，似乎在尽力伸展双臂准备迎接岁月的磨炼和风雨的洗礼。它虽然失去壮年时的葱郁色泽，但姿态依然纵横挺拔，这全凭一根"铁干"顽强地支撑，这是它的生命之根。这棵枯树以最大的张力绽放了生命的光彩，诠释了自然之美。这种美的发现是龚自珍以审美心态关注世界的结果。

在创作实践中，龚自珍将"自然论"美学思想一以贯之。在写"大"的同时，龚自珍喜用"怒""飞"等字，诗文中有一股豪壮之气，恣肆之风，而这"怒""飞"亦是从《逍遥游》"怒而飞，其翼若垂天之云"而来。如：

> 西池酒罢龙娇语，东海潮来月怒明。（《梦得"东海潮来月怒明"之句，醒，足成一诗》）
>
> 叱起海红帘底月，四厢花影怒于潮。（《梦中作四截句》之二）
>
> 畿辅千山互长雄，太行一臂怒趋东。（《张诗舲前辈游西山归索赠三首其三》）
>
> 幽夏灵气怒百倍，相思迟汝五出红梨花。（《太常仙蝶歌》）
>
> 江天如墨我飞还，折梅不畏蛟龙夺。（《己亥杂诗第三一二首》）

眼前二万里风雷，飞出胸中不费才。(《己亥杂诗第四十五首》)

马叙伦在《庄子义证》中曾说："《方言》曰：'南楚之外，谓勉曰薄怒。'庄子，宋人；宋、楚邻，故亦用楚语。"① 就是说，《庄子》中"怒"字的意思，不是愤怒，而是指奋发强勉。龚自珍在诗中所用的"怒"字，表达的正是这种勃然奋发的精神气魄。"东海潮来月怒明"，展示了在潮水奔涌的衬托下月亮那充盈鲜活的生命力："太行一臂怒趋东"，表现了太行山脉的雄强和伟力，是力与美的结合。钱钟书先生对"四厢花影怒于潮"作了精当的评析："以'潮'周旋'怒'与'影'之间，骖靳参坐，相得益彰。'影'与'怒'如由'潮'字作合而缔结莫逆，'怒潮'之言如藉'影'之拂栻而减其陈，'影''潮'之喻如获'怒'为贯穿而成其创。真诗中老斫轮也。"② 龚自珍把"怒"字与其他意象随意组合在一起，能够达到圆融自如、浑然天成的效果。又如"二万里""风雷"，与"九州生气恃风雷，万马齐暗究可哀。我劝天公重抖擞，不拘一格降人才"相呼应，热切地唤叱咤风云、震慑四方的人物，希望改变社会现实和时代风气。

近代学者林昌彝称赞龚自珍的诗文"奇崛渊雅，不可一世"③，龚自珍评价自己的风格"少年哀艳杂雄奇"。对于龚自珍这种风格的承继性，同时代的书商曹籀为龚自珍的诗文集写了一篇《定庵文集序》，其中评说道："君平生著作等身，出入于九经七纬，诸子百家，足以继往开来，自成一家……其雄辞伟论，纵横而驰骤也，则似孟似庄"④，由此可以看出，庄文的雄奇文风对龚自珍产生了很大

---

① 陈引弛：《庄子精读》，复旦大学出版社2006年版，第30页。
② 钱锺书：《谈艺录》（补订本），中华书局1987年版，第463页。
③ 孙文光、王世芸编：《龚自珍研究资料集》，黄山书社1984年版，第38页。
④ 孙文光、王世芸编：《龚自珍研究资料集》，黄山书社1984年版，第73页。

的影响。敏泽认为："龚自珍所取庄子的，是他的天马行空的想象。他在同诗中之一所说：'死我信道笃，生我行神空。'前者讲的是屈原的精神，后者讲的是庄子的天马行空，自由驰骋。同诗之十四所说的'出入仙侠间，奇悍无等伦'，其实也是这一精神的另一表述。"① 陈铭也认为，老庄的思想和道教的神仙故事对龚自珍思想有深刻的影响，不光体现在哲理方面，更重要的是想象力方面。② 尽管这些评价分别从语言表达、想象构思等不同角度入手，但同样都肯定了龚自珍雄奇文风的承继性。龚自珍奇崛不凡的风格，受到庄子的影响极深。

龚诗的风格是华美与力量的融合，这使他的诗作典丽而不流于绮靡，豪迈而不失于粗俗，这正符合庄子"瑰玮而连犿无伤""参差而傲诡可观"的美学理想。他说自己常常"幽想杂奇悟"③，梁启超也说他"喜为要眇之思""其文辞傲诡连犿"④，"幽想""奇悟""要眇之思"，在很大程度上是学习庄子"河汉无极"的想象特质，再经艺术创造而成。在龚自珍的作品中，将天马行空的想象与雄奇博大的意境完美结合的代表作就是《西郊落花歌》：

> 西郊落花天下奇，古人但赋伤春诗。
> 西郊车马一朝尽，定庵先生沽酒来赏之。
> 先生探春人不觉，先生送春人又嗤。
> 呼朋亦得三四子，出城失色神皆痴。
> 如钱塘潮夜澎湃，如昆阳战晨披靡；
> 如八万四千天女洗脸罢，齐向此地倾胭脂。

---

① 敏泽：《中国美学思想史》下卷，湖南教育出版社2004年版，第713页，文中"同诗"是指《自春徂秋，偶有所触，拉杂书之，漫不诠次，得十五首》。
② 陈铭：《龚自珍评传》，南京大学出版社1998年版，第92页。
③ 《龚自珍全集》，第451页。
④ 梁启超：《清代学术概论》，上海古籍出版社1998年版，第75页。

奇龙怪凤爱漂泊，琴高之鲤何反欲上天为？
玉皇宫中空若洗，三十六界无一青蛾眉。
又如先生平生之忧患，恍惚怪诞百出难穷期。
先生读书尽三藏，最喜维摩卷里多清词。
又闻净土落花深四寸，冥目观想尤神驰。
西方净国未可到，下笔绮语何漓漓！
安得树有不尽之花更雨新好者，三百六十日长是落花时。①

全诗以"奇"字领起全篇，一连用了七个奇妙的比喻，上至天兵仙女，下至钱塘大潮，写出落花不同凡响的气势与精神。最后以一奇妙的愿望结语："三百六十日长是落花时。"读者仿佛置身于一片落英缤纷的花海之中，不禁为之惊叹，流连忘返。

龚自珍诗文之雄奇，不仅在想象的瑰奇，还在结构的大开大阖，疏宕错落，若隐若现而又法度谨严。龚自珍喜欢庄子"卮言"的表达手法，曾说自己作诗是"不奈卮言夜涌泉"②。"卮言"是庄子的独创，蕴含着流动的思想和情感，它打破时空的界限，最能体现庄语的连猝傲诡、汪洋恣肆之风，是《庄子》具有"诗歌的原质"③的重要因素。郁达夫指出"做诗的秘法"："其一是辞断意连；其二是粗细对称。近代诗人中，唯龚定庵，最擅于用这秘法。"④ 这两种手法都可谓从庄文中吸取而来。"辞断意连"是指语言的断续跳跃，看似毫无逻辑，但内在却有一条思想和情感的清晰脉络，正所谓"草蛇灰线，伏脉千里"，这正是文章结构的极致。

---

① 《龚自珍全集》，第488页。
② 《龚自珍全集》，第509页。
③ 王国维：《屈子文学之精神》，《中国历代文论选》第四册，上海古籍出版社1980年版，第383页。
④ 郁达夫：《谈诗》，《郁达夫全集》第六卷，花城出版社1983年版，第225页。

有学者认为龚诗"字字古雅,语语惊人,出入庄、骚,超乎尘俗"①,这说明龚自珍能够深得庄子"卮言"之真髓。在《十月廿夜大风,不寐,起而书怀》一诗中,开头写寒风骤至:"西山风伯骄不仁,虓如醉虎驰如轮;排关绝塞忽大至,一夕炭价高千缗。"忽然画面一转,"此时慈母拥灯坐,姑唱妇和双劳人",因为风雪寒冷,使诗人自然产生了思乡之情,意象虽转得突兀,却在情理之中。之后诗人又把笔锋从思乡情结转入社会批判:"我方九流百氏谈宴罢,酒醒炯炯神明真。贵人一夕下飞语,绝似风伯骄无垠。"诗人把贵人与风伯类比,刻画出贵族官僚冷酷凶残的性格特征。该诗的妙处在于从自然到社会,从慈母贤妻到贵族官僚,以思想与情感的挥发为线索,在这些独立的场景和意象之间,不断地跳跃转换,笔势抑扬开阖,呈现出疏放跳荡而又首尾呼应的结构特点,有力地揭露了社会的黑暗。

除了思想情感的自由流动之外,艺术构思的匠心独运是庄龚文章结构奇开妙合的另一原因。《尊隐》仿照《逍遥游》的手法,将"隐"分为"傲民""悴民""山中之民""横之隐"和"纵之隐"等,类别众多,令人难以测其端倪。最后作者点明真正所尊之"隐",是那些有所作为的"山中之民"。作者褒赞"山中之民"为"横之隐",贬责"傲民"和"悴民"是"纵之隐","横之隐"是指那些热切关注现实,积极要求变革的人;而"纵之隐"则是那些虽忧患于现实,却无力付出实际行动,而不得不退隐山林或埋头劳心于典籍之人。《尊隐》采用否定和铺垫的手法,错落有致,层层递进,读来有拨云见日、豁然开朗之感。

龚自珍审美意识专一集中,仿佛形神俱释,六根互通,他在《写神思铭》中开篇即说:"夫心灵之香,较温于兰蕙;神明之媚,

---

① 钱仲联主编:《龚自珍文选》,苏州大学出版社2001年版,第352页。

绝嫮乎裙裾"①，以心灵之可闻、精神之可见来突出"通感"在艺术思维活动中的重要性。常用不同感官相互沟通所形成的奇特意象，泪有"酸泪""红泪"；把江南的春天描绘成"风酥雨腻"；以"颓波"暗喻社会的没落；"天外惊涛纸上闻"，给人一种强烈的视听冲击；再如龚自珍最爱的"箫心"意象，把箫声的凄婉缠绵与内心的细腻哀感自然巧妙地联系在一起，感受细微，意绪直观。可以说，龚自珍塑造阔大奇特意境的艺术手法和功力，几乎是独步庄子之后的。

龚自珍借用天地四时化指现实的手法，用早、午、昏三时象征国家的兴起、繁盛和衰落，用朝市和山野象征统治者与人民，这种表现手法也远承自庄子。如"夫日胎于溟涬，浴于东海，徘徊于华林，轩辕于高闳，照曜人之新沐濯，沧沧凉凉，不炎其光，吸引清气，宜君宜王"②。这是对早时红日冉冉升起的描写，字里行间弥漫着庄文那种恍惚芒昧、云气空濛的远古混沌气息，再与后面的"山中之民，有大音声起，天地为之钟鼓，神人为之波涛矣"（《尊隐》）的景观互为辉映，笔势大起大收，令人神思飞腾。

庄子唯美的浪漫情怀和非凡的语言能力，给予龚自珍文采上的深层滋养，他的诗歌语言节奏鲜明、色彩艳丽，如：

拂衣行矣如奔虹，太湖西去青青峰。
一楼初上一阁逢，玉箫金琯东山东。
美人十五如花秾，湖波如镜能照容，山痕宛宛能助长眉丰。
……
有时言寻缥缈之孤踪，春山不妒春裙红。

---

① 《龚自珍全集》，第41页。
② 《龚自珍全集》，第87页。

笛声叫起春波龙，湖波湖雨来空濛。
桃花乱打兰舟篷，烟新月旧长相从。
十年不见王与公，亦不见九州名流一刺通。
其南邻北舍谁与相过从？疴瘘丈人石户农。
欹崎楚客，窈窕吴侬，
敲门借书者钓翁，探碑学拓者溪僮。
卖剑买琴，斗瓦输铜，
银针玉薤芝泥封，秦疏汉密齐梁工。
佉经梵刻著录重，千番百轴光熊熊，奇许相借错许攻。
……
公等休矣吾方慵，天凉忽报芦花浓。
七十二峰峰峰生丹枫，紫蟹熟矣胡麻饛，门前钓榜催词筩。
余方左抽豪，右按谱，高吟角与宫，三声两声棹唱终。
吹入浩浩芦花风，仰视一白云卷空。
归来料理书灯红，茶烟欲散颓鬘浓。
秋肌出钏凉珑松，梦不堕少年烦恼丛。①

龚自珍以"幽情丽想"的情怀和明快艳丽的语言，构筑了一个美轮美奂的世外桃源：湖水平滑得可照美人如花的容貌，山峦蜿蜒迤逦好似美人的长眉，烟雨空漾，落英缤纷，芦花似雪，丹枫似火……这个梦幻仙境让人心旷神怡，沉醉不已。这首《能令公少年行》是其诗歌的典型代表作，充分展现了他"行间璀璨，吐属瑰丽"的语言特点。

定庵同时代人、新安女史程金凤评龚自珍诗歌曰："若其声情

---

① 《龚自珍全集》，第452页。

沉烈，恻悱遒上，如万玉哀鸣，世鲜知之。抑人抱不世之奇材与不世之奇情，及其为诗，情赴乎词，而声自异，要亦可言者也。至于变化从心，倏忽万匠，光景在目，欲捉已逝，无所不有，所过如扫，物之至也无方，而与之为无方，此其妙明在心，世乌从知之？凤知之而卒不能言之。"① 这一段评语给予龚自珍诗歌艺术特色和艺术成就极大的肯定，称赞龚自珍的诗歌艺术几乎达到了出神入化的境界。这里的"知之而不能言"是说诗人的情思神奇变幻、随心所欲，无法用言语加以描述；当纷纭意象扑朔迷离之时，诗人仍能从容自如把握，并以艺术之无方应对"物之至也无方"。其中"物之至也无方，而与之为无方"便来自《庄子·知北游》："其用心不劳，其应物无方"。程金凤在结尾说道："尝闻神全者，哀不能感，乐不能眩，风雨不能蚀，晦朔不能移，乃至火不能烧，水不能溺，此道家言，似不足以测学佛者之浃，抑古今语言所可到之境止于此，定公其殆全于神者哉！全于神者哉！"这些取自《庄子》中描述神人、圣人的语言，更增加了龚诗那神乎其神的玄妙色彩。此段评语正是她从龚诗中真正体悟到了庄子对龚自珍的美学思想及艺术创作的深刻影响。

龚自珍不但擅写宏大与雄奇，更于细腻处见自然之真情，无论是写景抒情，还是叙事怀人，都体现着"写淡情于流水"的美学追求。写景色"幽人媚清晓，落月澹林光。欲采蘅兰去，春空风露香。"（《幽人》）写出了清幽雅致；写愁怨"种花都是种愁根，没个花枝又断魂。新学甚深微妙法，看花看影不留痕"（《昨夜二首》其二）通俗易感又哀婉；写人物"中夜慄然惧，沉沉生髯丝。开门故人来，惊我容颜羸。霜雪满天地，子来宁无饥？且坐互相视，冰落须与眉"［《柬陈硕甫（奂），并约其偕访归安姚先生》］。其淡泊

---

① （清）龚自珍著，刘逸生选注：《龚自珍诗选》，香港三联书店1990年版，第238页。

随性之态呼之欲出；写病痛"神理日不足，禅悦讵可期。沉沉复悄悄，拥衾思投谁？"(《冬日小病寄家书作》)让人倍觉感伤之至。这些诗歌语言虽简单质朴，但却饱含作者深情，如涓涓细流，娓娓道之。在多篇写西郊山水的诗中，尤以"一翠扑人冷，空濛溯却遥。湖光飞阙外，宫月澹林梢。春暮烟霞润，天和草木骄。桃花零落处，上苑亦红潮。"① 所呈现的清新怡人最为人称道，皆因其诗境"空""淡""冷"，更体现出其自然之风。

四 龚自珍对道隐和虚静人生的追求

处于乱世的有志之人无法实现自己的才华，又不断受到心戮，只能自处于山间。龚自珍便是如此，他抱史而存、隐于天地并非如庄子一般是自然而然的选择，而是在现实的种种斗争和无数次失望中，在世事纵横、慷慨悲辛之后，作出了辞官南归的选择，以使他在乱世中与道合为一体，达到心灵的安稳。龚自珍认为"治""学""道"三者应该是统一的，而现实中这样的人却遭到了专制统治的压迫和束缚，他在《少宰命赋诗》中赞扬王鼎"阅世虽深有血性，不使人世一物磨锋芒"。在《己亥杂诗》中为"如此奇材终一令"的朋友惋惜痛心，"夜思师友泪滂沱，光影犹存急网罗。言行较详官阀略，报恩如此疚心多！"(《近撰平生师友小记百六十一则》)他从摧残人才的黑暗势力和官僚制度中，找到了儒家思想这一根源，"兰台序九流，儒家但居一。诸师自有真，未肯附儒术。后代儒益尊，儒者颜益厚"(《自春徂秋……得十五首》其一〇)。向封建正统思想发出了挑战。这种傲岸不群、出淤泥而不染的尖锐对立，让他清醒地感觉到自身处于"目怒活犹可，耳怒杀我矣"(《自春徂秋……得十五首》其九)的境地。这种境地使他最后不

---

① 《龚自珍全集》，第468页。

得不与统治阶级决裂,"一官虽人海,开口见牴牾"(《题兰汀郎中园居三十五韵》)。辞官南归使他更与陶渊明心心相印,而他对国计民生仍眷眷于怀,对生活现实始终抱有希望,更是热望着在"风雷"中至死。

纵观龚自珍一生可见,他一方面"能大其生以察三时,以宠灵史氏,将不谓之横天地之隐欤"①,致力于储能生民的典籍,继承和发展圣人的心志。另一方面,他也遵从时势的变化,游心于三时,安于知与不知之间,隐于天地无形之中,体会生命之本然。"仁心为干,古义为根,九流为华实,百氏为柀藩,枝叶昌洋,不可殚论,而从我嬉游其间,则可谓山中之悴民也已矣。"② 仁,人也;心,以人生为心,以生民为心;仁,天地之本,天地生民,以生为尚。古义,基于仁心而有断识,并有勇气捍卫仁义,就是义。以豪杰之心自觉担负起拯救民生的责任,以天下为己任,遭万人弃而不怨,虽罹患难,落窨井犹思井上之民,担心他们之中是否有可以承担责任的豪杰存在,真是知其不可而为之,费尽心肝而后已。

龚自珍虽处于乱世之中,仍有要为社会做贡献的心愿。他认为可以效仿古代抱器、抱艺而降的逸民,察三时,收罗各类史志典章以待来者。作为一个史者,怎样察三时?他的回答是尊史。作为士人,需要熟知九流百家之学,才有可以做到纵观天下,探究时势。如何做到尊史?就是尊心,要讲内在修为。"史之尊,非其职语言、司谤誉之谓,尊其心也。"③ 心,这里是指治史的一种独立的观察、判断和认知能力。"尊心"就是要求史学家要有独立见解,既要深入观察实际,即所谓的"善入";又要能对现实有清醒的判断和认识,即为"善出"。他从天下山川形势、人心风气、国之祖宗之令、

---

① 《龚自珍全集》,第88页。
② 《龚自珍全集》,第256页。
③ 《龚自珍全集》,第80页。

吏胥之守以及对此作出精细解释,"心何如而尊?善入"。而要如何做到善入?"土所宜,姓所贵,皆知之;国之祖宗之令,下逮吏胥之所守,皆知之。其于言礼,言兵、言政、言狱,言掌故、言文体,言人贤否,如其言家事,可为入矣。又如何而尊?善出。何者善出?天下山川形势,人心风气,土所宜,姓所贵,国之祖宗之令,下逮吏胥之所守,皆有联事焉,皆非所专官。其于言礼、言兵、言政、言狱、言掌故、言文体,言人贤否,如优人在堂下,号咣舞歌,哀乐万千,堂上观者,肃然踞坐,眄睐而指点焉,可谓出矣。"① 对礼乐刑政皆明白于心,所谓纳天下于心胸,明了礼乐行政之间的紧密联系,看出他们之间所包含的深意,一一指点道出,即善入善出。

龚自珍认为人心与国家兴亡息息相关,"人心者,世俗之本也;世俗者,王运之本也。人心亡,则世俗坏;世俗坏,则王运中易"。(《平均篇》)所以,龚自珍规劝君主"欲自为计,盍为人心世俗计矣"②。他以历史的眼光将"心"与"史"结合在一起:"灭人之国,必先去其史;隳人之枋败人之纲纪,必先去其史;绝人之材,湮塞人之教,必先去其史;夷人之祖宗,必先去其史。"③《古史钩沉论(二)》一个国家如果忘记自己的历史,不尊重历史,必将会沦为阶下囚。为了激活人们已经衰亡的生命斗志,龚自珍又提出了"心力"一词。他认为,一个真正的人不仅要拥有自由的心灵,而且还要有实现自我价值的生命力和创造力。④ 而那个生命力和创造力的支点就是"心力"。龚自珍用"心力"来表达自由意志、情感力量以及内在动力,认为依靠"心力",就可以成就一切,他说:"心无力者,谓之庸人。报大仇,医大病,解大难,谋大事,学大

---

① 《龚自珍全集》,第 278 页。
② 《龚自珍全集》,第 78 页。
③ 《龚自珍全集》,第 22 页。
④ 张光芒:《启蒙论》,生活·读书·新知三联书店 2002 年版,第 50 页。

道,皆以心之力。"① 人的一切活动几乎都靠"心力"完成,这充分肯定了人的主体性创造价值,也说明近代思想家已开始自觉走上恢复人性尊严和自由的道路,而龚自珍正是挑起这杆大旗的典型代表。

龚自珍的"人心"思想无疑是受到庄子"心"论的启发。他们都看到人心对于社会和国家所起到的重要作用,认为"心死"是人最大的悲哀。因此,他们都力倡挣脱礼教物欲的枷锁,恢复心灵自由,实现人格精神的独立。但庄子所追求的心灵自由,是使人心处于一种虚静无为的自由境界,体现了一种自我修为的意识。而龚自珍高扬"心力"这面旗帜,目的则是要唤醒人们沉睡的心灵,更加积极发挥人的主体能动力量,从而挽救中国社会的危亡,是一种积极的自由意志。

概括地说,庄子的"心"论重在超越,而龚自珍则重在救世。救亡图存是近代中国的历史主题。龚自珍推重"心力",呼唤个性解放的启蒙思想在当时闪耀着异乎夺目的光彩。后来一些近代社会思潮运动的中坚力量,如康有为、梁启超、谭嗣同等都受到了龚自珍"心力"的影响,如"盖心力涣散,勇者变怯,心力专凝,弱者亦强,是故报大仇,雪大耻,革大难,定大计,任大事,智士所不能谋,鬼神所不能通者,莫不成于至人之心力"②。"心之力量虽天地不能比拟,虽天地之大,可以由心成之、毁之、改造之,无不如意。"③ 龚自珍从庄子"心死"的命题,激发出"心力"这一极富强烈时代精神的口号,其中有继承,更有革新,从中我们可以窥见中国思想史不断向前发展的历史脉络。

龚自珍既尊心、尊情,又善于移情,把自己内在的情感外射于

---

① 《龚自珍全集》,第 15 页。
② 梁启超:《饮冰室合集·专集之四》,中华书局 1989 年版,第 15 页。
③ 谭嗣同著,蔡尚思、方行编:《谭嗣同全集》下册,中华书局 1981 年版,第 460 页。

客体对象上，把"我"之心志寄托于物，对象便从主体接受一种精神灌注，反过来主体又通过被观照的客观对象传达自己的生命和情感。在《己亥杂诗》中，龚自珍写心、梦的诗句俯首即拾，开篇三首诗均在反观内心。"著书何似观心贤，不奈卮言夜涌泉。""百年心事归平淡，删尽蛾眉《惜誓》文。""终是落花心绪好，平生默感玉皇恩。"在这 315 首诗作中，有 60 余首诗乃至追问、反问，甚至是诘问，"千言只做卑之论，敢以虚怀测上公？"（第五十首）"吟到恩仇心事涌，江湖侠骨恐无多！"（第一二九首）"自别吴郎高咏减，珊瑚击碎有谁听？"（第二一七首）"银烛秋堂独听心，隔帘谁报雨沉沉？"（第二二五首）这些诗句反映出龚自珍对世事得失所做的观照、追索的心理过程。

龚自珍以虚静心理创作，投射着之所以能达成这种状态，主要是因为他。这也是他从《庄子》中体悟到的。《庄子·达生》篇中"梓庆削木为鐻"的寓言，给我们的就是这样的启示：经过"齐以静心"，进入"虚静"之境后，就能使艺术家排除客观干扰和主观杂念，对外物保持一种精神的、非占有欲的感情态度，即审美心态。他还在《写神思铭》中写道："……抽豪而吟，莫宣其绪；欹枕内听，莫讼其情。谓怀古也，曾不朕乎诗书；谓感物也，岂能役乎罄悦。将谓乐也，胡迭至而不和；将谓哀也，抑屡袭而无疢。徒乃漫漫漠漠，幽幽奇奇，览镜忽唏，颜色变矣。是知仁义坐忘，远惭渊子之圣；美意延年，近谢郁生之哲。不可告也，矧可疗也？为铭以写之。"① 龚自珍认为在文学创作中，像"抽豪而吟""欹枕内听""怀古""感物""乐""哀"等这些审美感知和体验，都需要主体心理绝对处于虚静状态。这里的"坐忘"源自《庄子·大宗师》："堕肢体，黜聪明，离形去知，同于大通，此谓坐忘。"所谓

---

① 《龚自珍全集》，第 414 页。

"坐忘"就是经由自我纯化的过程，超越形体和心智的限制，排除杂念，凝神静虑，使心怀虚静空明。

龚自珍写物常常是人我不分、物我不分。这是由于龚自珍对外物所做的观照，进入了物即我，我即物，物我交感，物我两忘的虚静境界。如前文所写水仙花宛如仙子，宅中古桂"辛丈人"视为知己，尤其是那些"落花"，更是他落魄生涯的象征。"十年千里，风痕雨点斓斑里。莫怪怜他，身世依然是落花。"（《减字木兰花·人天无据》）龚自珍笔下之物都可视为自我的化身，但细细品味，那些对象物态万殊，栩栩如生，又好似是作者走进了它们的生命和情感世界之中。他的"移情"与庄子的"物化"极为相似，即在虚静的状态中，审美对象与创作主体的精神心理毫无距离，由虚静的审美心理到通感和移情的艺术思维，达到了"心与物化""极物之真"的凝神境界，这时创造出来的艺术作品也就如化工造物一般，不露人工斧凿痕迹，具有自然天成之美，从而形成了龚自珍艺术上"倏忽万匠""应物无穷"的神妙境界。

在同时代的作家当中，龚自珍特别欣赏其好友汤海秋的作品。龚自珍给予汤诗很高的评价，认为汤诗是真正做到了诗与人为一的完美融合，并用一个字"完"来形容。"何以谓之完也？海秋心迹尽在是，所欲言者在是，所不欲言而卒不能不言在是，所不欲言而竟不言，于所不言求其言亦在是。要不肯捃扯他人之言以为己言，任举一篇，无论识与不识，曰：此汤益阳之诗。""皆诗与人为一，人外无诗，诗外无人，其面目也完"[①]，什么是"完"呢？即诗歌能够充分展现作家独特的心路历程、思想情感以及语言风格，诗中有人的灵魂，人与诗完全融为一体。龚自珍说只要任举一篇汤海秋的诗，无论之前是否读过，都会立刻辨认出是他的诗。这是由于在

---

① 《龚自珍全集》，第241页。

欣赏作品时，他仍持有虚静心理而产生的。

　　同时，也可以看到，要摆脱外界的纷扰，进入虚静自由的审美境界，对龚自珍来说并非易事，他的内心经受着一番番挣扎。如同齐克果所言：远在幼年，悲哀这倒刺就已扎进我心里，它扎在那儿一天，我便冷嘲热讽一天，这刺儿一经拔出，我也就一命呜呼了。龚自珍的生命就是这样矛盾地存在，他在创作后，常常会烧诗、戒诗，主要是因为当他以审美身份欣赏的时候，强烈的痛感从主体中释放出来，他把诗文当作这种情感本身，烧诗文就是烧掉情感，是为了烧掉社会强加给他的角色和形象，是为了更好地保护自己内心的真实自我，正体现着他的痛苦与悲哀。另一方面他又醉于诗，以诗文为伴，以诗文为武器，以诗文证明自己，有时又在诗文中塑造一个"狂士"形象，像庄子一样，中年以后龚自珍诗文的锋芒并没有多少收敛，而在思考的深度却有所加强，还写了不少讽刺性很强的"寓言"文章。如《捕蜮》《捕熊罴鸱鹗豺狼》等。① 他将自己鄙视的官场小人比为"蚊虻""熊罴"等动物，经常是"欹斜谐浪震四坐，即此难免群公嗔"②，发出一些"伤时之语，骂座之言"③，表现了他深恶痛绝的心理，誓将正直敢言进行到底。魏源说"其道常主于逆"，"逆"意味着背离、叛逆、抗争和新生。④"慷慨、怅惘、悲愤、凄婉，完全适应和投合开始个人觉醒的晚清好几代青年知识分子的情绪和意向。从公羊（'从君烧尽虫鱼学，甘作东京卖饼家'）到佛学，从浪漫诗文到异端观念，都是与封建正统的汉学考据、宋学义理相对抗着的。它们无一不开晚清之先声，为中国近代思潮奏出了一个浪漫主义的前奏曲，这个充满异端情调的序曲，

---

① 邹进先：《龚自珍论稿》，南海出版公司1992年版，第19页。
② 《龚自珍全集》，第463页。
③ 孙文光、王世芸编：《龚自珍研究资料集》，黄山书社1984年版，第7页。
④ 邹进先：《龚自珍论稿》，南海出版公司1992年版，第23页。

在稍后的时代里就发展成为激昂强烈的真正的交响乐章。"① 在《宥情》一文中，龚自珍通过甲、乙、丙、丁、戊五人相互诘难的对话，指出人与动物的区别就在于有情有欲，他所说的情欲，实则依然是指童心，即是"童心来复梦中身"。心、梦、身、我交感，进入到了物即我、我即物、物我两忘的浑融境界。能达到这样的境界，才能在诗作中写出物人我不分、物我不分、物我相融之感，如同庄周与蝶之梦，鲲鹏与鲦鱼之乐。这种"移情"与庄子的"物化"极为相似，即在虚静的状态中，审美对象与创作主体的精神心理毫无距离，由虚静的审美心理到通感和移情的艺术思维，这时创造出来的艺术作品也就如神工造物一般，不露雕琢痕迹，具有自然天成之美。

其实，与龚自珍同时代的人当中，未必没有人看到封建末世已濒临垂死边缘、人力再难回天的局势。例如魏源就是一个思想睿智的改革家，但他却缺少龚自珍那种"语不惊人死不休"的胆识和魄力。朱一新在《无邪堂答问》中对龚、魏二人作了比较，他说："定庵才气，一时无两，好为深湛之思，而中周、秦诸子之……刻深峭厉，既关性情；荡检偷闲，亦伤名教。学之颇多流弊。魏氏虽不及其精深，尚未至如是横决。"② 这段话给我们传达了两个信息：一是龚自珍性情荡肆狂放，在很大程度上是由于先秦诸子尤其是庄子思想影响至深；二是魏源言行未及龚氏之"横决"，他甚至曾劝说龚自珍要收敛锋芒，明哲保身。所以，能够写出"狼籍丹黄窃自哀，高吟肺腑走风雷。不容明月沉天去，却有江涛动地来"（《三别好诗》）的只能是龚自珍，而不是魏源或其他人。

在从古代到近代开端这一漫长岁月中，由龚自珍和庄子两位思想家，贯穿起中国哲学和美学发展的历史脉络，使庄子思想在知识

---

① 李泽厚：《中国近代思想史论》，生活·读书·新知三联书店2008年版，第33页。
② （清）龚自珍著，钱仲联编：《龚自珍文选》，苏州大学出版社2001年版，第341页。

分子普遍处于失语状态下的晚清社会，焕发出勃勃生机。龚自珍基于独特的心理禀赋和时代的巨变，敏锐地嗅到庄子思想所富有的近代气息，对庄子的哲学和美学思想进行了创造性的继承，他的新思想犹如一声惊雷，有力地撼动了封建统治的根基。龚自珍作为近代中国思想和文学的开山人，对于推动庄学在近代中国的活跃和复兴，可说是功不可没。在他之后的梁启超、章太炎就是沿着"救世"这一道路对庄子思想进一步开拓和发展的。

龚自珍和庄子的哲学与美学、思想与艺术是紧密统一的。两者的内在联系，是民族思想与文学发展脉络上的一个环节，他们追求个性解放与自由的思想，在文学上呈现出自然真率、雄奇壮阔、神奇莫测的艺术特点，是"诗与人为一"的创作典范。龚自珍通过富有心力的艺术作品，折射出晚清社会政治、经济、文化等方方面面的历史图貌，为中国文学的发展开启了一个新时代。

第三节 严复：以西拓庄，推动阐释转型

严复（1854—1921），初名传初，乳名体乾，父名振先，号志范。严复是家中次子。中国近代启蒙思想家、翻译家、教育家。

严复生于福建侯官的一个中医世家，其父在南台岛六十多乡中享有很高声望，经常免费为穷人治病。严复7岁时开始进私塾读书，11岁到省城拜师宿儒黄少岩，为探究学术打下基础。"富贵生死间，饱阅亲知态。"① 刚及13岁他便奉命与王氏结婚。不久因其父患霍乱病死去，家境陷入贫困之中。严复曾在回忆中说："我生十四龄，阿父即见背。家贫有质券，赊钱不充债。陟冈则无兄，同谷歌有妹。慈母于此时，十指作耕耒。上掩先人骸，下养儿女大。

---

① 严复著，王栻编：《严复集》第2册，《赠英华》，中华书局1986年版，第414页。以下所有《严复集》引文，为行文方便，只注出书名和页码。

富贵生死间，饱阅亲知态。门户支已难，往往遭无赖。五更寡妇哭，闻者隳心肺。"① 同年，严复参加船政学堂招考，入学考试作文题目为《大孝终身慕父母论》，因其刚蒙丧父之痛，所作文章情真文至，录为第一名。也是在应试时，他改名宗光，字又陵。同治六年（1867）一月五日福州船政学堂开学，严复进校学习。18 岁于福州船政学堂毕业，先后被选派在建威舰、扬武舰上实习。

严复生平主要活动在甲午战争以后，在"沧海狂流横莽莽，晨光前路远微微"②的社会景况下，严复在 24 岁时选择赴英留学去学洋务，开始时他只把这当作应对困顿的一个出路，"当年误习旁行书，举世相视如髳蛮"③，他对这样的选择并未报什么希望，没想到却成为他一生中最关键的一次转折。当时正是英国资本主义发展到全盛时期，他把对海军事务的兴趣拓展到更广阔的领域，逐渐深入到西方资本主义文化的精髓，研读了亚当·斯密、孟德斯鸠、卢梭、达尔文、赫胥黎等人的大量作品，形成了有针对性的调查思考，这段经历为其成为中国最早的真正了解西方的思想启蒙者打下基础。

清光绪五年（1879），严复由于学习成绩优异，尚未毕业便就任福州船政学堂教习。第二年，又转到北洋水师学堂任总教习，此时开始用"严复"一名，并改字畿道。1889 年，李鸿章委任严复为北洋水师学堂总办（校长）。"不预机要，奉职而已"，后以"知府"选用。期间因与李鸿章不合，严复有意退出海军界，而去北京应顺天乡试再次落第。清光绪二十六年（1890），严复到上海创办了"名学会"，即现在所说的逻辑学。后在汪康年、唐才常发起的"中国国会"中当选副会长。清光绪二十七年（1891），被张翼招

---

① 《严复集》第二册，《为周养庵（肇祥）题篝灯纺织图》，第388页。
② 《严复集》第二册，《送沈涛园备兵淮扬》，第364页。
③ 《严复集》第二册，《送陈彤卣归闽》，第361页。

到天津主持开平矿务局事。1896年夏，严复创办俄文馆，是当时最早的俄语学校。在张元济创办通艺学堂、梁启超创办《时务报》时，他都给予了极大帮助。在此期间，严复完成英国哲学家赫胥黎《进化与伦理》一书的翻译，即著名的《天演论》，并开始在课堂上教授，成为中国知识分子系统介绍西方思想、文化、制度的第一人。作为近代中国历史上重要的思想启蒙家的地位也由此确立，其影响力与日俱增，被康有为称作"为中国西学第一者也"。梁启超盛赞："西洋留学生于本国思想界发生关系者，复其首也。"① "于西学中学，皆为我国第一流人物。"② 严梁两人相差近20岁，在思想上的交会，最早就是梁启超接受了严复所宣扬的社会达尔文主义，之后的二十余年里，两人有更多关于中西学的探讨。严复强调群己权界、己群并重，反驳个人主义，以及肯定传统、会通中西的精神，对梁启超有所影响。③ 蔡元培认为："五十年来，介绍西洋哲学的，要推侯官严复为第一。"④ 从翻译《天演论》开始，严复不再只是一位学海政、治洋务的风云人物，而是成为近代史上著名的启蒙思想家、翻译家，也是著名的教育家、文学家，他不遗余力地将"天演"思想传播给国人，给中国学界带来了一股强劲的西学之风，激起了救亡自强的热潮。

严复把译书作为传学之途径、救国之大业，他一生以翻译介绍西学著作、引进西学著称，其目的在于从国民教育上入手推进社会变革，改善"民品"启发"民智"。这是他从洛克那里得到的重要思想启迪，认为"古今圣智之人，所以陶铸国民，使之成为种性，

---

① 梁启超著，朱维铮校注：《梁启超论清学史二种》，复旦大学出版社1985年版，第80页。
② 梁启超：《新民丛报》，《绍介新书》1902年第1期，第114页。又引自《严复与严译名著》，第63页。
③ 黄克武：《近代中国的思潮与人物》，九州出版社2016年版，第276页。
④ 蔡元培：《五十年来中国之哲学》，见申报馆编《最近之五十年》。引自《严复与严译名著》，第63页。

而不可骤迁者皆所以先入之道得耳"①。这一观点在他一生经历中都以具体行动实践着，先后辗转于天津、北京、上海、安徽多处学堂，提倡新式国民教育，开展教育管理等工作，而他多次参加科举企望进入政界也许是受此激励，期望能够通过旧制成为掌握国民前途之士，更好地推进变革。清光绪二十八年（1902）在担任京师大学堂"编译局"总办后，严复大力支持翻译西作，在中国翻译史上留下了极其宝贵的遗产。其《天演论》中"信、达、雅"译论影响着近百年来的翻译工作者和研究者。在文白相间的语境下，他主要使用标准的古汉语词汇和语法进行译注，陆续翻译了亚当·斯密的《原富》（1901）、斯宾塞的《群学肄言》（1903）。清光绪二十九年（1903）约翰·穆勒《群己权界论》的译稿失而复得，略加删改后出版、英人甄克思《社会通诠》，促进更多民众去了解西方理论。清光绪三十年（1904）严复辞去编译局事到上海，并协助马相伯创办复旦公学，任复旦公学校长，在上海青年会教授"政治学"的讲稿汇编为"政治讲义"。此后又辗转做督学、考官等职，并翻译了孟德斯鸠的《法意》（1904—1909）、倭斯弗的《美术通诠》（1906）、耶方斯的《名学浅说》（1909）等。

宣统元年（1910）十二月初七日，清廷赐严复等19名留学生为进士或举人。其《诗集》中有"见十二月初七日邸钞作"一首，即咏此事："自笑衰容异壮夫，岁寒日暮且踟蹰。平生献玉常遭刖，此日闻韶本不图。岂有文章资黼黻？敢从前后说王卢。一流将尽犹容汝，青眼高歌见两徒。"②虽然其心淡然，但还是凭此被征为资政院议员，并于第二年任命其为海军部一等参谋官。武昌起义后，严复与袁世凯接触，民国元年（1912）被临时大总统袁世凯任命为北京大学校长。1913年，任袁世凯公府顾问兼海军部编译处总纂。

---

① 《严复集》第一册，《论小学教科书亟宜审定》，第201页。
② 《严复集》第二册，《见十二月初七日邸钞作》，第378页。

1914 年，严复被推为"约法会议"议员。1915 年，任袁世凯公府顾问兼参政院参政。袁世凯死后，严复到天津避难，后辗转于北京与福州之间。1919 年春后，喘嗽病发，辗转治疗。1921 年 10 月，顽疾又复发；10 月 27 日在福州（城内郎官巷）家里逝世。其墓志铭写道："六十年来治西学者，无其比也。所译《天演论》、《原富》、《群学肄言》、《穆勒名学》、《法意》、《群己权界论》、《社会通论》，皆行于世。杂文散见，不自留副，仅存诗三百余首。其为学，一主于诚，事无大小，无所苟，虽小诗短札，皆精美，为世宝贵。而其战术、炮台、建筑诸学，则反为文学掩矣。"① 墓碑上"清侯官严几道先生之寿域"及"惟适之安"，均使用严复本人生前的题书。"惟适之安"出自韩愈《送李愿归盘谷序》，考察其语义，"惟"起强调作用；"之"用于倒装，也有强调作用，即"安于适"；"适"就是适合、舒适，"安"，就是安定、安心。"安于适"就是顺、和，强调的是要顺从内心的舒适，顺应自然规律，实现超脱和自由的和谐境界。"惟适之安"传达的是"道"的哲学，是严复一生求索真理的重要遵循，是他以"天演宗哲学家"的身份对人生和社会发展规律的理性概括。

与译注西学著作相比，严复论述国学的用力稍显不足，仅存四部中有两部是关于老庄的专著：一为《〈老子〉评语》（后改为《严复评点老子〈道德经〉》）；二即是《〈庄子〉评语》（另名《〈庄子〉评点》），足可见严复对道家思想的亲近和熟稔。道家学说不仅作为他引入西学的一种凭借，而且也是他人生态度的鲜明体现。另外在《王荆公诗评语》一书中，他也多处论及庄子，并把王安石作为解读庄子的大家来对待的。从这几部国学著作可以看出严复的国学基础，也是严复在译介西学著作时寻找到的与中国本土思

---

① 《严复集》第五册，第 1542 页。

想相通的媒介,即老庄思想。严复对老庄思想的研究以及他对促进近代文化思想变革的贡献是巨大的,对此学界是充分肯定的。他作为"以西释中""以西拓庄"的实践探索者,主要运用"格义"的手法,在西学观点与老庄观念之间建立连接,并采取传统的古汉语阐释和论证,让庄子"物固自生"的东方哲学与"物竞天择"的西学思想走到一条道路上,从而"将自由、民主、个人主义的西方自由政治思想和'物竞天择''适者生存'的进化论思想融入老庄,给传统的道家思想赋予了现代意义,也为后世老庄道家哲学研究别开了生面。"① 严复用这样一种方式把庄学研究从传统引入近代,虽然有一定的嫁接痕迹,但他所采取的视角是全新的,他所阐发的内容也具有一定的突破性,不仅使近代庄学研究从传统向近代转型,同时也促使中国古典美学范畴发生了根本性的转换。

严复一生挚爱强调心性之自由的《庄子》,关于严复的《〈庄子〉评语》,学术史上有一段公案值得一提。1912 年年底,严复在给友人熊育锡的信中说:"予生平喜读《庄子》,于其道理唯唯否否,每一开卷,有所见,则随下丹黄。马通伯借去不肯还,乃以新帙见与,己意亦颇鞅鞅,今即欲更拟,进退不可知,又须费一番思索,老来精力日短,恐不能更钻故纸矣。"② 这段话说明我们今日所见《〈庄子〉评语》并非严复最早所作,从其好友曾克嵩为《〈庄子〉评语》作序的时间看,落款为"癸巳秋九月",那就是说《〈庄子〉评语》肯定形成于此前,即 1893 年前。马通伯也著有《庄子故》一书,不知其中有没有严复早年评点庄子的痕迹。两人所从桐城派之师吴汝纶鄙弃俗学,爱好古文辞,尤其喜爱庄子,也有《老子通义》和《庄子诠诂》流传于世。但学贯中西的严复做到了青出于蓝而胜于蓝,他以中体西用的方式推动了中西方在军

---

① 陆文军:《论严复的庄子学》,硕士学位论文,华东师范大学,2005 年,第 3 页。
② 《严复集》第三册,《与熊纯如书》,第 608 页。

事、哲学、文化、政治等领域的思想交融，使死气沉沉的中国社会为之一振。

严复评点《庄子》从 1893 年前后计起，其时应在 30 多岁。至其暮年仍在批注，可以说经历较长的时期，承载着严复一生的思想变迁，内容十分丰富。其长子严璩记有：丙辰（1916）府君六十四岁。手批《庄子》，入冬，气喘仍烈。① 从这段文字看，一是严复晚年深受喘疾所累，二是他为完善《〈庄子〉评语》耗尽心力，他之所以如此坚持对《庄子》的体悟和批评，除去前面所提马其昶借去不还的原因之外，只能是他本人对《庄子》厚爱才能解释通的。对此，严复《〈庄子〉评语》的繁杂版本也可以作为历史的物证。岷云堂本未刊《庄子》原文，严璩自藏影印本则附有原文，两本批注共 415 条，其中完全相同的 110 条，斟酌相同而文字略有出入的 95 条，岷本有而严本缺的约 60 条，岷本缺而严本有的约 140 条。后以严本为主，以岷本校补，评语全录，同一评语两书差异较大者，予以注明；文字稍有出入，但意义完全相同者，不再罗列。诠释文字的注释均不录。② 这一版本综合了目前可以看到的岷本、未刊严本和严璩藏附原文影印等版本之长。

严复不仅多次表示对《庄子》的挚爱，而且其在书信、日记、诗文中也多次提及庄子，庄子思想、哲学、文字所带来的影响落笔于严复的译注按语、报章杂文、友人书信中，颇有"不著一字，尽得风流"之洒脱。这种洒脱的本质是以对人、对人性自由的关注为基底的，换句话说是可以谈人的哲学，其崇尚自由的品格还与近代西方自由、民主精神相通，这是他作为以《庄子》引入西学的一个重要因素。此外，他一反常规，破除对庄子唯心论的评断，更关注的是《庄子》中的唯物主义倾向，与"天演""进化"思想所代表

---

① 《严复集》第五册，《侯官严先生年谱》，第 1545 页。
② 《严复集》第四册，《〈庄子〉评语》之按语，第 1104 页。

的科学精神形成暗合之势,从而达成将《庄子》和西方进步学术思想进行格义,互相阐发的效果。有研究成果概括说,严复的庄子学研究开拓了历代庄子学研究的全新视野,从哲学和美学角度看,《〈庄子〉评语》更具有近代美学启蒙的特征。

严复之所以把评点《庄子》作为半生之学,主要是因为庄学是包罗万象的庞大思想体系,"故吾尝谓中国学者,不必远求哲学于西人,但求《齐物》《养生》诸论,熟读深思,其人已断无顽固之理,而于时措之宜,思过半矣"①。因此在评点《庄子》时,严复将内外杂篇共 33 章逐一进行圈注评点,常常是既有句批、段批,还有总评,形成了既有训诂校勘,更有义理阐释的批注风格。在内七篇的总评中,严复说:

> 尝谓内七篇秩序井然,不可棼乱。何以言之?盖学道者,以拘虚、笃时、束教、囿物为厉禁,有一于此,未有能通者也。是故开宗明义,首戒学者必游心于至大之域,而命其篇曰《逍遥游》。《逍遥游》云者,犹佛言无所住也,必得此而后闻道之基以立。
>
> 其次,则当知物论之本齐,美恶是非之至无定,曰"寓庸"、曰"以明"、曰"因是"、曰"寓诸无竟",曰"物化",其喻人也,可谓至矣。
>
> 再进则语学者以事道之要,曰《养生主》。《养生主》者,非养生也,其主旨曰依乎天理,是故有变境而无生灭,安时处顺,薪尽火传,不知其极。
>
> 然而人间不可弃也,有无所逃于天地之间者焉,是又不可以不讲,故命曰《人间世》。一命一义,而寓诸不得已,是故

---

① 《严复集》第五册,《政治讲义第二会》,第 1254 页。

庄子者，非出世之学也。

由是群己之道交亨，则有德充之符焉。处则为大宗师，《周易》见龙之在田也。出则应帝王，九王飞龙之在天也，而道之能事尽矣。①

这段评语从内七篇的逻辑关系谈起，以自由逍遥精神为庄子哲学的起点，严复不仅注意到"庄子文中，多用游字"②，更关注到庄子游心的统帅地位，使其成为严复解庄的重要切入点。严复在《逍遥游》后用三段分别阐析《齐物论》《养生主》《人间世》，把庄子具体到万物、事道和为人的规律上。对《德充符》《大宗师》《应帝王》三章则合为一段简述，最后又回到"道"之本上来。短短的这段 353 字评点中 5 处提到"道"，并有鲜明的层次内涵，如第 1 段所提为"学道""闻道"，后又说"事道""群己之道"，最终归结到"道之能事尽"，突出了个人对内七篇的理解，主观色彩十分浓烈。在点评《人间世》时，严复尤其关注庄子的"无用之用"，"此亦庄生所谓不可解于心，无所逃于天地之间者，岂但知无用之用，远祸全生，遂为至人已乎？且生之为事，亦有待而后贵耳"③。这"无用之用"与严复力救时世的"有用之用"相辅相成，成为他的哲学思想中辩证而又互补的重要基因，也是他的思想之所以能够具有如此巨大成就和影响的重要原因。

严复是中国最早一批具有西学背景的学人，也是中国近代启蒙思想家中的代表人物。他引进西方自然、社会科学的最新成果，期望借以实现改进中国传统哲学思想、改良社会的目标，这其中包括他对老子、庄子的一系列全新解读。在庄学史上，严复的尝试被称

---

① 《严复集》第四册，《〈庄子〉评语》，第 1104 页。
② 《严复集》第四册，《〈庄子〉评语》，第 1117 页。
③ 《严复集》第四册，《〈庄子〉评语》，第 1109 页。

为是现代意义上的转换，这一评价不算言过其实。

一 严复对庄子自然辩证法的现代阐释

在解读庄子思想的过程中，严复以哲学思想为起点，形成了自己独到的认识和独有的方法。他在《〈庄子〉评语》中，用自然科学的图示来诠释庄子思想，作出了全景式的图解：天—道—德—义—事—技，认为庄子的一切哲学起点为"天"。这里的"天"是哲学意义上的"天"，是一个无限大的集合，包括"道"在内无所不容；而"道"是涵括在"天"之下的一个子集合，"德""义""事""技"依次等而下之。① 这种直观、直接的图示法是严复解读先人思想的一种创新，也是他倡导西学中用的典型表现之一，既对唯心主义的哲学观念作出一种唯物的辩证阐释，又将时代特征和西学潮流相结合，对前人智慧进行了颇有见地的新式解读。

严复把"天"作为庄子哲学的基本范畴，并详论"天"有三层含义：其一，指唯心者所尊崇的神灵的代称，其二，指唯物者所尊重的客观世界，其三，则是指"无所为作而有因果之形气，虽有因果而不可得言之适偶，西文各有异字，而中国常语，皆谓之天。如此书天意天字，则第一义也，天演天字，则第三义也，皆绝不相谋，越不可混者也"②。严复用西学对天的释义，如上帝、苍昊，与中国传统思想中对"天"的阐释对应，其"无所为作"，即是借用庄子的"无为"之意，而"天意"所言，其"天"强调的是一切变化都是无意识的，却有着特定的必然联系，这是一种高于形、物、气之外的一种意志或精神的存在。"天"的运动变化有其客观规律，这种"天演"则是在"天意"的基础上衍生的。通过这样的阐释，严复将庄子的思想与西方自然科学结合起来，使他对整个

---

① 《严复集》第四册，《〈庄子〉评语》，第1126页。
② 《严复集》第四册，《群学肄言》按语，第921—922页。

道家哲学的评点更具个性风格。

在评点《庄子·德充符》时，严复以一脉相承的观点直接批驳屈大均对庄子作出的唯心主义的论点："庄生之齐物，亦齐之于吾心尔。知心之外无物，物斯齐矣。屈氏所言，乃欧西唯心派哲学，与科学家之唯物派大殊，唯物派谓此心之动，皆物之变，故物尽则心尽，所言实凿凿可指，持唯心学说者，不可不深究也。"① 他指出《庄子·德充符》不仅要表达肢体残缺的怪人能够从精神上超越常人、体悟大道。更重要的是他指出庄子的观点正切近于西方唯物主义哲学观点，"言实凿凿可指"表现出严复明确的哲学倾向。在谈论《庄子·天地》时，他系统阐释了"无为而治"的政治思想，称赞该篇"真庄文而明决，独异他篇"，指出庄子的大道之意就是自然和客观规律，而这种规律就是唯物主义和科学主义的标志。

严复喜欢用"真宰"一类体现道家色彩的名词，而且用英语直译为："Self-existence"，强调的是一种先验"存在"，唯物主义的色彩更加强烈。同时他摒弃了庄子美学在言意观上"只可意会、不可名传"的思想。评点《庄子·养生主》时严复也强调"依乎天理，即欧西科哲学家所谓 we must live according to nature"。"安时处顺，是依乎天理注脚。"② 严复以"常识""规律""法则"等西方近代启蒙观念解释"天""自然"等道家思想，融合了天演进化观点。"天理"即"Nature"，就是自然、规律，用"Summum Genus"解释玄之又玄的"众妙之门"，并非神秘的玄学，将庄子的"安时处顺"视为按自然规律办事，转化成唯物主义的思维逻辑，虽然并不确切，但他敢于尝试，对破除旧学风产生了一定的价值。严复也用一种异常明白的方式批驳中国哲学中一些非常深奥晦涩的名词。比如在中国传统哲学中的"气"，意义丰富，外延宽泛，不好理解。

---

① 《严复集》第四册，《〈庄子〉评语》，第1115页。
② 《严复集》第四册，《〈庄子〉评语》，第1108页。

他便用国之衰、人之病的例证来说明邪气、湿气、厉气、元气、间气等难以定义的名词。"今试问先生所云气者,究竟是何名物,可举似乎?吾知彼必茫然不知所对也。然则凡先生所一无所知者,皆谓之气而已。指物说理如是,与梦呓又何以异乎?"① 严复认为把不懂、不会、不能说清的事物一概用"气"替代了事,这种做法是故弄玄虚,不知所云。他站到逻辑学的高度去审视和解说,认为哲学也应该有其科学体系,彰显了唯物主义倾向。而《庄子》内在的逻辑性也比较符合严复所欣赏的科学精神。

在严复看来,道家哲学以及庄子哲学思想是拯救礼教束缚、打破儒学思维的有力武器。所以,在所有经史子集中,他独对《老子》《庄子》进行评语,并坚持长期批注。这是他巧妙地求援西学,并使其与中国传统思想契合,进而以贯通之术、实证之法唤醒国人的独特路径。在中国思想大家和古代哲学典籍中,唯有庄子不为礼教名利所累,唯有庄子葆有初心、不带成心,也唯有庄子敢于创新、勇于突破。在翻译西方哲学著作时,严复经常用庄子之语作为类比和引导,以便让读者能够更易于接受和理解,如"心习之成,其端在此;拘虚束教,囿习笃时,皆此例所成之果。而《庄子》七篇,大抵所以破此例之害者也"②。"呜呼!拘于虚,囿于习,束于教,人类之足以闵叹,岂独法制礼俗之间然哉?吾国圣贤,其最达此理者,殆无有过于庄生。"③ 随着个人思想的精进,加之对西学思想的深入了解,严复在评点中不断发掘庄子哲学的内涵和潜在价值,使庄子哲学与现代科学获得超越时空的暗合,被改造成一个具有客观唯物化架构和实证主义精神的哲学。

严复并不是一厢情愿或生搬硬套庄子的科学精神,他十分推崇

---

① [英]耶方斯:《名学浅说》,严复译,商务印书馆1981年版,第23页。
② 《严复集》第四册,《穆勒名学按语》第三十三,第1050页。
③ 《严复集》第四册,《法意按语》第九十一,第987页。

庄子思想与西方科学精神的同构性。1895年，严复在名篇《救亡决论》中，对庄子的思辨进行更深入的论述："且格致之事，以道眼观一切物，物物平等，本无大小、久暂、贵贱、善恶之殊。庄生知之，故曰道在屎溺，每下愈况。"① 他指出庄子的体察能力之强和思辨水平之高，庄子"道在屎溺"的经典论断不是要一鸣惊人，振聋发聩，而是要指明真理普遍存在之根本。"道"并无贵贱之别，这是庄子哲学的根本，是万物平等、逍遥无待的思想内核。严复反对以个人的主观想法去预判世界的发展，反对简单的唯心学问，认为儒学救国论有害而无益，是"夫八股锢智慧，坏心术，滋游手，积将千年之弊，流失败坏，一旦外患凭陵，使国家一无可恃"②。他认为如此下去，学术沉迷，思想腐化，必定会成为祸国之源。所以，他强调中体西用，不仅仅是停留在传统思想原有的义理表达上，还作出更具科学性与创造性的阐发。

在阐述庄子哲学与西方思想的相通性时，严复为使论证更让人信服，注重直接从《庄子》中寻找例证。比如，在谈到"天籁"形成的原理时，他化用庄文进行了详细的解说："厉风济，则众窍为虚，非深察物理者不能道。凡有窍穴，其中含气，有风过之，则穴中之气随之俱出，而成真空，医家吸入器，即用此理为制。故曰：厉风过，则众窍为虚。"③ 他还以"马德堡半球"实验，指出庄子说理的方式并不是信口开河，其寓言虽然常有意外之语，但是非常符合科学原理。对著名的"罔两问景"语段，严复又评："凡物之非彼非此者，曰'罔两'。魑魅罔两，介于人鬼物魅之间者也。问'影'之'罔两'，介乎光影明暗之间者也，此天文学者所谓'暗虚'者也。室中有二灯，则所成之影皆成暗虚，必两光所不及

---

① 《严复集》第一册，《救亡决论》，第46页。
② 《严复集》第一册，《救亡决论》，第43页。
③ 《严复集》第四册，《〈庄子〉评语》，第1106页。

者，乃成真影。前之罔两，既非人鬼，又非物魃；后之罔两，既非明光，又非暗影；此命名之义所由起也。"① 魑魅魍魉本是妖魔鬼怪的代名词，而庄子在这里所指的是实体的附属，潜在的意味很深。严复把这种看似玄虚的概念物化为一种实际存在的事物，庄子这段论述所阐明的道理，仿佛就是指近代自然科学中那些高深原理的存在，以及尚未能探明的世界里更多如魑魅魍魉般的事物或规律等待发现。

二 严复对庄子自由思想的西化与延展

严复抓住《庄子》这根纽带，以庄子个体自由的理想来解说西方的自由主义，完成了他将西方思潮植入中国社会文化的目标，也为解庄、释庄做了前无古人的尝试，为后世拓开了新的思想天地。

在《〈庄子〉评语》中，严复一步步将庄子哲学与西方自由思想融合，在很大程度上将庄子的自由思想做了西式解读，在这个角度说，其中自然也体现了严复本人的自由学说成分，他对"自由"概念最集中的论述体现在《应帝王》篇的评点中。他首先指出"此篇言治国宜听民之自由、自化"②，随后通过狂接舆和无名人对日中始之言的争论，得出"夫无心而任乎自化者，应为帝王也。此解与挽近欧西言治者所主张合"③ 的结论，之所以有这样的判断，是基于"为帝王者，其主治行政，凡可以听民自为自由者，应一切听其自为自由，而后国民得各尽其天职，各自奋于义务，而民生始有进化之可期"④。这篇评点是严复借由《〈庄子〉评语》阐发其自由、民主思想的总纲，体现了要顺乎自然，不容私见，才能够实现无为而天下治。这也是他明确引入西方自由、民主思想的表现。

---

① 《严复集》第四册，《〈庄子〉评语》，第1107页。
② 《严复集》第四册，《〈庄子〉评语》，第1118页。
③ 《严复集》第四册，《〈庄子〉评语》，第1118页。
④ 《严复集》第四册，《〈庄子〉评语》，第1118页。

在《应帝王》评点中，严复还从生物学、生态链的角度，以卑微的鸟鼠来阐述传统礼法制度与阶级固化的束缚，论证"物竞之烈，各求自存以厚生"的道理，并认为这种情形与狂接舆所说的"欺德"一样使之失去自由，这便是借庄子之口指出民众不得自由、无法自化的根源所在，其批判锋芒直指儒家封建礼教的束缚。经式仪度与自由理想之间的矛盾本身是存在的，但要直面抨击却并非易事。严复此举虽然以两千年前的庄子作为武器，以西方之自由作为先锋，仍是体现着近代启蒙者的壮烈胸怀。他有意识地将西学引入庄学，用进化论的逻辑提出因"物竞之烈"而不得不保全自己，其途径便是自由、自化。在严复看来，将近代自由主义思想与庄子自由思想融合，才能"民生始有进化之可期"。在严本中，严复在"南海之帝为儵……七日而浑沌死"一段上批注"庄非出世之学"，"此段亦言治国宜顺自然，听其自由，不可多所干涉之意"①。可以说，他是借用庄子儵与忽替浑沌开凿孔窍的寓言，提醒统治者治国最具体的方略，便是减少干涉、宜顺自然、听其自由，而这正是近代西方自由与民主思潮的要义。

严复虽然在对老庄评点中都下了不少功夫，但他对老庄两人的推崇程度还是有所差别，尤其是在对待自由问题上，严复认为老子的思想在本质上还是追求政治的一种高明表达，而庄子则是彻底追求人的自由的第一人。在这一点上，严复和刘熙载的观点极为接近，在评点《老子》和《庄子》时他对两者主旨的领悟明显不同，"读《老子》知惟以'虚'受物，以'无'为用者，乃能中央集权也"②。正如钱穆先以为"老子实于人类社会抱有很大野心"③。其"无为"的目的在于"无不为"；而庄子则不然，他的"无为"是

---

① 《严复集》第四册，《〈庄子〉评语》，第1118—1119页。
② 《严复集》第四册，《〈老子〉评语》，第1080页。
③ 钱穆：《庄老通辨》，生活·读书·新知三联书店2005年版，第128页。

纯然一片天机，可等同于西方的"自由"，只有治国者做到"无为名尸，无为谋府，无为事任，无为知主。体尽无穷，而游无朕。"（《庄子·应帝王》）那么民众才可能由自为到自由乃至自化。所以，严复对庄子"宁其生而曳尾于涂中"，"死为留骨而贵"的人生志趣充满崇敬。

对于庄子之"自由"，严复认为是淡泊名利、去除物欲、洒脱而进步的，与他所看到和理解的西方平等、博爱的自由主义思想在本质上是相同的。他在给好友的书信中说："平生于《庄子》累读不厌，因其说理，话语打破后壁，往往至今不能出其范围。其言曰：'名，公器也，不可以多取；仁义，先王之蘧庐也，止可以一宿，而不可以久处。'庄生在古，则言仁义，使生今日，则当言平等、自由、博爱、民权诸学说矣。"[①] 这段话肯定了庄子将名、仁义作为公器，不独占不多取，而是看成人人可暂时凭借的工具或是旅途中的一个驿站，顺时而化，追求逍遥境界。在当时等级森严的封建统治下，这是对民权的自觉重视和对社会公平的关注，具有超越时代的价值。

严复对《庄子》中最集中阐述自由无为思想篇章《庄子·在宥》，进行了更为彻底的西化解说，其语言和意味都融合了西学自由精神。评点中五处直接用到西文：放任放纵"Laisser Faire et Laisser Passer"，自然党人"Quesnay"契尼，顾尔耐"Gournay"，以及个人主义"Individualism"，社会主义"Socialism"。这五处直接使用法语来对应庄子所议的自由平等。严复还直接把庄子与法国启蒙思想家卢梭联系起来，认为两人在对人的关注、对自由平等的追求上是相通的，并对庄子所说的"故君子不得已而临莅天下，莫若无为"进行了解释。这样的中西互释对严复来说，是他介绍启蒙

[①]《严复集》第三册，《与熊纯如书》，第648页。

思想的重要方式。在更大意义上说，严复的实践为后世如徐复观等人，进一步从学理上展开美学思想研究提供了启发。

严复评《庄子·马蹄》篇时，又说："此篇持论，极似法之卢梭，所著《民约》等书，即持此义，以初民为最乐，但以事实言之，乃最苦者，故其说尽破，醉心卢氏学说者，不可不知也。"①"此篇以纯任天放为主，乃前篇馀义。同言削性侵德之非，而前主修己言，此主及物言。"② 认为《马蹄》即是宣讲恢复人的自然本性的篇目，那个"是谓素朴"的世界与卢梭"天赋人权"思想极其相似。还提到《胠箧》"此说与卢梭正同，然而大谬。所谓至德之世，世间固无此物。而今门非、澳诸洲，内地未玎化之民，其所当乃至苦，如是而日至治，何足慕乎？"③ 像这样跨越时代、空间和语境对庄子和卢梭的思想进行比较，除《〈庄子〉评语》外，他在《民约平议》中也有类似的论述"卢梭奋笔为对，其说大似吾国之老庄"④。当然，崇尚进化论观点的严复不会苟同庄子"至德之世"的原始社会的观点。因此，他实际上是借用庄子来建构他自己的自由平等政治思想，强调自由的有限性、主动性和进化性。"挽近欧西平等自由之旨，庄生往往发之。详玩其说，皆可见也。如此段言平等，前段言自由之反是已。"⑤ "知雄守雌"的思想被严复巧妙借来活用，由其字意而引发对西方平等自由思想的论述，足见严复在解读庄子时所依从的思想工具。

正是因其解庄的思想起点和逻辑问题影响，严复在评点时，还

---

① 《严复集》第四册，《〈庄子〉评语》，第 1121 页。
② 《严复集》第四册，《〈庄子〉评语》，第 1122 页。
③ 《严复集》第四册，《〈庄子〉评语》，第 1123 页。
④ 本研究原载于 1914 年（民国三年）二月《庸言报》第二十五、二十六期合刊。严复作此文的本意并不赞成卢梭提出的以暴力喋血的方式和途径寻求政治自由和社会平等。《严复集》第二册，第 333 页。
⑤ 《严复集》第四册，《〈庄子〉评语》，第 1146 页。

曾因此怀疑《庄子·天道》一章"笔意驯近,不类庄文"①;后来又有陈鼓应先生考据认为《天道》全文有"八节杂纂而成"②的嫌疑,这样的观点或多或少有严复评点带来的影响。如仅从内容上看,《天道》当然主要是重申《应帝王》的自由观点,所以严复也批其题时说:"乃反复申明内篇《应帝王》所述之旨。""无为,只是顺理。然知何者为理而顺之,大有事在。"③ 此评点表达的是严复对庄子所议的"虚静恬淡寂漠无为者",关注点在"无为"上,虚静、恬淡、寂寞仅是无为的表征或者说外显特点,本质上,无为即是要"顺理",而对"何者为理",只略提"大有事在",而未做详解,这应该是更深层的哲学问题。此类的解释有逆于庄文本意,或者说,在某种程度上运用了曲解技巧,偷梁换柱的痕迹稍显明显,但严复主张自由平等的救世之心却可照见。

严复之所以如此强烈地主张自由平等,主要还是源于他经世致用的思想。这就使他在评点《庄子》的过程中,始终保持着个人思想的独立性,他解庄却没有全盘接受,尤其不赞成庄子对原始社会乃"至德之世"的评价,他认为那只是乌托邦式的想象或者说对不可复制的过去的一种寄托。所以说,他释庄解庄评庄具有一定的批判色彩,在评《庄子·天运》篇说"此皆道家想当然语,其说已破久矣,读者不可为其荒唐所笼罩也"④。对《庄子·人间世》所言进行辨析时,他肯定了庄子之论的美好高远,也对其乘物而游而终其天年、最终成为至人之意发出诘问。当然,这一追问反映出严复对《庄子》理解的局限性,并且从这一角度也看出他对庄子的阐释具有一定的思辨价值。为严复《〈庄子〉评语》所序的曾克耑也指出了这一点,"严子所惧由庄之道,必流为夷甫、平叔之祸者,

---

① 《严复集》第四册,《〈庄子〉评语》,第1128页。
② 陈鼓应:《庄子今注今译》,中华书局1983年版,第336页。
③ 《严复集》第四册,《〈庄子〉评语》,第1128页。
④ 《严复集》第四册,《〈庄子〉评语》,第1129页。

抑知夷甫、平叔辈之说庄，亦假仁义以说孔，貌悲智以谈释者类也，宁有契于庄之真耶！以是诟庄，吾恐庄不任也。""吾恐庄生之解，严子之解，亦终悬于天壤而莫之喻，而人相食之祸，乃弥演弥烈而终莫之拯也。"① 这里既对严复所提出的疑庄为杨子之学给予学术研究的肯定，同时也对严复的释庄之法表达了担忧，也可以说是旁观者清的一种表现。

三 严复对"自然论"的西式阐释

在谈到"自然"的问题时，严复也将道家哲学的核心思想与卢梭的核心思想联系起来，在《民约平议》中说"中国老庄明自然，而卢梭亦明自然"②，他关注"道"与"自然"，"道即自然特字未字异耳"③。老庄与卢梭的共同点是尊重客观事物自身的规律，这种顺应自然、推崇本真的品格正是庄子能够吸引严复的重要原因。庄子说："夫道有情有信，无为无形，可传而不可受，可得而不可见，自本自根，未有天地，自古以固存，神鬼神帝，生天生地，在太极之先而不为高，在六极之下而不为深，先天地生而不为久，长于上古而不为老。"严复对这段文字上的评语看，"自'夫道有情有信'以下，至'而比于列星'止，数百言皆颂叹之词，然是庄文无内心处，不必深加研究"④，严复站在自然哲学的立场，指出"道"即是宇宙本体，从性质上来说是自生自在、无形无色、不可言说的，但又是浑然一体、绝对同一的。而他对庄子"道"的精神性没有深入把握，而是对道的"自然论"十分关注。

严复在《〈群己权界论〉译凡例》中对庄子的"自然论"做过精到的辨析。他认为所有的名词和术语一旦用得过久或者一个阶段

---

① 《严复集》第四册，《〈庄子〉评语》，曾克耑序，第1149—1150页。
② 《严复集》第二册，《民约评议》，第334页。
③ 《严复集》第四册，《〈老子〉评语》，第1085页。
④ 《严复集》第四册，《〈庄子〉评语》，第1117页。

内使用过于频繁，就容易出现失真的问题，"如老氏之自然，盖谓世间一切事物，皆有待而然，惟最初众父，无待而然，以其无待，故称自然。此在西文为 Self-existence。此惟造化真宰，无极太极，为能当之。乃今俗义，凡顺成者皆自然也"①。这段话道出了"自然"的根本并非"顺成者"，"无所待"才是真正的逍遥之境。为了阐释"自然"，严复还将道家与儒家做了对比："老之道，其胜孔子与否，抑无所异焉，吾不足以定之。至其明自然，则虽孔子无以易。"② 说明对"自然"认识是区分儒道两家的一个基本问题。

严复把庄子的自然论作为将科学思想移植到国人的思维观念之中，是基于庄子哲学中尊重自然、遵循客观规律的思想而言的，庄子肯定自然法则的存在不受主观思想意识支配。严复在评点中，多次举例论说庄子思想所具有的自然哲学色彩。如"秋毫"一词本是中国古典文学中比较常用的固定词汇，严复在评"秋毫之端"时引入西方数学微积分，"此算学家所谓第三等分也"。此释一语打破世人对古代人以知觉认识世界的局限。在严复的笔下，直观地让人看到庄子之所以能写就纵横捭阖却又深微细密的文章，是因其不只有足够的胆识和气魄，更有让人叹服的体察和推理。"光曜亦自无物，故曰，予能有无。然尚有光，可以目治，故曰，未能无无。"③ 在这他又以近代物理为基础，注释和强调庄子自然论的合理性。他还对论说地理空间的《庄子·则阳》一篇中"游心于无穷"大赞"此亦《逍遥游》之旨"④。并进一步强调："今科学中有天文地质两科，少年治之，乃有以实知宇宙之博大而悠久，回观大地与夫历史所著之数千年，真若一、呋庄未尝治此两学也，而所言如此，则其

---

① 《严复集》第一册，《群己权界论》译凡例，第132—134页。
② 《严复集》第一册，《辟韩》，第33页。
③ 《严复集》第四册，《〈庄子〉评语》，第1137页。
④ 《严复集》第四册，《〈庄子〉评语》，第1141页。

心虑之超越常人，真万万也。所谓大人者非欤？"① 两千年前在天文学、地质学等概念还未出现之时，庄子却有如此广阔的眼界和如此高超的空间认识能力，对于无穷时空和有待的人世，庄子思想充满科学思辨精神和自由平等的人格理想，是他敬称庄子为"大人"的根本原因。

严复"以西拓庄"的一个重要途径就是引入进化论。他在《庄子·天地》篇老子与孔子的对话下批注了"Evolution"②，也就是进化之意，这与庄子所说的鸟通过飞翔、鼠依靠掘穴来保全性命的生物学认识是相同的，体现出哲学家的高度睿智。严复用进化论思想阐释《庄子》中对自然的认识，最为淋漓尽致的还是《至乐》篇，他仿佛从中看到了庄子所描绘的生物进化谱系，"此章所言，可以之与挽近欧西生物学家所发明者互证，特其名词不易解释，文所解析者，亦未必是。然有一言可以断定者，庄子于生物功能变化，实已窥其大略，至其细琐情形，虽不尽然，但生当二千余岁之前，其脑力已臻此境，亦可谓之难能而可贵矣"。"老庄书中所言天地字面，只宜作物化看，不必向苍苍搏搏者著想。"③ 严复被庄子超越哲学的科学意识所折服，他认为《庄子》中提到"天地"这样的词语时，只看作是物化即可，不需要作确切的解释，他的论述打破了学界对中国传统思想一贯的解读方式，把庄子的自然论由审美领域引入到科学视野之中，这种转型使得中国近代科学找到了民族思想渊源，令后来者为之振奋和效仿。

四　严复对庄辞文风的创新活用

严复一生长期读庄释庄，从认识自然到认识人生，从思维方式

---

① 《严复集》第四册，《〈庄子〉评语》，第 1142 页。
② 《严复集》第四册，《〈庄子〉评语》，第 1127 页。
③ 《严复集》第四册，《〈庄子〉评语》，第 1130 页。

到语言表达,从评点原文到以西释庄,在无数次深入解读和创新阐释中,庄子思想及其独特的言说方式对严复产生了十分深刻的影响,在其西学思想翻译和语言表达中也发挥了重要作用。他喜欢借用庄子诗化的语言和汪洋恣肆的文风诠释内涵丰富的西方著作,使译文充溢着文辞和形式的美感。《天演论》译文是严复重要的代表作品,也是其运用中国古汉语表达手法,为中国翻译学提供的一个范本。

在《天演论》译文第一段,严复就借用了庄子无尽的想象和广博的视野,写出了赫胥黎的居室在空间上的宏大气势,"在英伦之南,背山而面野,槛外诸境,历历如在几下";又精细入微地描摹其自然景物,"其借征人境者,不过几处荒坟,散见坡陀起伏间,而灌木丛林,蒙茸山麓"。一面论述"强者后亡,弱者先绝"的自然客观规律,一面观照"年年岁岁,偏有留遗。未知始自何年,更不知止于何代"的历史感,在纵横捭阖的论述后,给出一个结论:"苟人事不施于其间,则莽莽榛榛,长此互相吞并,混逐蔓延而已,而诘之者谁耶?"[①] 贺麟先生在评论这段翻译时说:"我们读此段,俨有读先秦诸子书的风味。这段开篇的笔法,很容易让人联想起《庄子·齐物论》开头的格局意境:'南郭子綦隐机而坐,仰天而嘘,嗒焉似丧其耦'。"身处"中学为体、西学为用"氛围中的严复,没有被当时只关注西学实用价值的潮流所影响,而是选择关注西方学术思想,这大大超越了他所处的时代。"这是他对于西洋文化的观察,也是他所以要介绍西洋学术思想的卓识。"而他对庄子语言风格的运用,也是建立在他精心研究的基础上,他在译书之时,均能了悉该书与中国文化的固有关系。[②] 这在译界是非常难得的学术意识。能用更丰富的语言把枯燥的学术思想表达出来,甚至

---

① 《严复集》第五册,《天演论》导言,第 1323 页。
② 贺麟:《严复的翻译》,《东方杂志》1925 年第 22 期。

是用描绘性的语言对西学进行格义、点染，这种富有创新的手法使严复的译作更易于传播和接受。

严复对庄子语辞的特点把握十分深入，并且在自己理解的基础上努力实践。譬如他对"寓言十九，重言十七，卮言日出，和以天倪"中的"卮言"十分钟爱，在译著中多次使用。《天演论》初译时，他把每篇开头的"导言"都译成"卮言"，"仆始翻'卮言'，而钱唐夏穗卿曾佑，病其滥恶，谓内典原有此种，可名'悬谈'。及桐城吴丈挚父汝纶见之，又谓卮言既成滥词，悬谈亦沿释氏，均非能自树立者所为，不如用诸子旧例，随篇标目为佳"①。虽然他也解释说，由于从汉语词汇中寻找合适的名词用为题目感觉到比较困难，于是想到了"卮言"一词，不过这也可以说明他对"卮言"有区别于其他古典术语词汇的喜爱。在忍痛割爱后，严复于讲解英文文法的译作中还是用了"卮言"一词，即"《英文汉沽》卮言"，在这里，他把"卮言"作为自己译著的体例使用，可见对庄子的文辞方法爱之至深，用之心切。

严复擅长仿写《庄子》中跨越时空的神话，活用其典故来阐释西方科学和理论。在《天演论》导言的第二段："英之南野，黄芩之种为多，此自未有纪载以前，革衣石斧之民，所采撷践踏者。兹之所见，其苗裔耳。邃古之前，坤枢未转，英伦诸岛乃属冰天雪海之区，此物能寒，法当较今尤茂。……即假吾人彭、聃之寿，而亦由暂观久，潜移弗知；是犹蟪蛄不识春秋，朝菌不知晦朔，遽以不变名之，真瞽说也。"② 这段译文的前半段明显化用了《庄子·逍遥游》的开篇，忽而南野，忽而邃古，天地之间，万物之极，在严复的笔下有了新的诠释。段尾直用庄子名句"朝菌不知晦朔，蟪蛄不知春秋"，表明严复在译介《天演论》时思想的起点便在此。除

---

① 《严复集》第五册，《天演论》译例言，第 1322 页。
② 《严复集》第五册，《天演论》导言，第 1324 页。

此之外，《天演论》还有多篇文字引用了每况愈下、庖丁解牛等典故，使其语言在近代文化环境下形成了独特风格。在《英文汉诂》中，他引用庄子话语："庄周曰：生于齐者，不能不齐言，生于楚者，不能不楚言"①。以此来阐明他本人所说的，都指向身处的时代和迫切希望拯救的国家。严复译作中诸如此类在语言方面体现庄子思想的例子还有很多，庄子文风对严复的影响十分深入。

严复用西学解庄，以进化论释庄，开启了庄学史上中西融合与比较研究的先河。这种创新逐渐成为一种传统，促使后学竞相深入阐发和发掘，使《庄子》随着时代的演进而具有了新的义理内涵。胡适在严复之后进一步阐述所谓庄子生物进化论思想，蒋锡昌也融入进化论思想因素，用"种"来阐发庄子的死生观。如果说翻译《天演论》是严复作为近代启蒙学者的代表作品，那么他对庄子的阐释，是打通严复以西治中学术思维的通关秘籍。严复阐释《庄子》用情至深，"故吾尝谓中国学者，不必远求哲学于西人，但求《齐物》《养生》诸论，熟读深思，其人已断无顽固之理，而于时措之宜，思过半矣"②。此意足见其济世救国之心，更有对庄子超群卓绝的智慧的赞叹。

小　结

在近代启蒙思想视阈下，我们看到很多学人在寻求民族救亡的历程中，向传统文化和古人的智慧发问；同时也迈开沉重的脚步，探求西学为我所用之路。在这些学人大家中，龚自珍和严复成为庄子美学接受的重要考察对象，代表着这一时期《庄子》阐释与接受的特点。

---

① 《严复集》第一册，《英史汉诂》叙，第151页。
② 《严复集》第四册，《政治讲义第二会》，第1254页。

一是启蒙思想家对庄子美学中具有人文主义色彩的思想最为关注。庄子哲学思想的核心即是追求人性的自由，闻一多先生曾说庄子的"思想的本身便是一首绝妙的诗"①，可以说，自由就是美，美也是自由。庄子的美学思想就体现为人的心灵自由是对美的创造和体验的最高境界。无论是诗情迸发，以中为本的龚自珍，还是讲求逻辑、西为中用的严复，都在庄子美学思想中首先看到"自由""游心"这些关键词，并在观点论述和文学实践中，进一步强化了对人性自然、人心自由、保全身性的认识，做了具有个人色彩的阐发。

二是启蒙思想家在庄子美学中寻求对矛盾、辩证、科学的古老认证。这一点在龚自珍和严复两位的身上表现十分明显。除上文中对龚自珍"自然论""尊情说"和"童心论"承续庄子的美学思想之外，龚自珍用以自励的"心力"也源于庄子，他既有无力之感，渴求一种自由，又如其笔下的落花，期望找到更大的价值所在。"心无力者，谓之庸人"（《壬癸之际胎观第四》）。龚自珍在《文体箴》中写道："虽天地之久定位，亦心审而后许其然。苟心察而弗许，我安能颔彼久定之云？"他也正是这种充满自信的姿态，担当起社会、历史及文学创作的责任。严复在评点、吸纳庄子思想的过程中，则更多关注了自然、社会、理性、科学的认识层面，他热切地希望用庄子思想来解读西方的学说，一方面是民族文化自尊的驱使，另一方面也要借中国传统智慧为西学落地生根制造合适的土壤。

三是启蒙思想家在拯救民族文化危机中对庄子思想寄予热望。在对传统文化进行盘点、翻炒之时，近代仁人志士是带着不断振奋又不断失望的节奏进行的。传统的儒家文化无法解决眼前出现的一

---

① 闻一多：《古典新义·庄子》，见《闻一多全集》第二卷，生活·读书·新知三联书店1982年版，第280页。

系列问题，也无法给人们带来更多新意。而道家这一直被认为是乱世救星的思想流派，却能产生强大而舒适的慰藉。当人们的精神真正投入到这个思想世界中，获得了精神自由，实现物我两忘，更能清晰地看到现世的积弊，也更加深刻地理解文化一统所带来的危害，所谓儒道互补，往往在危机出现时才被士人所提及。

四是启蒙思想家在诠释庄子美学思想时，取得了语辞文法上的进一步发展。虽然他们对庄子的"卮言"等手法十分关注，并在创作实践中沿用发展；但由于西学的传入，在很大程度上，他们在表达中已经渐显文字辞法变革的端倪。严复的评点、解读和诸多译作，就是这方面的例证。在严复之后，我们将看到更多语辞使用的新探索。

第四章

中西美学合奏中的
《庄子》阐释与接受

从明朝开始,西风渐入,在20世纪之初,逐渐形成了一股不可阻挡的趋势。形成这种趋势的重要内因,是一大批士大夫和学者,期望能够通过吸收和借鉴西方国家在科学技术、军事武器、政治体制、思想文化、教育理念等多个领域的成功经验和发展模式,从而缩小与西方国家之间的差距,以全方位的变革谋求救亡图存、经世致用的良方。在这一历史背景下,中国思想文化开辟了新的途径,既向传统问道,又向西学探路。文学作为传统艺术形式,裹挟着美学这一新生事物,开始了较有成效的探索。西方美学重理性分析和逻辑演绎,情感性与普及性不足;中国传统诗学重直观感悟与实践,缺少理性及逻辑分析,两者的交融使中国近代美学获得良好的发展契机。庄子美学因其独特的思想内蕴而成为连接沟通中西方学术观念的一个重要媒介。

第一节 西方美学思想的冲击

在半殖民地半封建社会现实下,复杂的民族救亡局势影响和滋生了政治、经济、文化等领域的"多元化"发展。在这一进程中,首先发生变化的是政治势力多元化，由于中外反动势力勾结，使中国革命斗争长期化。中国经济也出现了自然经济、外国资本主义、洋务经济、民族资本主义、官僚资本主义、新民主主义经济并存的局面，外国资本主义与中华民族的矛盾成为中国近代社会的主要矛盾。

"洋务运动""戊戌变法"相继失败后，人们在吸收和拓新的过程中，总结吸取前车之鉴，在如何救国自强、振兴中华问题上，产生两种社会思潮。一方认为，首先应该从社会物质实践着手，主张"革命救国"，从事政治斗争，推翻清政府的反动统治，建立民主共和国。为此，要着重学习西方的政治、法律、制度和科学技术。另一方认为，首先应当从思想启蒙入手，改造国民性，振奋民族精神，倡导"文艺救国""教育救国""学术救国"。随着这股思潮的兴起，中国近代思想文化开启了由被动冲击向主动求变的转折，寻求救国自强、振兴中华的方略。在这种条件下，西方的哲学、美学、文艺等著作和思想，被大量地引进中国。中国近代思想文化以吸取、摄入西方思想为开始和重要标志，"以新知附益旧学"成为晚清学者的共同特色。但以有神宗教、科学理论为观念基础而发展起来的西方文化、西方思想与以天道自然、伦理道德为观念基础的中国传统思想是迥然异趣的。况且，西方文化和思想本身也经历了漫长的历史发展，思想观念众多而纷杂。所以，对这种异质文化的真正理解、消化和吸收需要一个长期的过程，也可以说至今仍在进行之中。

作为中国近代思潮的发端，处在这一过程开始阶段的晚清学者，对西方思想的理解、认识往往是肤浅的。亦如梁启超在《清代学术概论》中所说："盖固有之旧思想，既根深固蒂，而外来之新思想，又来源浅觳，汲而易竭，其支绌灭裂，固宜然矣。"① 他们往往是从中国固有思想中，寻找出某种较深刻的哲学立场和宽广的观念背景，用来消弭中西文化和思想间的观念隔阂，以实现对西方哲学思想的吸取、摄入，从而形成了对传统的继承与批判，对西学的选择和收取，并以西学之法重释传统之义。因此，处于古典美学思想与现代美学思想之中的近代美学思想，具有交汇整合、建构体系、过渡发展的重要特点，其理论基础和方法论十分庞杂。

对于这样一个新旧过渡的特殊历史时期，中西学术思想的碰撞对东方美学的发展产生了重要的影响。"西方美学、诗学对中国诗学范畴现代转型的影响表现在两个方面：其一是刺激并促使中国传统诗学范畴的现代转化；其二是西方美学、诗学的某些因素或范畴直接进入中国诗学，成为其有机构成部分。"② 梁启超、王国维、蔡元培、宗白华等人，是接收这些概念、范畴的代表人物，他们合力推动传统诗论、词话等理论内容实现了新的阐释和挖掘，建立起中国美学理论的框架。作为中国现代美学学科建设的第一代开拓者与奠基人，他们的思想历程不仅仅是中国文化思想发展史上的一个个点，更是一个个承前启后的阶梯与母体，推进了近代思想史上美学学科的确立。具有过渡性质的中国近代美学思想，其理论基础源于中国古典美学，同时受西方美学多元方法论的启发，形成了中国美学学科的雏形。

过去，学界较重视梁启超的政治思想，系统研究其美学思想较少。这种缺失不只影响对梁启超个人成就的客观评价，在一定程度上影响了对中国近代美学思想发展轨迹的科学认识。作为近代社会极富开拓性的思想家之一，梁启超是较早以开放自觉的心态，吸纳

---

① 梁启超：《清代学术概论》，中华书局2016年版，第146页。
② 陈学祖：《错位与融合：中国诗学范畴现代转型与西方美学、诗学——以梁启超"情感表现"为例》，《江汉论坛》2008年第12期。

西方思想文化的重要代表。崔大华在《庄学研究》中论述庄子对康有为、梁启超等近代学者的影响时认为，康有为的自然人性论虽然受到告子人性论观点的影响，但实际上这一根源可以追溯到《庄子》；还有康有为、谭嗣同等人提到的"心死""心力"也是受到庄子"心"论的影响。"人所以灵者，以心也。人力或做不到，心当无有做不到者……心之力量虽天地不能比拟，虽天地之大可以由心成之、毁之、改造之、无不如意。"① 梁启超在1900年3月1日撰写的《惟心》中，更直接地提出"境者，心造也。一切物境皆虚幻，惟心所造之境为真实"，并以同一月夜、同一风雨、同一黄昏、同一桃花、同一江、同一舟、同一酒等为例，论述"三界惟心之真理"。以上康、梁师徒两人的观点，是近代士林精英在社会时局之下，将中国古典美学中的"尊心"之旨阐发传扬的典型，在形成个人主张的同时，更将唯心之意推到了一个全新的高度。

在中西文化的交碰激荡下，近代中国面临着文化重建的重要课题。在"拿来主义"备受推崇之时，一味追求西化的学人从第一次世界大战的炮火中，认识到西方文化的某些弊端，并试图挖掘传统文化的价值，进而尝试中西、新旧文化调和的新路径。思想文化的多元交融促使史学出现了多元史观的解读方法；在宗教信仰、建筑艺术、统计分析等各领域也以多元结构、多元理念、多元方法为特征。道家在这一过程中充当了不可忽视的角色，庄子美学研究与接受也伴随着这一文化发展的需要，以其不可替代的特性在交叉、撞击、融合、重释的过程中发挥作用，成为聚合多元方法开展思想研究的重要载体。在这个意义上，梁启超学术思想的创构轨迹对中国近代学术发展产生了示范性的作用。

借助西方美学的推动，中国美学努力寻求中国古典美学思想的

---

① 谭嗣同：《谭嗣同全集·欧阳中鹄》，中华书局1981年版，第459页。

时代转型，中西文化相互会冲促进了中国近代美学的创生，并使之成为学科意义上的中国美学诞生的逻辑起点。"作为现代学术意义上的中国美学，不同于传统美学散在、感性、缺乏体系的存在形态，它建立在现代学术理念与思维模式下，具有一套自成体系的概念、术语及话语方式，而这些几乎完全来自于对西方美学理论的移植。"① 只是在输入与移植的过程中，经历了较长、较曲折的过程。虽然在19世纪末以前，已经有传教士和西方翻译作品涉及美学的有关问题，但那时还没有触及西方美学的本质。甲午战争后，西学东渐的方式发生重大的变化，从传播方法上由西译中述转入由邻国日本引入，传播内容由以科学技术为主向哲学社会科学等思想文化为主转变，中国美学学科的早期构建几乎是完全按照日本的模式进行的。

随着中西文学与美学的碰撞、渗透和交融，道家思想因其与康德、尼采、海德格尔等西方哲学家相契的特质成为中西互释、中西贯通的重要参照，庄子思想因此成为阐释的热点之一。如崔大华所说："迄至近现代，引进、传播西方思潮的中国学者，也每每援用《庄子》中的概念、范畴和思想来表述他们对西方科学或哲学思想的理解。可以说，正是具有深邃内容和宽广意境的庄子思想，在中国文化和异国文化之间架起观念沟通的桥梁，成为中国传统发展演变中的一个最活跃的理论成分。"② 西方众多思想家、美学家的理论能迅速对中国美学产生影响，老庄艺术精神的中介作用不可忽视。正是因为老庄艺术精神以"类似"或"潜在"的倾向，为西方的"异质"理论提供了本土化生长的土壤。对此，我们甚至可以说，这些学者的美学建构是以西方现代美学的概念为色相，而以老庄道

---

① 鄂霞：《中国近代美学关键词的生成流变》，博士学位论文，东北师范大学，2010年。
② 崔大华：《庄子：中国传统文化的自然主义源头》，《教学与研究》1999年第5期。

家美学精神为底蕴。① 徐复观还进一步以例证论述自己的观点:"假定把黑格尔所说的绝对精神王国改为庄子所说的'道',则仅就人的生命在此领域中能得到的这一点而言,实与庄子有共同的祈向。"② 这就比笼统地谈论中西方美学的异同更深入更具体,真正找到了思想交融的开放地带。

20世纪初,蔡元培、王国维、鲁迅等空前绝后的学术大师,以中西合璧的学术造诣开创了中国审美文化新的学术领域,使"美学"概念及相关理论在中国真正开始流行起来。当然作为中国美学学科的第一代建设者,他们的探求之路也是充满曲折的。以蔡元培先生为例,他主要受康德和席勒美学思想的影响,以教育家的身份认识西方美学,用超功利的审美教育理念推动美学思想在学科、课程上的建立,其美学主张具有明显的儒家思想基因。蔡元培于1901年发表了《哲学总论》,认为"哲学"一词所指甚广,包括了除自然科学、神学之外的所有理论学科。他还将哲学分为有象哲学和无象哲学,"而无象哲学,惟纯正哲学一科而已,其于理论上考究物、心、理三体之性质、规则,当为理论学无疑。将以何者为应用学耶?或曰:无象哲学之应用者,即有象哲学。然有象哲学中论理学、伦理学、审美学之类,其所归极之问题,用纯正哲学之所定,虽有可为纯正哲学之应用者,而未可为直接之应用"。③ 此处使用"审美学"的译法和对其功能的界定,已将审美与情感应用相联系,是认识上的一大进步。这种从学科角度的学术划定,加深了人们对美学学科的认识。蔡元培的美学思想主要渊源于康德,特别关注美育,著有《以美育代宗教说》《美术的起源》《对于新教育之意见》

---

① 蒋述卓、刘绍瑾:《古今对话中的中国古典文艺美学》,暨南大学出版社2012年版,第77页。
② 徐复观:《中国艺术精神》,华东师范大学出版社2001年版,第36页。
③ 蔡元培:《蔡元培全集》第1卷,中国蔡元培研究会编:《哲学总论》,浙江教育出版社1997年版,第358页。

《康德美学述》等，他认为所有生物的行动，都源于意志，而意志的存在离不开知识与情感的辅助，而纯粹的美育活动，就是要陶养人的情感，使人的品性更加高洁。1903年10月，蔡元培先生完成《哲学要领》一书的翻译，对美学作了进一步的解释："美学者，英语为欧绥德斯Aesthetics，源于希腊语之奥斯妥奥aesthesis，其义为觉与见。故欧绥德斯之本义，属于知识哲学之感觉界。康德氏常据此本义而用之。而博通哲学家，则恒以此语为一种特别之哲学。要之美学者，固取资于感觉界，而其范围，在研究吾人美丑之感觉之原因。好美恶丑，人之情也，然而美者何谓耶？此美者何以现于世界耶？美之原理如何耶？吾人何由而感于美耶？美学家所见、与其它科学家所见差别如何耶？"① 这是中国学者首次从"美学"概念的语源角度去解读美学的本质内涵，指出美学的本意并非汉语名词字面意义上所谓的"美"，而是"觉与见"，即"属于知识哲学之感觉界"。在此之前，由于对美学的定义及其含义片面理解，甚至可以说是对西方美学概念的一种误读。蔡元培还在《美学的进化》一文中探讨美学史的问题，为后来宗白华、朱光潜等学者的研究创设了学术基础。

王国维对于美学的贡献与其学术历程的典型意义密切相关。他在美学思想形成的早期，东渡日本求学，接受日本美学认识的痕迹比较明显；并且其美学思想和蔡元培一样，也是从教育起步的。1901年9—10月，他翻译立花铣三郎的《教育学》，发表在《教育世界》第9、10、11号，在谈到儿童早期教育时，多处使用了"审美""美感"等词，却未涉及美学理念和概念。1902年7月，王国维翻译了牧濑五一郎的《教育学教科书》，对教育学与其它科学的关系进行探讨，指出要使教学有生气有兴味，学习者也不感到疲

---

① ［德］科培尔讲述，［日］下田次郎笔录：《哲学要领》，蔡元培译，商务印书馆1903年版。转引自周佳荣《蔡元培著译书籍解题》，载《当代史学》第4卷第3期，香港浸会大学。

倦，离不开美学和修辞学的作用。这是他第一次使用"美学"这一词汇。也是在这一年，王国维正式由哲学领域进入美学领域。在他所译的《哲学小辞典》一文中，对"美学"概念作了首个定义式说明。"美学、审美学：Aesthetics。美学者，论事物之美之原理也。"① 指明"美学"所对应的英文为"Aesthetics"，而且以"美学"和"审美学"两词同时来对译，简章解释为美学是研究事物美的原理的学问。1903年7月，王国维又发表了《哲学辨惑》，提出"教育学者实不过心理学、伦理学、美学之应用。……今夫人之心意，有知力，有意志，有感情；此三者之理想。曰真、曰善、曰美。哲学实综合此三者而论其原理者也"②。此文虽名为哲学辞典，但却包罗万象，扩展至现代学科多个领域的概念名称，对"人类学""伦理学""论理学"（今译逻辑学）、"教育学""哲学""心理学""社会学"等学科都作了简单界定，不过其时王国维对西方现代学科的理解还不够全面和深入，很难从学科归属上做出明确区分，只是相对简单地将他们都归入哲学之中。

从学科内部视角出发，对"美学"独立学科地位的最早认识初见于王国维翻译出版的《哲学概论》，此书由日本学者桑木严翼所著，其中有一个章节从哲学角度，详述了西方美学思想演进及确立为独立学科的历程，书中还对西方重要哲学家、美学家有所介绍，包括柏拉图、亚里士多德、朗吉弩斯、伍尔夫、鲍姆嘉通、文克尔曼、莱辛和康德等人的学说，此外后文还提到了黑格尔、赫尔巴特和叔本华等人的美学主张，可见此书对西方哲学家及美学家的认识还是比较全面的。从对"美学"内涵的理解而言，已经触及了美学的独立地位、美学的学科归属、美学的研究内容、美学与美术（含义等同于现在的"艺术"）的关联等方面，虽然没有作出详细的表

---

① 王国维：《哲学小辞典》，《教育丛书》二集，教育世界出版社1902年版，第1页。
② 王国维：《王国维文集》第三卷，《哲学辨惑》，中国文史出版社1997年版，第4页。

述，但其内容所涉及的广度和深度却不容忽视。

此时，学界对"美学"概念的理解已经达到了一定的高度，铺就了中国近代美学理论体系化、形态学科化的坚实阶梯。但由于历史条件的制约，美学在引入中国之初就是充满忧患意识、负有社会责任心的中国学者意图实现经世济民的一种思想变革途径，因此，当时美学的本质更接近于一种具有思想解放、文化启蒙和革新作用的文化观念或精神力量，带有较深的社会功利烙印。尽管如此，近代这些学者大家深厚的理论功底、长期的艺术实践和独有的审美天赋，都使后来人望尘莫及。

在接受西方美学、诗学思想，建构中国美学学科的过程中，王国维等大师一方面努力推动着中国古典美学范畴实现时代转化；另一方面，由于中国传统诗学与西方美学、诗学是处于不同文化语境下、长期形成并传承的两套理论体系，他们也面对着一些困惑和问题，不得不对两种社会和文化环境下的美学、诗学进行反复权衡和品味，当然他们也有过犹疑、不解和彷徨。但他们以治学求真的精神和不断深入的解析走出了各自的理论探索之路，推动了中国古典美学的转型，推动了中国美学学科的建立以及美学研究的系统化。同时，在"学无中西"的呼声中向中国古典美学溯源，在继承与吸纳中使中国近代美学显现出独特的风貌，他们是中华民族新美学的开拓者与奠基人。

第二节　梁启超：淬厉采补，以趣味主义释庄

梁启超（1873—1929），字卓如，一字任甫，号任公，别号沧江，常用笔名饮冰子、饮冰室主人，其他笔名近 50 个。中国近代著名的启蒙思想家、政治活动家、教育家、史学家和文学家。

梁启超出身于广东新会世代清贫的农家，因早慧被邻里赞为

"神童"。12 岁中秀才，17 岁又中举人，因偶读《瀛环志略》一书，了解到世界各国的史地沿革、风土人情及社会变迁，他的政治思想和国家观念发生了重大变化，由此萌生了解西学的强烈愿望，企图通过"识"西人"沿革递嬗之理，通变强盛之原"，"以审中国受弱之所在"①，其救亡图强之情尤切。

拜师康有为是梁启超一生中思想和命运的重要转折。光绪十七年（1891），康有为在广州开馆授徒。次年，19 岁的梁启超经冯千秋介绍，成为康有为事实上的大弟子。当时梁启超已是举人，而康有为还只是一名秀才。梁启超入康门后一度担任万木草堂的学长，还承担部分教学工作。草堂实行书院制教学，以道、德、仁、艺为纲，以义理、考据、经世、文章为重要学科，同时穿插体育、讲演、旅游等内容，学习内容丰富。康有为重视个体的精神培养、追求理想社会的理念对梁启超产生了重要影响，使他发生了人生方向上的重要转变，不断地吸纳具有现代性的思想文化，由一味追求功名转而思考国家前途。在这三年里，梁启超完成了由传统士大夫向新型知识分子的转化，为其一生的事业找到了方向。

跟随着康有为，梁启超首先因其变法领袖者的身份受到世人关注。"公车上书"事件后，他又参与戊戌变法，期间还发表了多篇引起轰动的文章。变法失败后，他出亡日本，更直接、更广泛地接触西学。在古今交替、中外碰撞的动荡时代里，梁启超深感"今日之中国，过渡时代之中国也"。"中国数千年以来，皆停顿时代也，而今则过渡时代也。"② 半殖民地化一步步加深，西方资本主义政治和文化大量涌入中国，在中西文化第一次激烈交锋中，传统儒家伦理观念受到前所未有的挑战，甚至可以说在西方文化的冲击下，呈

---

① 梁启超：《饮冰室合集》第 1 册，《适可斋记言记行序》，中华书局 1988 年版，第 131 页。
② 梁启超：《梁启超哲学思想文选》，《过渡时代论》，北京大学出版社 1984 年版，第 43 页。

现出土崩瓦解之势。梁启超开始对传统文化作出反思和定位，对西方文化进行深入认识和思考，力争解决古与今、中与西的问题。在这种情势下，梁启超重拾书本，继续通过报刊发挥有力的思想传播作用。这期间梁启超的"新民说"等一批具有标志性的思想刊行传播，他还通过评议的方式，使一些新派学者的见识主张得到了较充分的展现。同时，因为在日本潜心读书的这段经历，他本人在治学方向上也出现了由"西学"向"东学"的转变，以当时的社会和历史现实作为宏大背景，新旧思想观念之间形成了一个较量的战场，并产生了较大范围的社会影响。探讨破解社会痼疾的良方，使梁启超思想的社会价值和启蒙作用更加凸显。

自1903—1917年期间，梁启超以政治人物与文化人物的双重身份活跃在历史舞台上。他的自由思想和独立人格开始显现，他与康有为的学术分歧也开始逐步公开。但尊从师道的思想使他在政治主张上屈从于康有为，断绝了与孙中山交往，重回保皇路线。1912年回国后，梁启超针对政治、经济、哲学、文学等问题发表了大量的文章与演讲，介绍了数十位国外知名学者及其学说。直到经历了袁世凯称帝、张勋复辟等事件后，梁启超撰文坚定地捍卫共和国体。1917年11月，他辞去段祺瑞内阁财政总长之职，将主要精力转向学术。

1918年，梁启超因身体健康原因中止写作。同年底第一次世界大战结束。梁启超亲自撰写了对德宣战宣言，作为民间代表获得一个到法国出席巴黎和会的名额。1919年2月，在梁启超为主张民族权益奔忙呼吁时，北京政府却将德国的殖民权益让渡给日本。此事经媒体披露后，引发了震惊中外的五四运动。离开法国后，梁启超借道欧洲游学。1920年3月回国后不久，梁启超开始回归国学。这种思想的变化都记述在《欧游心影录》之中，该文继《新民说》后开启了梁启超思考中国问题的新阶段。他把目光对准中国历史与传统文化，将主要精力投入到教育与学术研究之中，开始文学救国的实践历程，先后做了古典文学作品及作家研究、文学史研究、文体研究等，并撰写了数量较多的诗词集序跋。梁启超在研究文学的同时，从文学现象、文学作品和文学史中探讨美与哲学、与生活等诸多关系问题，他由学术触及现实，由文化塑造新国民的宗旨一以贯之，美学在他的思想体系中逐渐占据突出地位。这期间，梁启超还先后在清华学校、清华国学研究院授课，传播思想成果。

1923年开始，长期积劳成疾的梁启超因亲人、好友的离世备受打击，健康状况每况愈下，多次入院治疗，但收效甚微。1929年1月19日因病救治无效，梁启超在北京协和医院结束了56个春秋人生。

梁启超一生处于变革的时代，兼有多重角色，有着十分丰富的人生经历。他是从旧式科举走过来的秀才，也是参与戊戌变法的改革家，还是创办诸多报刊的新式学者。梁启超一生有五儿四女，均为各行业卓有成就之人。家庭满门俊秀应与梁启超个人的思想成就、重情率真的性格魅力和教育新民的理念有直接的关系。

作为一位百科全书式的大家，梁启超留下了以《饮冰室合集》为主体、几乎囊括了社会科学各领域，并旁及生物、天文、物理、化学等自然科学领域的著作，共计1400多万字。他关于庄子研究的思想成果主要有《庄子天下篇释义》《老孔墨以后学派概观》之《庄子》和《先秦政治思想史》之《道家思想》。其书房"饮冰"之名出自《庄子·人间世》中的"今吾受命而夕饮冰"。梁启超以此表达他对国家兴亡、民族苦难的无比焦灼，可见其忧世之深与责任之切，体现了他作为近代思想精英的精神风貌。同时在深悟世事之时，梁启超所处的社会现实与庄子笔下的"人间世"应是有大相径庭之感。

任何关于清末民初的学术研究，都不能忽略梁启超。在他涉及百科的思想体系中，最重要的还是政治思想和美学思想。关于梁启超政治思想的研究成果较为丰富。而关于梁启超美学思想的研究，从目前的研究现状来看，还多局限于以政治倾向取代学术研究，研究范围过于狭隘，一谈梁启超，往往就是其前期文学革命思想。进入 21 世纪以来，伴随当代美学的发展而逐步深入，开始寻求范畴之外的整体意义，并联系时代与群体的精神诉求，关注理论体系之外的人文内涵，在文论的古今转换、中西结合中，突显了民族传统文化在梁启超这样一个新旧时代过渡人物的手中实现的新生新育。①这种状况在梁启超美学思想研究渐渐有所改观。

梁启超在阐述政治思想时，方法灵活多变，既有对事实的精确分析与描述，也有对事实的反思与批判；既有对历史的考察，也有对未来的憧憬；既有中学的渊源，也在西学中寻找支持；既有大处着眼的宏观视野，也有从细微处着手的踏实严谨。由于方法上的多样化，梁启超的政治思想内容因此而变得丰富详尽。梁启超也可以说是运用多元方法阐述思想的重要代表人物。国家主义是梁启超最核心的政治思想，他在吸纳前人塑造理想人格观点的基础上，汲取西方的人文主义思想，以维持国家和个人两者之间的平衡关系为目的，国家和个人都被赋予了应有的重要性，既不能让国家完全剥夺个体的独立性，个体的自由也不能妨碍国家的整体利益和有机团结。他的最终目标是建立独立自主的新中国，对"新中国"的描绘见于《少年中国说》。在此基础上他提出了三种方案，分别体现在以中国为话题的系列政治小说《新中国未来记》《旧中国未来记》和《海外新中国》之中。梁启超期望通过塑造新国民来打造新国魂。"欲新吾国，当先维新吾民。"②"新民云者，非欲吾民尽弃其旧以从人也。新之义有二：一曰，淬厉其所本有而新之，二曰，采

---

① 刑红静：《梁启超文艺美学思想研究》，博士学位论文，苏州大学，2012 年。
② 《新民丛报》第 1 号本报告白，1902 年。

补其所本无而新之。二者缺一，时乃无功。先哲之立教也，不外因材而笃与变化气质之两途。斯即吾淬厉所固有采补所本无之说也。一人如是，众民亦然。"① 此话更明确地表示要从国民性入手，以个人道德重塑探求拯救社会的梁式方案。"淬厉""采补"是梁启超创构其学术思想体系的根本方法。

"新民体"是对梁启超文章范式的通称，与其思想特质一脉相承。他的文章思维活跃，笔锋时带感情，文字流畅通俗而又激情洋溢。他曾在《清代学术概论》中自陈其文体的来源和特点："启超夙不喜桐城派古文，幼年为文，学晚汉魏晋，颇尚矜炼，至是自解放，务为平易畅达，时杂以俚语韵语及外国语法，纵笔所至不检束。学者竞效之，号新文体。老辈则痛恨，诋为野狐。然其文条理明晰，笔锋常带感情，对于读者，别有一种魔力焉。"② 其门生吴其昌在《梁启超传》中，将梁启超的文体改革与章太炎、谭嗣同、章士钊等人比较，指出"新民体"具有强大的撼人力量："至于雷鸣潮吼，恣睢淋漓，叱咤风云，震骇心魂；时或哀感曼鸣，长歌代哭，湘兰汉月，血沸神销，以饱含情感之笔，写流利畅达之文，洋洋万言，雅俗共赏，读时则摄魂忘疲，读竟或怒发冲冠，或热泪湿纸，此非阿谀，惟有梁启超文如此耳。"③ 同时代学人黄遵宪赞扬他的文章"惊心动魄，一字千金，人人笔下所无，却为人人意中所有，虽铁石人亦应感动。从古至今，文字之力之大，无过于此者矣！"④ 严复对梁启超的文笔也极为认可，并十分赞赏任公经报刊文章传播思想，其作用超出学术传播之外，更对广大人民的思想革新产生深刻影响，为枯槁的民族精神世界带来信心和力量。

以其"新民"思想和"新民体"为典型特征，梁启超按照中

---

① 《新民丛报》第1号，《新民说（释新民之义）》，1902年2月8日。
② 梁启超：《清代学术概论》，中华书局2009年版，第128页。
③ 吴其昌：《梁启超传》，百花文艺出版社2004年版，第23页。
④ 丁文江、赵丰田：《梁启超年谱长编》，上海人民出版社1983年版，第274页。

西思想文化融合的思路，设计了以教育为主阵地，以传播、新史学、新小说为辅助的一套改造国民性、塑造新国魂的方法。对于当时的中国，报刊还是一个新事物，梁启超十分强调通过报刊的传播揭露帝国主义的罪恶行径、封建专制的腐朽统治和愚民政策，唤醒国人，解放思想；同时通过报刊介绍西方资产阶级政治思想、人权理论，帮助人们不断获得思想启蒙，建立新的价值标准。他重视并大力发展"最博大而最切要"的历史学，使"史界革命"后的"新史学"成为"国民之明镜也，爱国心之源泉也"①；之后，梁启超又论述小说塑造国民性的重要功能。在他看来，小说是各种文学形式中最适合广大群众欣赏水平和欣赏习惯的，是向民众灌输新思想的重要渠道，提出"故今日欲改良群治，必自小说界革命始；欲新民，必自新小说始"②。革新小说是改变人们的思想认识、道德准则、既定认知、风俗习惯、政治观点、审美倾向和人生追求的重要通道，小说对铸就新国民有着重要作用。在这一主张下，为使小说真正发挥新民作用，梁启超亲自创办《新小说》杂志，通过原创作品或翻译作品重塑国家与国民，并以小说《新中国未来记》拉开了"小说界革命"的帷幕。《论小说与群治之关系》（1902）是梁启超早期美学思想的代表性作品，文中提出小说"熏""浸""提""刺"的四种"移人"功能，为其"情感表现论"的形成埋下伏笔；同时，他还指出小说能摹"现境界之境"，能写"他境界之状"，就是说小说和诗词书画一样，也能开辟高远的境界。

在梁启超诗学理论体系的建构中，把对文学的社会价值关注逐步转移到个体价值上，他通过论文、演讲、词话和书信等一切可以交流和宣传的渠道，广泛传达自己对美和艺术的鲜明主张，《中国之美文及其历史》《中国韵文里头所表现的情感》《趣味教育和教

---

① 梁启超：《饮冰室合集·文集之九》，《新史学·中国之旧史学》（1902 年）。
② 梁启超：《饮冰室合集·文集之十》，《论小说与群治之关系》（1902 年）。

育趣味》等一系列论著的深度和广度与其前期美学思想相比，有了比较明显的提升和丰富。从中可以看出，梁启超赞赏并吸收了西方经验主义哲学、休谟的情感论和柏格森生命自由创造观，通过融合"趣味""兴味"和"情感"等美学范畴，融合创造了"趣味主义""情感表现论"等一系列诗学理论范畴，标志着其诗学理论体系的形成，凸显了关于美的问题思考的特色与深度。

梁启超是中国美学思想由古典向现代转型的重要代表人物之一，他的美学思想体系是扬弃和融合中西诗学的结晶。他的"趣味主义"是在"采补"和"淬厉"的过程中，在中西传统趣味理论基础上的一种现代性发明。"趣味"加"主义"的学说名词构成，前者体现了中国传统"趣味论"的根深蒂固，兼具审美情感性、实践性与超功利性。而"主义"一词则代表着西方知识学方法和严密理论体系。也就是说，"趣味主义"是建立在中国古典美学范畴基础上的，具有鲜明理论主张和自身特定逻辑规律的学说体系或理论。可以说，在对西方美学理论"采补"的过程中，在衔接中国现代美学与中国美学传统的脉络上，梁启超都是一位关键人物。

一 "趣味"在中国古典美学中的演化①

"趣"与"味"都是从人类生活的一般概念、由感官刺激衍化进入审美领域，进而演化成中国古典美学中的重要范畴。程琦琳曾把中国古典美学界定为"范畴美学"，其特点是"凭借范畴互释共通凝聚成范畴集团，而集团意识并不旨在构成封闭的阐释定域，而在于集团是开放的消散的集团，它既相互映摄，又辐射映照整个美学领域。"②"趣"与"味"就是这种比较典型的美学范畴。前文中

---

① 本节关于"趣味"演进的论述参见拙文《淬厉采补——梁启超"趣味主义"及其对庄子美学思想的吸纳》，《文艺评论》2020年第4期。

② 程琦琳：《中国美学是范畴美学》，《学术月刊》1992年第3期。

虽也有提到趣味，但因其在所论对象的思想体系中地位并不突出，所以未做细述，在此结合梁启超的"趣味主义"，将"趣"与"味"的美学发展路径做以梳理。

作为从生活概念中提炼出来的美学名词，"味"属于生理刺激，"趣"侧重心理活动，在两者演化的过程中，与文明的进程相一致，"味"比"趣"成熟稍早些，"味"在魏晋六朝时就已成为一个相对成熟的美学概念。《说文解字》中对"味"的解释是"味，滋味也。""味"本义就是指食物的客观属性或人品尝食物时产生的味觉，具有其客观性，同时也具有一定的主观性。"味"的范畴早期便与"道"相联系，老子以"道"为中心范畴和最高范畴，较早提到了"味"，尤其是强调"道"之淡而无味。而他所说的"淡味"或"无味"本身也是一种味，且因其没有实味的困扰而更具超感官的审美意味，其意与审美空白有着相通的韵致。可见，由最朴素的饮食而来的味觉感受与精神层面上的最高级享受实现了更直接的共鸣和相通。魏晋南北朝时期是"味"范畴的深化、确立时期。南朝宗炳"澄怀味象"的观点就是从老子那里继承了"味"的概念。宋朝文论家更进一步，注重用高低上下来评定诗词文赋中的"味"。20世纪90年代，《中国美学范畴词典》对"味"作出现代性的解释，指向了包含审美主体的审美活动和审美对象自身能为人所感知的审美属性，其实所对应的还是"味"的原始含义，可见古代先哲的智慧多么宝贵！

中国美学范畴体系中的"趣"萌芽于庄子，成型于宋代，风行于明清。"趣"在《说文解字》中解释为："趣，疾也。从走，取声。"[1]《辞海》对"趣"的解释为"一、旨趣，意旨；二、催促；三、通'趋'，急行。"[2] "趣"在古代语义中的原初意义就是趋向，

---

[1] 许慎：《说文解字》，中华书局1963年版，第35页。
[2] 《辞海》（缩印本），上海辞书出版社2000年版，第5521页。

快步走，通于"趋"，如《易·系辞下传》云："变通者，趣时者也。"周振甫注"趣时"曰："趋向四时、趋向时机。"① 又如《荀子·修身第二》云"趣舍无定，谓之无常"。这里"趣舍无定"的意思是"趋向或舍弃没有定准"②。就"趣"的原初意义而言，首先是一种心理刺激，然后产生特定的情绪、情感并引起某种活动，所以通"趋"。又如《礼记·月令》中有"趣民收敛""乃趣狱刑，毋留有罪"③ 等，"趣"在这里作催促之意，读音为 cu，在语言演化中又通假借于"促"。作旨趣、意旨之意是由其原初意义的引申义，如王逸《楚辞章句序》："虽未能穷其微妙，然大指之趣略可见矣"④，朦胧中已经包含有美感之意。《列子·汤问篇》记载俞伯牙弹曲，"曲每奏，钟子期辄穷其趣"⑤，"趣"在表达"曲中之意"时，已与音乐艺术发生关联。庄子在《秋水》篇说："以趣观之，因其所以然而然之，则万物莫不然；因其所以非而非之，则万物莫不非；知尧桀之自然而相非，则趣操睹矣。"刘文典注"以趣观之"为"以物情趣而观之"，"趣操睹矣"意思为"天下万物情趣志操可以见之矣"⑥。后又补论"操"疑为"捨"字之误。陈鼓应《庄子今注今译》中引成玄英疏此处的"趣"亦为："情趣、志操。"⑦ 按以上两位庄学家的注解，这里的"趣"已被庄子当作情趣、趣味、情致。"趣"在庄子这已经作为一个审美概念正式生根。到魏晋时期，"趣"成为品评人物、谈论风景的审美标准之一，其使用便自然地延伸到作画为文、谈诗论艺之中。在《水经注·卷三

---

① 周振甫：《周易译注》，中华书局1991年版，第255页。
② （战国）荀子著，杨朝明注：《荀子》，河南大学出版社2008年版，第78—79页。
③ 陈戍国：《礼记校注》，岳麓书社2004年版，第121—122页。
④ 吴广平：《楚辞全解》，岳麓书社2008年版，第570页。
⑤ 杨伯峻：《列子集释》，中华书局1979年版，第178页。
⑥ 刘文典：《庄子补正》下册，云南人民出版社1980年版，第529页。
⑦ 陈鼓应：《庄子今注今译》，中华书局1983年版，第421页。

十四·江水二》中，郦道元用"清荣峻茂，良多趣味"①来形容三峡风景，这便是自然景致引发了人的观看兴趣，并能够给人带来美的享受的实例，故而称之"良多趣味"。这种用法已表现出明显的审美意识。在目前的资料中，这是将"趣"与"味"合用的最早用法，到唐代时这种审美意义的用法有所增强，正式成型则在宋代。

"趣"与"味"在广泛用于文学艺术创作与欣赏时，分别形成了各自的审美概念群。兴趣、奇趣、意趣、旨趣、妙趣、雅趣、别趣、机趣、理趣等概念构成了"趣"为核心的概念群；意味、滋味、兴味、品位、玩味、韵味、情味、全味、味外味等概念构成了以"味"为核心的概念群。实际上，这些概念不仅在名称上大同小异，而且在意蕴上也是相融相通的。当艺术表达发展到单独使用其中任何一个概念都不足以传达艺术魅力之时，就自然而然地出现了并用、合用的现象，"趣味"之意由此诞生并不断发展。在这个合二为一的审美概念中，将"趣"置于前，突出了阅读鉴赏者在当下所体验到的内心舒畅；而"味"在后，则符合欣赏活动所产生的空间上弥散、时间上延长的效应，正与欣赏活动本身的规律相一致。"趣味"的演进线索体现了中国古典美学范畴形成的典型轨迹。

二 梁启超"趣味主义"的内涵②

梁启超的"趣味主义"超越了传统文论的趣味范畴，是其审美思想的核心，也是人生哲学的重心之一。他把学术生活化，把生活艺术化，以趣味建构其理想人格、诗意人生和理想社会，使趣味成为生活的原动力和艺术的本质，提升了人生的境界和生命的价值，

---

① （北魏）郦道元著，陈桥驿译注，王东补注：《水经注》，中华书局2009年版，第279页。

② 本节关于梁启超趣味主义的观点参见拙文《淬厉采补——梁启超"趣味主义"及其对庄子美学思想的吸纳》，《文艺评论》2020年第4期。

最终指向了启蒙新民、救国强国等现实问题。他把"趣味"从生活实践提炼为艺术概念,"趣味"作为纽带,连接了生活与审美。这样的趣味主义是精神的、审美的,又是现实的、生活化的,实现了"趣味"的初义回归和审美提升。趣味既是一种高级的美感的本质;同时要回归到日常生活,实现了光合作用的完成,收获枝繁叶茂、充满生机的生命景象。

在建构"趣味主义"内核的过程中,梁启超一方面通过对中国古典美学中不断演进的意蕴进行新释,特别是对道家的相关审美思想作出推阐;另一方面,他也注重采补和汲取西学中的学术观念和方法。在这一过程中,梁启超试图将两者完美糅合,以道家修养人性的特质批判地吸纳或中合西方思想,促进中西学在科学主义和人文情怀上互补并相融,从而完成理论创新和超越。

情感是灵魂,是趣味的基本要义,也是生成趣味的重要条件。梁启超在《〈晚清两大家诗钞〉题辞》中明确说:"文学的本质和作用,最主要的就是'趣味'。趣味这件东西,是由内发的情感和外受的环境交媾发生出来。"① 趣味本身就是一种情感反映,他所倡导的趣味教育实际就是一种情感教育,审美则是实施情感教育的重要手段之一。在中国传统趣味理论中,尚未明确涉及趣味教育的相关内容,他所推崇的休谟虽然对趣味标准、趣味教育等方面有过论述,但理论体系并不完善。梁启超在传承与吸收的过程中,建立了具有严密的逻辑性的趣味教育理论,既有对趣味教育的必要性、目的性的分析,又有对其现实性、可行性的论述,并且有鲜明的人本意识、中国立场和爱国主义精神。这是对西方"趣味"由道德概念演化而来的一种追溯,也是对中国传统趣味理论在实用层面的一种拓展。"趣味主义"所包含的趣味教育理论开拓了中国现代美育思

---

① 梁启超:《〈晚清两大家诗钞〉题辞》,《梁启超全集》第九册,北京出版社1999年版,第4927页。本节中所有《梁启超全集》引文,为行文方便只注出书名和页码。

想的广阔视阈，是中国现代美育思想的萌芽，对朱光潜、宗白华等人的美学主张产生了重要影响。

当然在情感的基础上，梁启超还关注理性与感性的交融，这种理性也应该是张扬感性体验的一种理性，这就很好地调和了趣味的情感本质与教育的现实价值之间的矛盾，完成了对传统趣味理论的继承和超越，实现了感性与理性、物质与精神、个体与社会、爱与自由、审美与实践等方面的互渗与交融，最终使之激发生活动力、满足美感享受、追求人性解放、丰富生命价值的重要途径之一。

透视梁启超的整个思想体系，可以看出他在美学思想的建构中，始终满怀着思想独立、人格完善和民族解放的热望，这一点是毋庸置疑的。但他并没有完全停留在这样现实的层面。"趣味主义"的思想价值在于对个体生命价值的真诚深切的关注，"凡人必常常生活于趣味之中，生活才有价值"[①]。每个人的生命活动要充满趣味，才能做到"乐业"，进而去创造更多的社会价值，这本身就是实现人的本质力量的对象化的过程。正是因为有着对个体生命及其价值的高度关注，梁启超才会从纷纭众说的先哲圣人中选择庄子。高扬自由、追求本真的庄子成为梁启超相隔千年的神交知己。在他的"趣味主义"之下，同样也关注到了"自然，一语以逼之，使如汤沃雪，实刷新人心之一良剂也"[②]，说明他对庄子的理解和选择并非只为建构自己的思想，庄子或许是他解除人生苦涩的一味良剂。他清醒地知道"人类一面为生活而劳动，一面也是为劳动而生活"[③]，"为活动而活动，为真理而真理，确是人类固有的良知"[④]，

[①] 梁启超著，夏晓虹编：《学问之趣味，梁启超文选下册》，中国广播电视出版社1992年版，第393页。

[②] 《梁启超全集·道家思想（其一）》，第3657页。

[③] 梁启超著，夏晓虹编：《敬业与乐业，梁启超文选下册》，中国广播电视出版社1992年版，第477页。

[④] 《梁启超全集·评胡适之〈中国哲学史大纲〉》，第3987页。

这是人之所以为人的生命本体意志的体现。从这些观点可以看出，梁启超已将趣味置于生存、发展和追求的普遍意义上进行探讨，并且希望通过教育革命促进人的个体实践，从而让趣味真正落地生根。

三 "趣味主义"对庄子美学的新释[①]

从中国传统文化渊源看，梁启超的趣味主义主要源于庄子及道家美学，在老子与庄子两者之中，梁启超尤爱庄子。他肯定人性之自然，倡导发挥人的自由创造精神的，主张"无所为而为"，与庄子顺其自然之道、复归人之本性，不为物役等思想一脉相承，梁启超"趣味主义"之趣味的精神审美特质是对道家清静无为思想的继承。

在梁启超的著作中，直接论述庄子的并不多，主要见于《庄子天下篇释义》、《老孔墨以后学派概观》之《庄子》和《先秦政治思想史》之《道家思想》三个单篇，体量虽然不大，但却让庄子焕然一新。世人常常认为庄子消极悲观，而梁启超却独树一帜地说："庄子之对于社会，非徒消极的顺应而已，彼实具一副救世热肠。"梁启超之所以能看到了庄子的救世热肠，一方面与其国家主义的政治思想相关；另一方面是他关注到精神的作用，只有将精神性的生命冲动外化为创造的自由，才能真正实现社会之进步，而这也是人性之自然的最好实现。"物质上之欲，惟患其多；精神上之欲，惟患其少。"[②] 要建设一个文明社会必须从精神入手，精神是源头，只有打开精神的阀门，才能真正走向文明。从价值作用的角度说，梁启超的趣味主义是生活的动力；从本质而言，他的趣味主义

[①] 本节关于梁启超趣味主义的观点参见拙文《淬厉采补——梁启超"趣味主义"及其对庄子美学思想的吸纳》，《文艺评论》2020年第4期，第25—31页。

[②] 梁启超著，夏晓虹编：《梁启超文选》上册，《自由书·无欲与多欲》，中国广播电视出版社1992年版，第234页。

实际是典型的精神审美。

梁启超有着乐生入世、积极求索的生活态度，与其从小所接受的儒学为主的教育直接相关。他四岁开始启蒙，接受传统的文化熏陶，六岁进入私塾，开始学作八股文，十岁赴广州参加童子试，十二岁中秀才，十七岁中举人。从幼年习学到成年后拜师康有为求学，可以看出他所受的儒家教育与传统思想熏陶之深。梁启超曾说过："我自己的人生观，可以说是从佛经及儒书中领略得来。"[①] 他以高度的社会责任感积极参与社会变革，以激情万丈的文字呼吁宣传、启蒙民众，这是儒家传统最鲜明的体现。

从美学思想来看，梁启超受道家思想的影响更深。他十分关注感性体验，在反映其美学思想的重要篇目《惟心》的开头写道："境者，心造也，一切物境皆虚幻，惟心所造之境为真实。"[②] "心境"与"物境"在这里构成了一对相反相成的范畴。"天地间之物一而万、万而一者也。山自山，川自川，春自春，秋自秋，风自风，月自月，花自花，鸟自鸟，万古不变，无地不同。然有百人于此，同受此山、此川、此春、此秋、此风、此月、此花、此鸟之感触，而其心境所现者百焉；千人同受此感触，而其心境所现者千焉；亿万人乃至无量数人同受此感触，而其心境所现者亿万焉，乃至无量数焉。"[③] 那么心造之境是什么样的那？"是以豪杰之士，无大惊，无大喜，无大苦，无大乐，无大忧，无大惧。"[④] "惟心"所源之"纵其心"并非放纵心意于外物，而是要使心境脱离物境束缚，追求内心充分的自由。这种境界正与逍遥之境相承相通。

梁启超对道家哲学的认识随着年龄和阅历的增长而不断深入，

---

① 梁启超著，夏晓虹编：《梁启超文选》下册，《东南大学课毕告别辞》，中国广播电视出版社1992年版，第495页。
② 《梁启超全集·惟心》，第361页。
③ 《梁启超全集·惟心》，第361页。
④ 《梁启超全集·惟心》，第361页。

晚年的梁启超在儒道释之间游刃有余。他认为儒家哲学与西洋主知之学不同，儒家哲学可称为"道学"，或称为"儒家道术"。"要想较为明显一点，不妨加上一个'术'字，即《庄子·天下篇》所说'古之道术有在于是者'的'道术'二字，道字本来可以包括术，但再分细一点，也不妨事。道是讲道之本身，术是讲如何做去，才能圆满。儒家哲学，一面讲道，一面讲术；一面教人应该做什么事，一面教人如何做去。"① 在梁启超看来，老子也好，孔子也罢，都带着权谋的意识。他不喜欢老子所言的知雄守雌、知白守黑之类的智慧，认为这样的话正是使社会形成流弊的原因，如果人人都学成老子这样的心机，社会就会变得很可怕，人心也就不知道会隔成多少层壁障。而庄子的追求则比老子更为难得，教人不去过分执着于一时的高低对错，要把眼光放远，心境放宽，才能真正地走近理想世界。

正是这一思想的指导下，梁启超在一次演讲中，直接引用《庄子·齐物论》开头"天与我并生，而万物与我为一"之句，来对比庄子和孔子的思想，指出两人达到这种境界的方法在本质上存在差别，即"游方之内"与"游方之外"。这段话直接道明了梁启超对庄子的高度认同，他认同庄子的率性天真，更认同的是庄子对人类终极进化的目标的描述，即"天与我并生，而万物与我为一"。独与天地精神相往来，从而达到绝对的自由，这是梁启超在庄子的指引下对哲学、对人类未来的理性认识。

（一）梁启超"趣味主义"的趣味之源

1922年8月13日，梁启超在上海演讲时，概括论述了趣味的三种源泉，分别为"对境之赏会与复现""心态之抽出与印契"和"他界之冥构与蓦进"。② 梁启超在这里所用的"境""心"和

---

① 梁启超：《梁启超论儒家哲学》，商务印书馆2012年版，第6—7页。
② 《梁启超全集·美术与生活》，第4017—4018页。

"冥"这样的概念都是庄子美学中常用的美学名词。而这三个源泉也是相互递进的，由可以复现的"物境"到可以抽离"心态"，再到他境界的冥构，都是梁启超对其早期《学约》《惟心》中境界说或静观论的扩充演绎，在《论小说与群治之关系》《德育鉴》中亦存在明确的发展线索。他把趣味与文学紧密结合，要求审美主体与客体之间高度融合，使之成为审美评价的重要标准，甚至成为艺术的本质要求。通过梁启超对趣味三种源泉的诠释，可以看出都是通过人的心理感受来实现和发挥作用的，而且与庄子美学的精髓契合。

首先，"对境的赏会与复现"是心理感受与感受再现，他强调着人不分身份和环境，必然都需要对自然事物产生美的体验，这种体验能够带来超出一切疲乏的趣味，在任何时候亦能回味，并且这种美感不会减少，这就是说趣味产生于人对具体的美的形象的感性认识，具有美的形象性与意象性特征。美感不是来自理性的分析，也不是来自凭空的想象，而是通过情感和想象对形象进行感受和把握的过程。境界可造者，也正是趣味的来源。这与他所说的"境者，心造也。一切物境皆虚幻，惟心所造之境为真实"之意是一致的，这种境界更为真实。

与第一种来源恰好相反，趣味还可以通过"心态之抽出与印契"而实现，这就是把内心的感受进行抽离、转移，促使产生新的契合。梁启超用审美经验解释社会化带来的一些较为普遍的心理现象，人一旦遇到让自己觉得痛苦的事，如果能够倾吐出来，或者身边人能够感受到这种痛苦并代替他进行表达和倾诉，人自身的痛苦就会有所减少。梁启超解释说人心中有个微妙的所在，只要搔着痒处，便把微妙之门打开了，那种愉快应该就是俗话说的"开心"。

这也是获得趣味的又一条路径。① 所谓的"微妙之门"归根结底指的是一种审美心态的建立，也就是说美感产生于由感知到反思的过程之中，仅有感性的快感与不快是不够的，还要将其上升到理性的愉悦感才能获得美感的享受。这种对心理和情感把握与庄子美学直接关联。梁启超通过对趣味产生的论述，既强调了情感表现和情感认同的重要作用，也指出了情感陶养是教育发挥作用的前提和促动。当人能够在情感世界感受到趣味，就会不自觉地为他人的获得而愉快，为他人的失去而伤感，会使自己的内心情感与事物的损益相关联，从而实现物我齐一。

最后，趣味还可能来自"他界之冥构与蓦进"，这是指通过心理想象塑造的意境，可以超越现实的束缚从而获得趣味之感，这种想象得来的境界往往是人在现实中体验不到的。它像生活中的桃花源一样，不可苛求，却又真实可感，甚至有时代表的就是人们可望而不可即的一种理想状态。这就似庄周梦蝶一般，让人难以分清感受的来源是真还是幻，却让人永远心存着一种怀想和期待。

梁启超所议的这三个趣味之源，看似没有关系，却实际上却有着清晰的逻辑，勾画出了由人与自然、人与人、人与自己这三对映衬物之间的微妙关系，这些关系本身就是趣味之所在。对于社会真实生活，梁启超提出获得趣味的四个渠道：劳作、游戏、艺术、学问。他把趣味与艺术紧密结合，要求审美主体与客体之间高度融合，使之成为审美评价的重要标准，甚至成为艺术的本质要求。无论是直接的心理感受还是再现的心理感受，无论是感受的转移还是想象的超越，都可以在美感的体验中摒弃功利性，激发人们的趣味感，进而走向自由的天地。梁启超强调"为学问而学问"，"为趣味而学问"，"深入地研究，趣味总是慢慢地来"。研究者享受趣味

---

① 《梁启超全集·美术与生活》，第4018页。

愉悦的过程中就像"冬天晒太阳的滋味尝得舒服透了，不忍一个人独享"①，最终要表述为学术成果，为大家所共享，这样的学术成果会有极大的趣味性。

（二）梁启超"趣味主义"的趣味之境

梁启超论述趣味主义的文章，让人在酣畅激情的文字间受其感染。梁启超主张以趣味始、以趣味终，称自己的人生观是"以趣味作根柢"。他要求有一种可以终身享用的趣味，否则总会有"没兴一齐来"的时候，"闹到没趣便破坏了我的趣味主义"②。"既已主张趣味，便要求趣味的贯彻，倘若没有以趣味始以趣味终，那么趣味主义的精神完全崩溃掉。"③他认为无论成败都要有趣味，"成功和失败不过是相对的名词"，"宇宙间的事绝对没有成功，只有失败"。梁启超用"趣味"的概念使矛盾双方得以融合，融合的前提是生活的趣味，融合的结果是生活时刻充满趣味和价值，生命常常充满意趣和活力。

同时，梁启超认为趣味应该有一定的标准，可分出高低上下或者好与不好，这就是指出趣味有不同的层次和境界。虽然他不拿严酷的道德论作为标准，但他还是以明确的好恶来区分，趣味的性质有好与不好之分，好的趣味必然是有益于生命、有益于社会、而且能够长期贯彻的；而对于建立在他人苦痛之上的快乐和趣味，带有欺骗性质或者是短暂不可持续的趣味，他都称之为下等趣味，甚至认为根本不能称为趣味。比如人的某些嗜好或低级趣味，也就是说趣味有其普遍的社会价值，超越社会道德律令之外，又在道德律令

---

① 梁启超著，夏晓虹编：《梁启超文选》下册，《学问之趣味》，中国广播电视出版社1992年版，第395页。
② 梁启超著，夏晓虹编：《梁启超文选》下册，《学问之趣味》，中国广播电视出版社1992年版，第394页。
③ 梁启超著，夏晓虹编：《梁启超文选》下册，《趣味教育与教育趣味》，中国广播电视出版社1992年版，第469—471页。

范围内获得了自由，能获得社会的普遍赞同，符合社会的整体价值观。这也是梁启超一个重要的趣味标准。可见趣味在其人生观价值观中的重要地位。

在趣味的基础上，梁启超有着十分充沛的情感表达。也许是由于儒学修为的影响，在研究庄子、接受庄子的过程中，梁启超还无法做到庄子洞若观火般的清醒和超然世外的豁达，他的感情十分丰富，并且一般都不会加以控制、压抑，而放任其自由发展。"我是感情最富的人，我对于我的感情都不肯压抑，听其尽量发展。"[①] 有时会因任情而动，出现自己推翻自己、前后矛盾的行为，引来"流质易变"的批评，甚至是"研究系阴谋家"的谩骂。对此，梁启超本人早已意识到，并认为是注重情感生活的人必然会产生的情况，而且没有什么坏处，相反是活力的重要源头。[②] 从这段话可以看出，梁启超已经深得道家自然本真率性无为的要义。当然，他所推崇和评述的庄子在一定程度仍有儒学的明显痕迹，有时甚至可以说，是一个糅合了庄子美学思想和孔子济世情怀的合成体。从思想本身看，梁启超构建了一个更加丰富厚重的体系，也是之所以称其为思想大家的原因之一。

在《庄子学派概观》一文中，梁启超多处引述庄子之语，用来教诫年轻人。他对"其耆欲深者，其天机浅"解释说，学者宜游心于高尚，而那些贪恋物欲的人都是天赋智慧不足的人，其品格亦不会高。对"自事其心者，哀乐不易施乎前"，他提醒在好胜心较强的青年时期，只有注重自我修养的人，才能免除悲哀和欢乐带来的影响，能安于处境，做到顺应自然。他用"有人者累，见有于人者忧"劝导青年学生成年后，可以一种游离在"有人"与"见有于人"的状态，利用大好时光来丰富修养、打固根基，这样才能获得

---

① 《梁启超全集·"知不可而为"主义与"为而不有"主义》，第 3411 页。
② 《梁启超全集·外交软内政软》，第 3410 页。

长久的修为，成为社会改造的有志之人。他还强调"用志不纷，乃凝于神"，一个人做事要精神集中，不分大事小事，都能一以贯之，这样的人必然会成大事。梁启超用《庄子》文句解读庄子思想，也阐发自己的思想观点，"以上四条，吾生平所常服膺者，今述以赠诸君。其于庄子之意果有当焉否，则非吾所敢知也"①。以上这四句庄子之言，既是庄子教人修养身心的捷径，更是梁启超人生智慧的提炼升华。因为对庄子的推崇，梁启超对屈原、陶渊明所做的"情热"之评，也表达出自己独到的见解。他将儒、道两家的影响融为一体，也把佛家义理融进了庄子，成就了他独特的释庄方式。而具体到梁启超个人的行为上，他一方面强调自我超脱，一方面又为社会事业奔忙。他希望所有人都能如庄子、屈原、陶渊明甚至像他本人那样热烈、正直、执着。同时他也希望庄子可以救世，可以济民，可以安天下，这应该是梁启超终生不渝的理想。

梁启超将趣味之境延伸到人生之境，肯定庄子之"真我"的存在，他认为正是"真我"使庄子调和了真心和物欲的矛盾，寻求到人生的意义，他以为庄子的思想是大乘佛教的思想渊源之一，有以佛释庄的意味。在《庄子学派概观》中，梁启超进一步具化"真我"的形象，他通过《庄子》内七篇围绕"真我"一线，将七篇的逻辑关系明晰理清。首先，这个"真我"是无己、无功、无名的化身，这就与儒家传统立功、立名、立德之标榜有了本质的区别；继而要摆脱知识、时间的束缚，实现物我平等，超然是非。梁启超说，"全篇关键，在'小知不及大知，小年不及大年'二语"，他还以佛法来推断"天地与我并生，而万物与我为一"，只有做到以万物的一般特性来看"我"，方可进入"物化"的境界，实现平等、自然。然后又通过论述庖丁解牛的哲理，具体地谈了如何实现

---

① 《梁启超全集·庄子学派概观》，第3315页。

游离客观之形、游离主体之形,称之为"以神喻不以目视",能契合真我,则虽在世间,而得大自在。这篇主眼在"安时而处顺,则哀乐不能入也"。对于处世之道,庄子也有同样的解释,在《人间世》中以"形莫若就,心莫若和"追求生命的自我完善与精神的绝对自由。梁启超认为"此篇极言真理与世谛不相妨碍",又指出这里写出了人类心理状态的微妙,需要顺其自然又因势利导,全篇的主眼在"人皆知有用之用,而莫知无用之用也"。

随后,梁启超对庄子《大宗师》所议实现"真我"境界的途径也作出了评述,称其乃"行菩萨行"。这也是梁启超以佛家义理释庄的典型反映,即要以道为宗师,按道修身行事,由此推及帝王之道。梁启超对庄子的"内圣外王之道"格外看重,他说"庄子著书之意,将以明其暗而发其郁。契合真我者,内圣也。不离现境者,外王也。明此纲领,可以读《庄子》"①。至此,可以说梁启超通过"真我"这一主线,将《庄子》七篇梳理完毕。在梁启超的阐释下,庄子的"真我"不仅仅是精神的绝对自由,更细化具化到各层次各类型的人生际遇之中。也可以说,梁启超是在吸收庄子美学构建趣味主义的过程中,促进了对庄子人生哲学的深悟。

同时,对庄子美学思想的阐释与接受,也在一定程度上加深了梁启超对道家学术思想和其他相关释庄学人的认识。对于章太炎,他肯定了以佛学解读老庄在理论上的贡献,称赞其"为研究庄子哲学者开一新国土",却也指出"间有牵合处"。② 其实梁启超就是围绕与佛教学理极相似的"真我"二字解读《庄子》内篇。虽然他认为《庄子》内篇并非全部为庄子本人所作,但还是十分肯定内七篇对于《庄子》一书和庄子思想的重要作用,既是全书的纲领,更

---

① 《梁启超全集·庄子学派概观》,第 3310 页。
② 《梁启超全集·庄子学派概观》,第 3104 页。

是解读的焦点,"解此七篇,则读他篇庶乎无阂也"①,反映出他阐释庄子内篇的初衷。在梁启超看来,庄子的表达并非一般意义上的言说,在一定程度上遵循着"真我"存在的科学规律,使其有了现代本体论的意义。梁启超的接受和阐发因此又别开生面。

(三) 梁启超"趣味主义"的趣味之旨

一方面,梁启超把趣味主义作为生活动力,从本质上追求精神审美。他的内心与道家摒弃物质文化的特质契合,并且同样关注高尚的精神文化,而这正是他倡导的趣味主义的意义,要指引人把对"内生活"的追求作为人生最高标准,以达到自由自在的精神境界。也就是"无所为而为",生活的艺术化。他解释《道德经》中"常无,欲以观其妙;常有,欲以观其徼"。"常无,就是常无为;常有,就是无不为。"② 无为无不为,无所为而为,是梁启超认为能够达到精神自由的理想境界的最佳路径。同时,他也没有蔑视"外生活"的重要性,没有完全否定物质本身的价值。在这一点上他认为自己看到了道家的不足,指出"老子庄子所活动之遗迹,与其主义矛盾"③。在他看来,道家对物质和精神、为与无为的辩证认识是值得推崇的,而对完全抛却物质欲望、去追求精神自足,他并不赞同。其实在这一点上,梁启超更为理想化,他的理想化就在于期望实现物质和精神的完美结合。

另一方面,梁启超又把审美趣味落实到现实生活之中。对于社会真实生活,梁启超提出获得趣味的四个渠道:劳作、游戏、艺术、学问。他在《趣味教育与教育趣味》中反复强调:"趣味是生活的原动力,趣味丧掉,生活便成了无意义。""趣味干竭,活动便跟着停止","人若把趣味丧失掉的时候,老实说,便是生活得不耐

---

① 《梁启超全集·庄子学派概观》,第 3309 页。
② 梁启超著,夏晓虹编:《梁启超文选》下册,《老子哲学》,中国广播电视出版社 1992 年版,第 279 页。
③ 《梁启超全集·先秦政治思想史》,第 3658 页。

烦，那人虽然勉强留在人间，也不过行尸走肉"，"趣味的反面是干瘪，是萧索"。"我虽不敢说趣味便是生活，然而敢说没趣便不成生活。"丧失趣味，"生活便成了无意义"，这"活动便跟着停止"，这就是说趣味必须实现感受性与行动力的统一，一个也不能缺席，否则趣味不成趣味，生活不叫生活，活着也如同死亡。相反在有趣味的生活中，工作就是享受，劳动就是艺术，生存就是解放。在这里，梁启超实际要强调就是他对美的理解和推崇。在人类社会生活的诸多要素中，美是人类生活的第一要素，美的获得就是趣味的获得，"倘若在生活内容中把'美'成分抽出，恐怕便活得不自在甚至活不成"。而美的功用就体现在趣味上，生活与趣味在梁启超心中是一对不可分割的概念，如同他的人生观一样，生活就是责任心的代表词，但责任意味着重担，让人辛苦，就需要用"趣味""兴味"进行调和，人实现这样的调和统一就会在现实生活中找到趣味，获得快乐。这种调和而成的趣味与传统文论中纯粹陶冶性情、满足个人闲情雅致的趣味有着很大区别，是审美化生活的体现。从文学艺术到现实生活，从人生哲学到教育理念，梁启超把趣味贯穿到宏观的社会生活之中，也渗透进个人的微观世界里；既是为社会开具的处方，同时也为个体生存点燃希望。

梁启超作为中国美学思想转型的重要代表之一，他的趣味主义不仅开拓了文学批评的新视角、新天地，而且也为中国现代美育思想提供了极有价值的指导。他在融合西方近代思想对"趣味主义"进行再创造时，自然而然地汲取了有关理论，如康德的审美无功利理论，对趣味融入教育作出了较详细的论说，称"教育事业，从积极方面说，全是在唤起趣味；从消极方面说，要十分注意不可以摧残趣味"。"'趣味教育'这个名词，并不是我所创造，近代欧美教育界早都通行了。但他们还是拿趣味当手段，我想进一步，拿趣味当目的。"① 柏格森的直觉创化理论对梁启超趣味主义的完善也有直接的影响。欧游期间他精心准备并直接拜访了"十年来梦寐愿见之人"柏格森。"一见皆成挚友，最足快也。"② 之后，梁启超多次在文章中对柏格森的理论大加赞扬，正是受其影响，他在反思与批判现代科学主义的基础上，通过趣味主义完成对生命本质的探寻、对个体生命活力的激发、对自由创造的肯定、对个体主体性影响社会进步的认同。梁启超指出了趣味对教育的重要价值，在他启蒙、新民、救国的理想中，趣味与人和社会的发展直接关联起来。

在中国传统文化和西方现代文化间自由穿梭的梁启超，研究学问并能将学术问题表达得趣味横生，这对当今学界无疑具有重要的借鉴价值。梁启超说："人类为理性的动物，'学问欲'原是固有本能之一种。"我们要"为学问而学问"，"为趣味而学问"，"深入地研究，趣味总是慢慢地来"。研究者享受趣味愉悦的过程中就像"冬天晒太阳的滋味尝得舒服透了，不忍一个人独享"，③ 最终还是要表述为学术成果，为大家所共享，这样的学术成果自然会有极大的趣味性。梁启超在对中国古代经典作家和作品的研究中，总结性地指出，艺术家"最要紧的功夫是要修养自己的情感，极力往高洁纯挚的方面，向上提掣，向里体验，自己腔子里那一团优美的情感养足了，再用美妙的技术把他表现出来，这才不辱没了艺术的价值"④。对艺术家高尚情感的强调，也就是要求艺术家的个人趣味应该和个人的社会责任感相统一，是他的趣味理论在艺术家身上的贯彻。梁启超在不抹杀多元艺术个性、不否定艺术家多元趣味的前提

---

① 梁启超著，夏晓虹编：《梁启超文选》下册，《趣味教育与教育趣味》，中国广播电视出版社1992年版，第470—471页。

② 《梁启超全集·致梁仲策》，第6024页。

③ 梁启超著，夏晓虹编：《梁启超文选》下册，《学问之趣味》，中国广播电视出版社1992年版，第395页。

④ 。梁启超著，夏晓虹编：《梁启超文选》下册，《中国韵文里头所表现的情感》，中国广播电视出版社1992年版，第23页。

下,重提了艺术家身为知识分子的社会责任感,对我们正确看待当今的文化现象,建设新文化具有一定的启示意义和实践价值。

梁启超的趣味主义并非理论上的空谈,而是一个成熟的理论体系,有着严密的逻辑和可行性方案。这与其文化立场、为学方法和关注现实、重视人性的态度是分不开的。虽说"趣味主义"中不乏脱离现实的浪漫主义,但是梁启超的总体态度始终是面向现实的。从梁启超一生的履历我们不难发现,他不仅是一个思想家,更重要的是一个实践家。他"趣味主义"的终极指向就是艺术人生的建构,所以他没有仅仅在理论层面上要求实现人生与美和艺术的协调统一,而是时刻不忘艺术、美与现实实践的关系,切切实实地要通过趣味教育在全体国民身上实现艺术与人生的融合,因为他认识到个体人格的完善、个体生活的艺术化是与宇宙进化、国富民强相一致的。

梁启超从现实问题出发,重视学用相谐,他以趣味研究学问的态度,以文学性语言阐述学术问题的方法,在学术与文化问题中,以民族传统与前途命运为最基本的价值取向,体现出自信开放、兼容并包的学术风格,在今天西学横行的时代,其学术体系和鲜明特色依然有着重要的当代意义和实践价值。他的"趣味主义"很明显地体现出对中国传统趣味理论、西方趣味学说的化合整一,形成了"以西释庄"的特点,给我们带来了文化立场和为学方法的启示。他不仅有深厚的国学功底,亦有十分坚定的民族文化立场,但对于异质文化又采取兼容并包的开放胸怀,这是实现他自己的理论化合和超越的前提。

第三节 王国维:集成发展,以庄融通中西

王国维(1877—1927),幼名国桢,字静安,又字伯隅,初号

礼堂，晚号观堂，又号永观，谥忠悫。中国近、现代相交时期享有国际声誉的著名学者。生前刊行《静安文集》《观堂集林》等著作六十余种，论文散见于《教育世界》等书刊。后人整理出版的遗作、选集、全集等无以计数。

王国维生于浙江海宁市盐官镇双仁巷的书香之家，不仅家庭条件富足，而且文化修养较深。其父王乃誉，字与言，号莼斋，是宋安化郡王三十二世裔孙，在治家经商的同时，还擅长书画、篆刻、诗文。王国维从小聪颖好学，4岁时丧母，便由叔祖母照顾。7岁开始进入私塾，其父给予他国学基础的较好指导。青少年时期，王国维已博览群书，不仅涉猎儒、道等传统文化，而且初步接触维新思想。16岁时入州学，考中秀才，与叶宜春等三人并称"海宁四子"。此后他开始广泛了解史学、考据学及新学。遗憾的是在其后两次科举应试中均未中弟。1894年，王国维考入崇文书院，中日甲午战争的惨败让他痛心不已，此时"始知世尚有所谓新学"，当时由于家里条件所限，他求知新学、游学西欧的愿望很难实现，一度郁郁寡欢。

虽然王乃誉家道不如从前，但始终重视王国维的意愿，为了培养王国维托请相关人士介绍到留洋学堂。1898年正月，王乃誉亲自陪送王国维由水路抵达上海，进入当时维新派创办的《时务报》馆。1898年2月，《农学报》主编罗振玉创办了上海东文学社专门为留学、翻译人士教授日文，王国维有幸加入，开始学习日文，兼学英文及数理等知识，由此打下了中西学相融的学术基础。王国维的人生也从结识罗振玉之后，有了新的起色，他一生的生活与学术都在其扶持之下。罗振玉可谓王国维在动荡世局中的依靠。

从1898年到1906年期间，王国维先后在南通师范学校、江苏师范学堂任教。其中在1900年冬天，他在罗振玉的资助下赴日本东京物理学校学习了不到半年的时间，由于水土不服脚气病发第二年夏天便回国返乡。正是在这一时期，他的学术研究转向了哲学领域，进入了既有深度又有广度的阶段，是中西学融合的良好开端。在他主攻的哲学领域，以研习和介绍康德、叔本华、尼采等人的哲学为主，兼收西方伦理、心理、教育等学科理论，同时向中国古典哲学求溯。1906年罗振玉调任学部参事，王国维跟随暂住罗家；当年8月，其父王乃誉因病去世，王国维回乡守丧制，期间在《教育世界》陆续发表文章，于《文学小言》中首次从宋词中提出三阶段说，是其三境界说的缘起。

1907年4月，31岁的王国维在罗的推荐下，赴京学部总务司行走，担任学部图书馆编辑，主编译及审定教科书等事。[①] 这以后，王国维的研究视角转向文学，成为全面地向国内介绍托尔斯泰、莎士比亚和拜伦等文学大师的第一人，这些外国文学作品进入中国，影响了一大批学人。随着对文学作品的深入研究，促进了王国维对美学的关注。在吸取西方美学思想的同时，他对中国古典美学、诗话、词学等进行了广泛研读，撰写代表作《红楼梦评论》《静庵诗稿》及《人间词话》等传世之作。

1911年，王国维二度赴日本，这次旅居时间较长，并有罗振玉的照拂，在政治上罗振玉把王国维带上了歧路，在学业上则始终赏识并支持他。王国维和罗振玉共同研究戊戌前后新发现的殷墟甲骨文。这是乾嘉学派前辈所未见过的新资料。[②] 他潜心经史小学，从古名物到古建筑，从古文字到古书籍，从词赋到戏曲研究，均有重大突破。同时他结合时局与个人经历，创编诗集《壬癸集》。这一期间写就戏曲史研究上具有总结性意义的《宋元戏曲考》。1914年，协助罗振玉编辑《国学丛刊》。

---

① 孙敦恒：《王国维年谱新编》，中国文史出版社1991年版，第23页。
② 孙敦恒：《王国维年谱新编》，中国文史出版社1991年版，第5页。

1915年3月，王国维携家眷回国，返故里扫墓，短暂停留后又携长子与罗振玉同赴日本。至1916年2月9日回到上海，在《学术丛编》任编辑主任，兼仓圣明智大学教授。期间与罗振玉书信往来较多，探讨其甲骨文、商周史研究成果，并谈及时局。1918年1月和7月，他两次推辞了蔡元培的北大之聘。5月，在上海为长子潜明完婚，儿媳即罗振玉之女罗孝纯。而后，为张勋撰文《南池篇长篇》。1919年协助沈增植编摹《浙江通志》等。1921年又拒绝马叔平代表北大的约聘。这一期间完成了《观堂集林》《艺林》《史林》《永观堂海内外杂文》等。

　　1923年4月16日，接废帝溥仪之旨，王国维与杨钟羲、景方昶、温肃均着在南书房行走。5月25日，由上海乘船北上；28日至天津；31日到达北京，出任"南书房行走"。这期间，王国维曾受命检理景阳宫藏书，有幸得以饱览大内所藏，得溥仪恩赏其五品衔。这一年，王国维历时两年完成《密韵楼藏书志》，此书稿按经文子集分部，书志中著录各书皆有提要，详述版本源流及诸本异同，堪称治目录学之典范，初藏蒋氏家中，后流入香港，下落不明，至今未见印行于世。

　　1924年10月，二次直奉战争开始，冯玉祥回师北京发动政变，驱逐溥仪出宫，改其部队为"国民军"。继之联合奉系军阀张作霖，推出段祺瑞为北洋政府临时执政。11月，清华大学创办大学部和国学研究院，力邀王国维赴任院长一职，处境艰难之时，王国维选择任教职而推却行政职务。这一期间，他的古文与历史学功底得以彰显，与梁启超、陈寅恪、赵元任、李济被称为清华五大导师，名耀教坛，更星辉学界，培养了一批文字学、历史学、考古学专家学者。同时，他自己对殷周、甲骨、钟鼎等小学研究更加深入，成果丰硕之至，且多为独树一见的新创。这一时期王国维的学术奉献和教坛雅事使他更为中外学人所敬重。

1927年6月2日，国民革命军北上，时局动荡，他在神色如常的参加学生毕业典礼等活动后，留下"经此世变，义无再辱"的遗书，自沉于颐和园鱼藻轩昆明湖，其学术鼎盛的人生戛然而止。一代学术大家充满历史悲剧色彩的人生就此定格，其死也被称为"谜案"，难以洞悉他离世的根本原因。陈寅恪有观堂先生乃殉文化之说："天下文化凋敝，观堂先生无可独活于世，故而英年弃世，实近世中国文化界一大憾事也！"① 其墓初葬于清华园，后迁于北京福田公墓，1985年8月重新树碑。

王国维一生学养深厚，著述宏富，中西学相融，精通日、英、法等多国文字，从大的学科门类来说，他在哲学、文学、历史学、文献学等领域贡献卓著。其学术精神专注而深邃，能够做到治一门通一门，在古文字学、戏曲史、古器物、殷周史、汉唐史、汉魏碑刻、敦煌文献、图书管理学、版本目录学等学科研究中，均取得了超越前人的突破性成就。他的许多学术思想震动了国内外学术界，并一直影响着后世的学术发展，尤其是国学领域的考释和校注研究，即使是为学苛刻的鲁迅先生也说王国维"可以算一个研究国学的人物"②。

王国维早期的哲学研究深受康德、叔本华的影响，对形而上学的思辨美学颇有兴趣，并以严复所说"可信者不可爱"的实证论进行反思，为当时的哲学研究引入了新的方式方法。蔡元培特别肯定了王国维在哲学领域的贡献，指出他介绍叔本华与尼采的学说能够抓住其核心观点，很得要领。从哲学到美学，王国维所倾注的心力大抵相当，甚至对美学的投入更大一些，对此他自言"生百政治家不如生一文学家"。一方面体现在他对外国文学和外国文学家的推介与研究上。另一方面他也集中国文学研究之大成，推动了中国古

---

① 陈寅恪：《王静安先生遗书》序，上海古籍出版社1983年版，第121页。
② 鲁迅：《热风》，《不懂的音译》，人民文学出版社1973年版。

典美学、文学研究的发展。他"化合"中西美学、文学思想提出"境界说",写就著名的《人间词话》;以全面、深入、开拓的视角写下红学研究史上具有突破性意义的《红楼梦评论》;还在自己诗词创作中彰显出其睿智的哲思与澄清的情思,《人间词》115首是其美学、文学理论付诸实践的结晶。同时,他所著八部中国古典戏曲史的研究专著,把戏曲艺术提高到历史科学的范畴,"不仅是拓荒的工作,前无古人,而且是权威的成就,一直领导着后学",[①]达到了前人未有的高度。

在史学研究上,王国维注意用新材料、新方法解决新问题,开辟了许多新领域。他运用文献资料相互参证的方法,在中国古代史及历史地理、古文字学等诸方面均有突破前人的创造性收获,不仅填补了唐史等领域的研究空白,还根据古文献及钟鼎彝器铭文考释进行精深的校勘和分析,研究匈奴族源、职官、文化制度及其与汉族的关系,是近代国内史学界第一个研究匈奴族源的学者,其代表作《鬼方昆夷猃狁考》《西胡考》及《西胡继考》具有重要的学术价值,启发后人深入研究。

王国维对教育学、图书馆学也十分关注,他秉承以新学和西学改良教育、拯救国家的观点,开创性地提出培养完全人格的体、智、德、美四育的教育主张,他关于教育宗旨、知识论、高等教育、学校管理等方面的一系列观点,对中国近现代教育发展产生了一定的影响。他编译西方大量的图书馆学专著,对中国图书馆史进行了深入分析,在图书文献研究、版本沿革研究方面作了重要贡献。

作为中国近代哲学思想的最早启蒙者、中国现代美学的创建者,王国维的思想在中国近现代美学发展史上举足轻重。他的美学

---

① 郭沫若:《鲁迅与王国维》,《文艺复兴》1946年第3期。

思想集中于 20 多岁到 30 多岁这段时期。王国维处在社会动荡的特殊时期，与同时代学人相比，他是较早引进西学的学者，陆续引进叔本华、尼采、康德、席勒等人的哲学美学思想观点，并联系中国的学术、文艺、教育实际阐发他们的思想，在与西方民族进行比较时发现民族文化中的不足，第一个把美学作为一门独立的学科进行介绍和研究，目的是"定美之标准与文学上之原理"①，要引导人们了解艺术、懂得审美，进而更加关注精神生活。

王国维沉醉于哲学与文学研究，也是因为"余谓一切学问皆能以利禄劝，独哲学与文学不然。"② 他的美学思想具有系统性、深刻性和丰富性，所建构的美学概念体系和所运用的美学方法，关注到中西文化关系的处理，以及古代传统与现代转化的历史衔接等问题，为中国美学的建构提出了以西方现代美学的概念为色相，以中国古典美学精神为底蕴的一系列富有中国传统民族精神的审美概念。③ 在批评形式上由早年醉心的德国美学转向中国古老的诗话词话批评，如自然、优美、意境、古雅、嗜好、眩惑等，他在对中国古典美学的承继、对西学的吸纳中，用新的美学理论阐释中国固有的美学范畴，使古代文论的研究跨出了现代化研究的第一步，也使中国文论建设开始了现代化的第一步。④ 例如叔本华的悲剧思想是王国维提倡悲剧精神的理论根据，与他悲观性格的形成有一定的关系，但并不起主要作用；起主要作用的是中国固有的文化思想，尤其是老庄思想。有诗为证："一点灵药便长生，眼见山河几变更。

---

① 姜荣刚：《王国维"造境"、"写境"本源考实——兼论"境界"说的概念使用特点及理论建构模式》，《广西社会科学》2014 年第 9 期。

② 王国维著，聂振斌编：《中国现代美学名家文丛·王国维卷》，《文学小言》，浙江大学出版社 2009 年版，第 110 页。以下王国维文论引自本书，只标注篇名和页码。

③ 蒋述卓、刘绍瑾：《古今对话中的中国古典文艺美学》，暨南大学出版社 2012 年版，第 21 页。

④ 蒋述卓、刘绍瑾：《古今对话中的中国古典文艺美学》，暨南大学出版社 2012 年版，第 47 页。

留得当年好颜色,嫦娥底事太无情?"① "几看昆池累劫灰,俄惊沧海又楼台。早知世界由心造,无奈悲欢触绪来。瓮埠潮回千顷月,超山雪尽万株梅。卜邻莫忘他年约,同醉中山酒一杯。"② 这两首诗据萧艾考证,前者写于1900年,后者写于1899年,都是研读叔本华著作之前所作,但已见悲观主义思想的端倪。老庄的思想与叔本华的悲观主义思想是相通的,而老庄的影响在前。他一生写了几百首诗词,深邃与悲观是其基调,许多诗词都取材于《庄子》中的典故。

  王国维从事文学研究时,在思想上始终处于一种矛盾状态。以1907年为界,前期随着哲学研究而起,多理性探讨和哲学思辨,对美育和文艺现状比较关心。后期是主要针对诗词鉴赏和戏曲文学研究,寻求感性慰藉和审美的自由愉悦。具体地说,前期接受康德、席勒、叔本华等人美学观点的影响,对美的基本性质与审美范畴做具体的论述、发挥,思辨的味道很强。他还积极倡导美育,要求改革教育,撰写了一系列的议论、建议和批评的文章,把文学艺术视为提高国民精神,促进人的全面发展的精神食粮。后期他对中国诗词的批评和对戏曲文学的研究,欣赏体验多于论证推理,具有审美经验的直观感受特点。但总体看,由于他集中而具体地研究中国古代诗词戏曲的本质、规律和特点,后期的理论比前期更精深,对中西方美学思想的融会贯通,常常能达到炉火纯青、不露痕迹的妙境。他十分崇尚的"自然说"就是突出的一例。康德、叔本华乃至歌德和中国的老庄,都在艺术与审美中主倡"自然说"。虽然在他们那里赋予"自然"的含义并不完全相同,并且有唯物主义与唯心主义的根本性质之别,但这些都不妨碍王国维的吸收与融合。而且

---

① 王国维著,书林主编:《王国维文集·八月十五夜月》,北京燕山出版社1997年版,第531页。以下王国维诗词引自本书者,只标注诗词篇名和页码。
② 《王国维文集·题友人三十小像之二》,第533页。

在王国维的思想中，很难区分出他们各自的具体影响是什么，表现在哪里。

王国维的美学思想与文学批评，受庄子思想影响的主要表现是：一是对无用之美的继承和再造上，反对利害欲望上的追求，强调美之无利害性，与老庄的"见素抱朴""少私寡欲"思想一脉相承；二是追求以心化物、物我不分的审美境界，他也以此为最高的人生境界；三是在艺术创作上反对人工雕琢的伪饰，推崇天然成趣、自然浑成，体现出自然无为的庄子思想。在自己的诗歌创作中，王国维也是如此实践的，给其丰富的美学思想提供了鲜活的例证。

一 王国维对"无用"之美的继承与再造

庄子的"无用之用"在王国维这里得到了历史性的回响，美的无利害性是王国维对美和美的范畴论述的一个最基本观点。王国维对美的本质的认识，是基于庄子"无用之用"的基础上，融会贯通康德、叔本华、尼采的美学思想，认为美的对象具有超越性质，泯灭利害观念之计较，强调"最纯粹之快乐"。在谈到美的性质时，他明确说："一言以蔽之，曰：可爱玩而不可利用者是已。"[①] "美之为物，不关于吾人之利害者也。吾人观美时，亦不知有一己之利害。"[②] 由这种无利害到"以物观物"，他指出："不以我观物者，以物观物之谓也。既能以物观物，又安有我于其间哉？"[③] 从这可以看出庄子文化基因的有力切入，王国维对庄子"无用之用"的思想和超越的人生态度，不但情有独钟，而且还在论著中反复引证和创造性地发挥。

---

① 《王国维卷·古雅之在美学上之位置》，第100页。
② 《王国维卷·孔子之美育主义》，第104—105页。
③ 《王国维卷·孔子之美育主义》，第104—105页。

庄子提出要把握包含着万物之"成理"（自然规律）和四时之"明法"（宇宙秩序），必须超越"人间世"的各种功利目的和社会政治、世俗习惯的偏见、成见，也就是用心灵去感悟去体验，才能与天地精神相往来。庄子认为"有用""无用"的观念是超越精神的最大障碍，在《逍遥游》中说："今子有大树，患其无用，何不树之于无何有之乡，广莫之野，彷徨乎无为其侧，逍遥乎寝卧其下，不夭斤斧，物无害者，无所可用，安所困苦哉！"庄子用形象比喻和寓言故事的方法阐明"无用之用"的见解，批评急功近利的世俗之见，告诫人们不要被眼前的"有用"所迷惑，而应看到"有用"的后面常常隐藏着祸害，而"无用"才能保身全性，才有超越功利的自由。王国维继承了庄子这种精神，并做了创造性的发挥，用以阐发他的学术见解和美学思想，明确指出"无用之用"乃是精神之"大用"，用以说明艺术和哲学正因为"无用"，才具有超越性和普遍性。

王国维在《国学丛刊序》中指出："余谓凡学皆无用也，皆有用也。""凡生民之先觉，政治教育之指导，厚生利用之渊源，胥由此出，非徒一国之名誉与光辉而已。世之君子，可谓知有用之用，而不知无用之用者矣。"① 在有用与无用的争论中，王国维对当时某些人只看有形的物质实用，而看不到无形的精神价值感到担心。精神生活枯索的一个重要原因是缺少高尚的文学艺术，是对文学艺术的审美趣味（能力）低下。他说："夫吾国人对文学之趣味既如此，况西洋物质的文明又滔滔而入中国，则其压倒文学亦自然之势也。夫物质的文明，取诸他国，不数十年而具矣，独至精神上之趣味非千百年之培养……"② 如今，我们可以深切感受到他的这种担忧并非杞人忧天，而是多么的超前和深邃！科技进步和经济发展固

---

① 《王国维卷·〈国学丛刊〉序》，第12—13页。
② 《王国维卷·教育杂感四则》，第78页。

然需要时间追赶，而精神文化传统的积淀更是成百上千年的福泽，非技术进步和物质发展可比。我们大胆地猜测，王国维对当政治家还是文学家也应有一段矛盾的时期，他看到中国历史上的诗人和哲学家大都想当政治家，以能参与政治为荣。他所列举的孔子、墨子、孟子、荀子以及汉之贾、董，宋之张、程、朱、陆，明之罗、王等人，甚至很多大诗人无不是在政治上争相奋进，而失去了做学问和艺术创造本身应享的快乐。

学术研究与艺术创造是主动的、自由的，因而给人带来无限的愉悦，这是受利害关系支配的政治活动所不能比的。这种美感愉悦，既不受客观的制约，又不需要"克己"，是完全自主的。"夫人积年累月之研究，而一旦豁然悟宇宙人生之真理，或以胸中惝恍不可捉摸之意境，一旦表诸文字、绘画、雕刻之上，此固彼天赋之能力之发展，而此时之快乐，决非南面王所能易也。"① 这是由庄子的观点引申出来的。《庄子·至乐》云："死，无君于上，无臣于下，亦无四时之事，从然以天地为春秋，虽南面王乐，不能过也。"南面而王，万岁至尊，可能被很多人看成是人生的最大快乐。但在庄子和王国维看来，这种快乐是权力争夺、力量较量所得到的暂时快乐，是极有限的、不自由的，与审美自由愉悦和洞观人生真理所获得的真正快乐不能同日而语。这种自由快乐就是人们经常说的审美价值。这种审美价值，也是中国古代哲人所追求的人生最高境界。

二　王国维对"意境论"的发挥

王国维在中国古典文化圈里锁定道家哲学，庄子追求高度精神自由、崇尚人生修为的思想更是与王国维的人格追求、美学观点高

---

① 《王国维卷·论哲学家与美术家之天职》，第4页。

度吻合。他吸收、开掘庄子美学思想，更深层的是其与庄子在人生经历上的相似、主体性格上的相通和精神追求上的相契。清末民初的社会环境与春秋战国之际相似，处于乱世之中的两人性情也相似，一个孤高绝世，一个孤独冷傲。在生如风絮、悲喜零星的时代，王国维以其超出常人的敏锐感受切身体会到生命的艰辛，努力通过所学超越世俗的压迫，体悟庄子哲学、把握"道"的达观，以使其际遇和忧生忧世的情怀在生存中建立平衡。

在中国意境理论形成的过程中，庄子与《易传》是最早最深的源泉。庄子的"虚静""气化""心斋""物我为一""乘物以游心"等观点和《易传》的"一阴一阳之谓道"及生命哲学，都为意境理论提供了哲学基础。特别是庄子的"气"与"虚"两个概念，是描绘人生境界也是审美境界的出发点，同时也是中国艺术理论的哲学思想基础。庄子说："若一志，无听之以耳，而听之以心；无听之以心，而听之以气。耳止于听，心止于符。气也者，虚而待物者也。唯道集虚。虚者，心斋也。"庄子的这一思想，对于中国意境理论乃至整个文艺批评一贯提倡虚实结合、有限（形式）与无限（精神）的辩证统一，产生极其深远的影响。王国维从现代哲学的高度加以分析、概括，使意境理论更深入、更具普遍意义。例如"文学中有二原质焉：曰景，曰情。前者描写自然及人生之事实为主；后者则吾人对此种事实之精神的态度也"[1]。这里谈的是文学本身存在的价值，表达的目的；再如："诗人对宇宙人生，须入乎其内，又须出乎其外。入乎其内，方能写之。出乎其外，方能观之。入乎其内，故有生气，出乎其外，故有高致。"[2] 这是对创作者的素养、能力和技巧进行分析；又如："物我无间而道艺为一，与天地

---

[1] 《王国维卷·文学小言之四》，第 111 页。
[2] 《王国维卷·人间词话之六十》，第 148 页。

冥合而不知其所以然。"① 这就谈到了艺术创作中作者、对象，以及周围世界之间的关系，这些逻辑推导和分析、论断，直指意境的本真。而王国维之前的意境论者，是缺少这种穿透力的。

对意境和境界的关系，学界存在争论。清代学术界常将"境界"和"意境"常作为同义词使用。不过在王国维的文字中，"境界"出现居多，"意境"用之甚少。叶嘉莹先生在谈到这个问题时认为，一向治学严谨的王国维放着大家熟悉的"意境"一词不用，而使用较难为人理解的"境界"一词，应该是慎重考察，具有深意的，也就是说这两个词并不能简单等同。② 这是一个较为值得重视的观点。传统认为，意境与境界只是词语上的演变，其内在涵义应该是相同，至少是同质的。

"境界"最早为地域、疆域之意。汉代郑玄注《诗经·江汉》的"于疆于理"句为"正其境界，修其分理。"《说文解字》中注"竟"（亦作"境"）为"竟，乐曲尽为竟"。又云："界，竟也。"班昭《东征赋》亦用此意："到长垣之境界，察农野之居民。"这里的"境界"是作为合成词较早出现的。而作为艺术范畴，庄子在《齐物论》中以"忘年忘义，振于无竟，故寓诸无竟"表达遨游于无穷境域、寄寓自由之境的向往，这种与大自然合而为一的境界既是庄子美学追求的特质，同时也为后世艺术创作提供了驰骋艺术才华的模式。到唐代时文人开始以"境"论诗，王昌龄在《诗格》中明确将诗境分为：物境、情境和意境。物境为描摹山水，出身于境，视境于心，莹然掌中，然后用思，了然境象，故得形似。二曰情境。娱乐愁怨，皆张于意而处于身，然后驰思，深得其情。三曰意境。亦张之于意而思之于心，则得其真矣。③ 此"意境"贵在要

---

① 《王国维卷·此君轩记》，第176页。
② 叶嘉莹：《王国维及其文学批评》，河北教育出版社2000年版，第192页。
③ 张伯伟：《全唐五代诗格汇考》，江苏古籍出版社2002年版，第38页。

达到"真"的境界,将它与物境、情境并列,不是我们现在所说的意境,我们所说的意境包括"物境"和"情境"。

"境界"一词最早出现于文论,是在南宋李涂的《文章精义》中,文中论及"世外文字"给予《庄子》极高的评价:"作世外文字,须换过境界。《庄子》寓言之类,是空境界文字;灵均《九歌》之类,是鬼境界文字;子瞻《大悲阁记》之类,是佛境界文字;《上清宫辞》之类,是仙境界文字。"① 此后,将"境界"之意深化提升的就是王国维,他在《人间词话》中凡用到此意时绝大多数用"境界"一词,只有一处用了"意境",但在其他论述中有多处用了"意境"。《人间词话》开篇即"词以境界为最上。有境界则自成高格,自有名句"②。但对元曲做再造性的审美评价时,指出何为意境,"然元剧最佳之处,不在其思想结构,而在其文章。其文章之妙,亦一言以蔽之,曰:有意境而已矣。何以谓有意境?曰:写情则沁人心脾,写景则在人耳目,述事则如其口出也。古诗词之佳者,无不如是。元曲亦然。明以后其思想结构,尽有胜于前人者,唯意境则为元人所独擅"③。这段话又将元曲之意境与诗词之境界作出同义的阐释。所以,我们不需纠结于两词的同与不同,其境界与意境之间应该没有本质的差别。他之所以如此肯定元曲的艺术,是看到元曲的思想性虽不高端,结构也并不很完整宏大,但是能够创造高度的意境美,或者说将意境理论运用在元曲艺术上,从而成为一个时代的艺术高峰。从这一点上说,境界对于艺术创作至关重要。

王国维是中国古代意境思想的集大成者,他将庄子美学与物俱化的精神追求融入文论之中,强调"物"的客体地位以及诗词抒情

---

① 李涂:《文章精义》,人民文学出版社1962年版,第66页。
② 《王国维卷·人间词话之一》,第135页。
③ 《王国维卷·宋元戏曲考》,第189页。

的真实和自然。"故能写真景物、真感情者,谓之有境界。否则谓之无境界。"① 境界就是美,就是艺术的理想境界。如何创造这样的境界呢? 王国维指出,神、格、调、工、巧、气象……都与境界有联系。"神"作为一个审美范畴,在《庄子》一书中出现百余次,"神人","神者","欲静则平气,欲神则顺心","受乎心,宰乎神","真在内者,神动于外"等,都具有鲜明的主体意识特征。王国维将这一范畴发扬,他在评价艺术作品的高妙境界时强调神韵。"温飞卿之词,句秀也。韦端己之词,骨秀也。李重光之词,神秀也。"② 这里的"词秀""骨秀""神秀",都是美的表现,但词秀不够深入、骨秀不够丰润,唯有神秀才达到了完美而有神采。"词至李后主而眼界始大,感慨遂深,遂变伶工之词而为士大夫之词。周介存置诸温韦之下,可谓颠倒黑白矣。'自是人生长根水长东'、'流水落花穿去也,天上人间',《金荃》《皖花》,能有此气象耶?"③ 王国维这里所指的是周介存在《介存斋论词杂著》中所说:"毛嫱、西施,天下美妇人也,严妆佳,淡妆亦佳,粗服乱头不掩国色。飞卿,严妆也;端己,淡妆也;后主,则粗服乱头矣。"实际上,周介存并没有抑后主之意思,指的是虽手法不同但神采自现。美之与否,归根结底"在神不在貌"。对此,王国维认为真正的工、巧,恰是让人看不到工与巧。如老子所谓"大音希声,大象无形""大巧若拙",这就是朴实无华、自然天成之美。"词之雅、郑,在神不在貌。永叔、少游虽作艳语,终有品格。方之美成,便有淑女与倡伎之别。""美成深远之致不及欧秦,唯言情体物,穷极工巧,故不失为第一流之作者。但恨创调之才多,创意之才少耳。"④ 三人虽然都喜欢创作俗艳之词,但欧阳修和秦观的词比起周

---

① 《王国维卷·人间词话之六》,第 136 页。
② 《王国维卷·人间词话之十四》,第 138 页。
③ 《王国维卷·人间词话之十五》,第 136 页。
④ 《王国维卷·人间词话之三三》,第 142 页。

邦彦来，在品位上是高出一等的。其主要原因在于周邦彦只简单追求诗词的形式、格调，而不在创造意境上下功夫。外在的语言、韵律等有形的形式和技巧，都只能帮助他达到"词秀""骨秀"，而"神秀"作为无形的韵味则须靠浑然一体的创造才能实现。此之神秀，主要源于艺术表现的真与自然。

王国维对"气象"十分重视，在《人间词话》曾多处论及古诗词中的气象。《诗经》中写"风雨如晦，鸡鸣不已"，由天地风云到饮食人间，纵横捭阖，气象万千。此后有多首诗词借用这种写法，甚至直接化用，如"山峻高以蔽日兮，下幽晦以多雨，霰雪纷其无垠兮，云霏霏而承宇"，① 颇具相似的气象。"昭明太子称陶渊明诗'跌宕昭彰，独超众类，抑扬爽朗，莫之与京'。王无功称薛收赋'韵趣高奇，词义晦远，嵯峨萧瑟，真不可言'。词中惜少此二种气象。前者唯东坡，后者唯白石，略得一二耳。"② "幼安之佳处，在有性情，有意境；即以气象论，亦有'横素波、干青云'之概，宁后世龌龊小生所可拟耶？"③ 从以上所引可推知，"气象"这个范畴本身，包含着阔大、深邃、高渺的性质，乃是一种壮观，是一种雄奇，而它所构成的意境必然须从"大象""大音""大美"中来，这就仿佛是庄子逍遥游的开篇一般，其雄壮与磅礴，非轻言细声、琐碎之事所能表达，而能够达到此种境界之人，其内心也必有大胸怀，其眼界必有大视野。否则是无法创造出雄浑气象，达到雄奇意境的。

在《人间词话》中，王国维多次强调文学作品要有"韵"和"味"，要有深远悠长的意义，即弦外之音。这与他要求"语语如在目前"是相辅而成、异曲同工的，也与庄子"境生象外"的美

---

① 《王国维卷·人间词话之三十》，第141页。
② 《王国维卷·人间词话之三一》，第141页。
③ 《王国维卷·人间词话之四三》，第144页。

学思想相通。"波澜变化,仪态万千,不是一个固定的物象轮廓能够如量表出,只有大自然的全幅生动的山川草木,云烟明晦,才足以表象我胸襟里蓬勃无尽的灵感气韵。"① 要让人通过直观而领悟到形象的充实活力、无限韵味,这种形象决非模糊不定者所能表现的,而必须是鲜明的、生动的。

王国维的文学评论代表作品《红楼梦评论》,字里行间也渗透着对庄子那种超尘脱俗思想和清静无为的人生态度的首肯、赞许。他在《红楼梦评论》开篇就引用老庄之言,"老子曰:'人之大患,在我有身。'庄子曰:'大块载我以形,劳我以生。'忧患与劳苦之与生相对待也久矣。"② 对庄子的"藐姑射神人""茫茫大士""渺渺真人"自由行踪的远慕,以及对庄子"广莫之野,无何有之乡""形如槁木,而心如死灰"和"副墨之子""洛诵之孙"词句的运用,就是"境在象外""意在言外"的一种例证。庄子的出世哲学与叔本华的悲观主义固然有相通之处,但庄子并不悲观,他追求绝对的精神自由,觉得人的官能欲望是一种累赘,因而要超越它;而叔本华认为人的欲望是人生的罪恶根源,因而要灭绝它。由此可见两者有明显的差异:庄子痛批当下现实,因而要超越它,但不放弃对人生美好未来的追求;而叔本华的意志论从根本上否定人类存在的意义,认为人生下来就是罪恶,叔氏的悲观是绝望的。因此,王国维对叔氏意志欲望寂灭式的"解脱之道"存有怀疑。有诗为证:"平生苦忆挈卢敖,东过蓬莱浴海涛。何处云中闻犬吠,至今湖畔尚乌号。人间地狱真无间,死后泥洹枉自豪。终古众生无度日,世尊只合老尘嚣。"③ 庄子已经意识到艺术——审美属于超功利性的精神活动,因而反对把艺术——审美当成官能享乐的东西。庄子并不

---

① 宗白华:《美学散步》,上海人民出版社2005年版,第62页。
② 《红楼梦评论》,第115页。
③ 《王国维文集·平生》,第74页。

因为欲望有消极的一面而否定个体生命,恰恰相反,他因此主张要养生全性。

其实,王国维在受到叔本华影响之前,道家的人生态度已经是他的思想和人生提供了最基本的支撑,加之朝政巨变、家庭变故和个人性情,使得他容易滋生悲观主义思想。王国维祖辈家史显赫,到祖、父辈时衰落才转而经商,他青年时代有些穷困潦倒,家中已无资供他专门读书,更无钱到国外留学,因而不得不放弃他所喜欢的"学业"而去自谋生计。并且由于他青少年时就羸弱多病,造成一种悲世伤时的性格,再加上国家的内忧外患,更使他厌恶这种现实人生。① 他援引老庄的话:人生之所以有忧患与劳苦,就在于人自身有"形"有"体"。人生不仅有形体劳累的苦痛,而且还有思求欲望不得满足的精神苦痛。感性形体之苦与理性精神之苦,是无穷无尽的。《红楼梦评论》正是要表现庄子那种超尘脱俗、追求"无何有之乡"的境界。王国维的"无我""以物观物"是既超越客观、又超越主观的自由境,亦与庄子所谓"以天合天""天地与我共生、万物与我为一"的"物化"状态相吻合。

叶嘉莹评价:"《人间词话》是王国维脱弃了西方理论之拘限以后的作品,他所致力的乃是运用自己的思想见解,尝试将某些西方思想中之重要概念融会到中国旧有的传统批评中来。"② 对于现代中国美学,《人间词话》的根本意义就在于他把中国传统诗学的"境界"概念转换为中国现代美学的一个重要范畴,建立了一个理论雏形。③ 当然,王国维的所谓境界,并不限于文学。《人间词话》认为人生也有种种境界,或说种种境地。例如最通俗的"古今之成大事业大学问者,必经过三种之境界:'昨夜西风凋碧树,独上高

---

① 聂振斌:《王国维美学思想述论》,《江苏社会科学》2008年第3期。
② 叶嘉莹:《王国维及其文学批评》,河北教育出版社2000年版,第156页。
③ 章启群:《百年中国美学史略》,北京大学出版社2005年版,第40页。

楼，望尽天涯路'，此第一境也；'衣带渐宽终不悔，为伊消得人憔悴'，此第二境也；'众里寻他千百度，回头蓦见，那人正在，灯火阑珊处'，此第三境也。"① 王国维认为，诗人之所以是诗人，在于他能把常人习见身处之境地，转化为心中的艺术境界，或说诗的某种境地。

王国维相当推崇刘熙载的《艺概》，在《人间词话》中多次予以引述。他的"意境两忘，物我一体"与刘熙载的"物我无间"相同，他的"物皆着我之色彩"的"有我之境"也与刘熙载的"无我，而以万物为我""我亦具我之情"相近。王国维吸取了刘熙载关于"学者书有二观：曰观物，曰观我"的研究成果，把"观物"与"观我"进行区别，这是超越西方理论而更具传统特色之处。刘熙载虽然提到了"物我""无我"，但没有把审美观照与"物""我"以及共同达到的境界联成一个整体。王国维则是受其启发，以"我"为圆心，拓展了"有我之境"和"无我之境"，将以一己之情观物与以万物之理观物对比，而突出忘我的境界，从主观与客观、情感和理智的关系进行深层探讨，表现出理论思考的周密和系统。

三 王国维对"自然论"的发展

自然本色是庄子美学的思想核心之一，司马迁在《老庄申韩列传》中指出："老子所贵道，虚无，因应变化于无为，故著书辞称微妙难识。庄子散道德，放论，要亦归之自然。"可见"自然"在庄子思想中的重要地位。自庄子之后，中国古典美学中"自然"一脉绵延传续。到王国维这里，在其《人间词话》及由此建构的美学思想体系中，"自然"都占有极重的分量。并且他在使用"自然"

---

① 《王国维卷·人间词话之二六》，第140页。

一词时，使其具有了不同的美学含义：有时指向与社会人生相对照的自然界，有时指代人的初心本性，有时又指挥洒自如的创作艺术技巧，而最终归于对客观规律的遵循和展现。王国维还以自然为依据论述写实家与理想家的区别，"自然中之物，互相关系，互相限制。然其写之于文学及美术中也，必遗其关系、限制之处。故虽写实家，亦理想家也。又虽如何虚构之境，其材料必求之于自然，而其构造，亦必从自然之法则。故虽理想家，亦写实家也"①。综合这三个"自然"的含义就是：自然与社会及其发展规律，是文学艺术创作的来源，不管什么流派都要受自然法则的制约与规定。但是文学艺术又不是机械地照抄自然，作家对自然材料必须进行取舍、编织和加工润色等重新处理。在这个大前提下看，所谓"写实"与"理想"两者之间并无本质区别。"写实"也"必遗其关系、限制之处"，而包含着理想与创造才具有文学艺术的魅力；而相反的，不管"理想"家有多少创造或虚构，终究是要在自然法则和规律之下展开。

与其哲学思想一脉相承，王国维"自然说"基本精神主要来源于道家思想传统，但同时又有康德、叔本华等人的影响，在糅合过程中，其内容还有未能完全融合以达到自身合理之处，他在以"自然"说为意境标准进行文学艺术批评时，衍生出不少自创的真知灼见。他在美学上所坚持的审美无利害性，其直接的肯定含义就是自然与真。自然与真密切联系在一起，又常常将两者通用，这既是他的境界说的哲学理论基础，也是文学艺术（或美）的本质所在。

庄子和王国维都重视"真"。在传统文化中，"真"的出现最早就是道家，"真"字在《老子》中出现了3次，在《庄子》中出现了66次。所以学术大师钱穆断言："真字在儒家经典中未前见，

---

① 《王国维卷·人间词话之五》，第136页。

至庄子始创用之。"① 可以说，"真"之审美意义由老子始，由庄子发扬光大，到王国维这里，"真"则实现了从古典向现代的一次飞跃。庄子所言之"真"对后世的文论和艺术创作具有穿透性的影响，对王国维的自然说也产生了直接影响，可以说，间接培育其境界说中的"真"。② 王国维也十分关注诗词自身的性质与规律，重视吟咏情性和个体审美的满足，反对繁文缛节，反对人工雕琢而崇尚自然，以个体与自然的融合化一为最高审美理想。

王国维以自然为标准评论诗词创作。在评论李煜词作时说，后主具有"赤子之心"，"性情愈真"，因而才写出那样情真意切的词，毫无"妆束"之态。词发展到他那里，"眼界始大，感慨遂深"，气象为之一新。在《人间词话》中对满族词人纳兰容若极高的评价："纳兰容若以自然之眼观物，以自然之舌言情。此由初入中原，未染汉人习气，故能真切如此。北宋以来，一人而已。"③ 王国维认为，词的高峰在北宋，发展到南宋已成末流，又经元明两代，词人未有可提及者，唯有清初的纳兰容若一人。当然之所以给予如此高的评价，也在于纳兰容若能"以自然之眼观物，以自然之舌言情"，说明纳兰容若与后主一样，都具有"赤子之心"。可见王国维对"真""自然"的高度关注。

由于王国维十分强调真情实感，在对乐府和民歌（如古诗十九首）以及某些大词人作出评论时，他指出这些作品或词人虽然常用"淫""鄙"之词，却也不能视为淫、鄙，"以其真也"。也就是说，如果淫艳鄙俗之辞，能使人更"觉其亲切动人""精力弥满"，那就直用，不需回避淫、鄙之嫌。语言的运用要服从于"真"。《庄子》说："真者，精诚之至也"，"受于天"而"动人"（《渔父》），

---

① 钱穆：《庄老通辨》，生活·读书·新知三联书店2002年版，第155页。
② 侣同壮：《庄子的"古典新义"与中国美学的现代建构》，暨南大学出版社2013年版，第15页。
③ 《王国维卷·人间词话之五二》，第146页。

有超尘脱俗之意。王国维的"真"也正是此意。这与他认为美是超利害的观点是一致的。但我们也不能把王国维所用的"真"都做此意解。另外由于西学的影响,他所说的"真"有时也有"真实""真理"之义,即指认识深刻,洞观到事物的本质、规律。如他说:"大家之作,其言情也必沁人心脾,其写景也必豁人耳目,其词脱口而出,无娇揉妆束之态。以其所见者真,所知者深也。诗词皆然。持此以衡古今之作者,可无大误矣。"① 很明显,这里的"真"不是主观方面的天真本性,而是指客观方面的真实,表现自然而然。

王国维以元曲为主,结合诗歌艺术,从表现手法上解析了何为真和自然。首先,从语言上见微知著,他指出元曲的词语使用较为生活化,声韵上也接近自然之音。"古代文学之形容事物也,率用古语,其用俗语者绝无。又所用之字数亦不甚多。独元曲以许用衬字故,故辄以许多俗语或以自然之声音形容之。此自古文学上所未有也。"② 由语言、语音及至韵律,王国维强调的是自然之气的通畅与情境表达的结合。以此为审美原则,在人物性格刻画和情节编排上,都侧重真实性、生活性。元曲正是因为能做到"庸人乐于染指",从人物的真实到社会历史面貌的真实,所以才更为社会大众所喜爱,这是元曲所达到的审美效果。王国维说:"元戏自文章上言之,优足以当一代之文学。又以其自然故,故能写当时政治及社会之情状,足以供史家论世之资者不少。又曲中多用俗语,故宋金元三朝遗语,所存甚多。辑而存之,理而董之,自足为一专书。此又语言学上之事,而非此书之所有事也。"③ 他充分肯定了元曲的历史价值和社会意义,两者之间既不矛盾,更反映着他从戏曲文学史

---

① 《王国维卷·人间词话之五六》,第 147 页。
② 《王国维卷·宋元戏曲考》,第 191 页。
③ 《王国维卷·宋元戏曲考》,第 193 页。

的实际考察、研究中获得了思想上的重大进步。元曲正因为在题材、内容、语言等各个方面接近人民大众，真实地反映普通的社会生活，自然地表现出其广泛的社会性，使其具有典型的审美价值，同时也具有显著的历史学和语言学价值。

王国维这一观点贯穿于他的整个文学批评之中，他以最崇高的评语赞扬《红楼梦》高度的真实性，对其故事情节发展的"精进"，主人公出走的合情合理，令人无比信服的审美效果，对细节描写得细腻逼真、心理描写得淋漓尽致和性格刻画得鲜明、独特，都赞不绝口。反之，他批评《桃花扇》的情节特别是结局对主人公"出世"的处理，与《红楼梦》相比相形见绌。因为它没有真实地、合乎逻辑地描写出走的思想演变过程，这种描写"其谁信之哉！"违反作品真实性而无意境的根本原因，是作者没有正确的态度。或者无知识，观察不深；或者为"媚世""为求荣华而故作""妆束之态"；或者为技巧而技巧，不在创造意境上下功夫。这些就是"文绣的文学""铺缀的文学""模仿的文学"和"伪文学"产生的主观原因，为王国维一再抨击和批判。

我们知道，对一位思想家或美学家来讲，其理论体系中一定有一个最核心的观点，成为根基和中心，其他观点作为分支构成体系。那么，在王国维的思想体系中，真、自然与意境又是什么样的关系那？"元曲之佳处何在？一言以蔽之，曰：自然而已矣。古今之大文学，无不以自然胜，而莫著于元曲。盖元剧之作者，其人均非有名位学问也；其作剧也，非有藏之名山，传之其人之意也。彼以意兴之所至为之，以自娱娱人。关目之拙劣，所不问也；思想之卑陋，所不讳也；人物之矛盾，所不顾也。彼但摹写其胸中之感想，与时代之情状，而真挚之理，与秀杰之气，时流露于其间。故谓元曲为中国最自然之文学，无不可也。若其文字之自然，则又为其必然之结果，抑其次也。"① 这里以文学形态具象化阐释"自然"与"境界"的逻辑关系，"自然"既是"境界"的基础，也是"境界"的追求。正是在这些方面，元曲的作者才超脱前人而"独擅"文坛，创造出"最自然之文学"。而王国维以一言概括最佳处所在，即为有意境。由此推断王国维的艺术观即是以"自然"为旨的"境界说"。"境界"是王国维对美的终极追求，而"自然"是其核心和本体。"境非独谓景物也，喜怒哀乐，亦人心中之一境界。故能写真景物、真感情者，谓之有境界；否则谓之无境界。"② 这是对创作主体提出的要求。创作者自身要有对景物和情感的真切体验和感受，才能写出意境美。这来源于"诗人体物之妙，侔于造化……故知感情真者，其观物亦真"③。从审美鉴赏的角度来看，也只有触碰到真实的情感、逼真的景致，才能在赏读时体味到真实自然、亲切动人乃至精力弥满④的美感愉悦。

王国维同样强调在审美鉴赏中的真感受，其"观物"之不隔与庄子"物化"的审美境界契合，庄子强调"物化"，无我无物；王国维的以物观物要达到"不隔"，同样也是无物无我、物我同构、物我两忘的审美境界。"王氏论艺，深有取于庄子。他标举的'无我之境'，跟庄子的'丧我'、'忘己'很有关系；'以物观物'正与'以天合天'互为注脚。"⑤ 叶维廉也强调过，近千年来，中国诗歌所推表的"无我"即是浑然天成的自然之美感意识，而这种美感意识主要源自庄子，并以《庄子·大宗师》和《庄子·秋水》来说明万物均可以超越时间和距离，自由生发和呈现。⑥

---

① 《王国维卷·宋元戏曲考》，第189页。
② 《王国维卷·人间词话之六》，第136页。
③ 《王国维卷·文学小言之八》，第112页。
④ 《王国维卷·人间词话之六二》，第149页。
⑤ 佛雏：《王国维诗学研究》，北京大学出版社1987年版，第252页。
⑥ 叶维廉：《比较诗学》，台北：东大图书公司1983年版，第55、84页。

四　王国维诗词创作中的庄子美学

王国维对庄子美学的接受，主要体现在语辞文法上的继承与发展。王国维一生创作三百多首诗词和数十篇散文杂感，其诗文中常常借用《庄子》中的寓言成语典故，营造逍遥无为的人生境界。陈永正编注的《王国维诗词全编校注》，在统计王国维的语言特征时指出，其中有32首诗词直接使用《庄子》的语言，化用的典故则难以作出精细统计。由此可见庄子思想对王国维的深刻影响，更可见王国维对《庄子》用心之深。

王国维在诗词中，直接把《庄子》的词汇拿来使用，表意上尊重庄子的原义，如"朝菌媚初日，容色非不腴。飘风夕以至，零落委泥涂"①。借用庄子《逍遥游》中的"朝菌""蟪蛄"意象，慨叹人生短暂的，阐释小知不如大知的道理："迥野蟪蛄多切响，高楼腐草有游魂。"②"蟪蛄十里违山耳，不听频伽只听经。"③ 在《冯生》一篇中，王国维借"冯生"与"真人"对比抒发人生苦短、虚幻如飘风的悲观情调："真人"即是庄子所追慕的高人——"登高不栗，入水不濡，入火不热"，"不知悦生，不知恶死"。而其中所提"溟海巨鹏"，更是《逍遥游》中"鲲""鹏"及"南冥""北冥"的转化。"我生三十载，役役苦不平。如何万物长，自作牺与牲。安得吾丧我，表里洞澄莹。纤云归大壑，皓月行太清。不然苍苍者，褫我聪与明。冥然逐嗜欲，如蛾赴寒檠。"④ "役役"是他当时生活的真实写照，为生计奔波，无法解脱生活的重压和苦痛，难以获得精神上的慰藉。"役役"是《庄子·齐物论》摒弃的人生状态，其他如《庄子》中的"至人""姑射""吾丧我""翻

---

① 《王国维文集·偶成》，第542页。
② 《王国维文集·再酬巽斋老人》，第565页。
③ 《王国维文集·题况蕙风太守北齐无量佛像二首之二》，第570页。
④ 《王国维文集·端居之二》，第534页。

空""谬悠"等词语、名物也一再在他的诗文中出现，这些文字看似是表象，实际反映的是思想观点和人生态度。

王国维还在很多诗篇中，直接阐发和感叹庄子的人生观。如《偶成二首》"我身即我敌，外物非所虞。人生免褴褛，役物固有余。网罟一朝作，鱼鸟失宁居。矫矫骅与骝，垂耳服我车。玉女粲然笑，照我读奇书。嗟汝矜智巧，坐此还自屠。一日战百虑，兹事与生俱。膏明兰自烧，古语良非虚。"诗中的"奇书""古语"当然是指《庄子》，几乎句句都可以从《庄子》中找到根据。第二首又把道家思想与禅宗思想结合起来发挥："大患固在我，他求宁非谩。所以古达人，独求心所安。……至人更卓绝，古井浩无澜。……蝉蜕人间世，兀然入泥洹（即涅槃）。"在王国维的诗词中多的是沧海桑田之变的感叹，人生真谛、终极关怀无法求得而造成的痛苦与悲哀。这样的诗句可以说俯拾皆是："梦中恐怖诸天堕，眼前尘埃百斛强。苦忆罗浮山下住，万梅花裹一胡床。"① "劝君惜取镜中姿，三十光阴隙里驰。"② 这是1899年的诗作，其中已见悲观主义端倪，此时他尚未见叔本华之书。"一点灵药便长生，眼见山河几变更。留得当年好颜色，嫦娥底事太无情。"③ 此诗作于1900年，因战祸避居乡里，感时伤世，忧患痛苦。"侧身天地苦拘挛，姑射神人未可攀。云若无心常淡淡，川如不竟岂潺潺。驰怀敷水条山里，托意开元武德间。终古诗人太无赖，苦求乐土向尘寰。"④ "黯淡谁能知汝恨，沾涂亦自笑余痴。书成付与炉中火，了却人间是与非。"⑤ 还有"人生只似风前絮，欢也飘零，悲也飘零，都作连江点点萍"⑥。黯淡飘

---

① 《王国维文集·题梅花画》，第532页。
② 《王国维文集·题友人三十小像之一》，第533页。
③ 《王国维文集·八月十五日夜》，第531页。
④ 《王国维文集·杂感》，第534页。
⑤ 《王国维文集·书古书中故纸（癸卯）》，第534页。
⑥ 《王国维文集·采桑子·高城鼓动兰釭焰》，第616页。

零之境中，更见一代国学大师难以摆脱的内在忧郁与悲观，而这悲观又不只是个人的情绪，是对时代和社会的写照。

走在西学东渐潮头的王国维，如饥似渴地研读康德、叔本华及尼采的哲学、美学和教育思想，介绍席勒美育思想，并运用这些西学思想批判中国的旧传统，如"官本位"、落后的教育、枯索的精神、低下的趣味等，表现出青年学者的朝气。在他做出努力之后，现实社会依然故我，甚至变得更糟糕，因而使他产生了怀疑，并发出"哲学上之说，大都可爱者不可信，可信者不可爱"，"知其可信而不能爱，觉其可爱而不能信"，"余知真理而余又爱其谬误"等一连串的疑问与慨叹。"试问何乡堪著我？欲求大道况多歧。人生过处惟存悔，知识增时只益疑。"[①] 禀性多愁善感的王国维，在接受叔本华悲观主义理论后，自然与老庄思想结合起来。这在他的《红楼梦评论》和之后的诗词中有明显的表现。所以，"渐由哲学而移于文学，而欲于其求直接之慰藉"。学术兴趣上的这种转变，丝毫没有减轻内心的矛盾与苦痛，反而又增加了一层："欲为哲学家，感情苦多而知力苦寡；欲为诗人，则又苦感情寡而理性多。"[②] 这些是他忧虑悲叹的思想根源。

但是，即使是在如此悲观的情景下，王国维对文学创作也始终强调情感性和想象力，强调只有热烈的感情和丰富的想象紧密结合，才能创造鸿篇巨制。他论述南北方想象和感情的差异，并指出"大诗歌之出，必须俟北方人之感情与南方人之想象合而为一，即必通南北之驿骑而后可，斯即屈子其人也"。对于屈原及其文字也有其独到的理解，"盖屈子之于楚，亲则肺腑，尊则大夫，又尝管内政外交上之大事矣，其于国家既同累世之休戚，其于怀王又有一日之知遇，一疏再放，而终不能易其志，于是其性格与境遇相得，

---

① 《王国维文集·六月二十七日宿硖石》，第537页。
② 王国维：《静安文集续编》自序二，上海书店出版社1983年版，第121页。

而使之成一种之欧穆亚(悲剧)。《离骚》以下诸作,实此欧穆亚所发表者也。使南方之学者处此,则贾谊(《吊屈原文》)扬雄(《反离骚》)是,而屈子非矣。此屈子之文学,所负于北方学派者也"。也就是说屈子在对南北学派的中和和扬弃中,使艺术创作产生新境界。"然就屈子文学之形式言之,则所负于南方学派者,抑又不少。彼之丰富之想象力,实于庄、列为近。《天问》、《远游》凿空之谈,求女谬悠之语,庄语之不足,而继之以谐,于是思想之游戏,更为自由矣。变《三百篇》之体,而为长句,变短什而为长篇,于是感情之发表,更为宛转矣。此皆古代北方文学之所未有,而其端自屈子开之。然所以驱使想象而成此大文学者,实由其北方之胚挚的性格。此庄周等之所以仅为哲学家,而周、秦间之大诗人,不能不独数屈子也。"王国维由对屈原文学成就的分析又推及一般,认为诗歌之所以最早形成于北方,是由于北方学对现实的关心而富于感情。同时诗歌是"以描写人生为事,而人生者非孤立之生活,而在家族、国家及社会中之生活也"。"故诗歌者,实北方文学之产物,而非儇薄冷淡之夫所能托也。观后世之诗人,若渊明,若子美,无非受北方学派之影响者,岂独一屈子然哉!"①

艺术想象是实现物我化一境界的主要途径。王国维在《贺新郎·月落飞乌鹊》中写道:"遣愁何计频商略,恨今宵、书城空拥,愁城难落。陋室风多青灯炧,中有千秋魂魄。似诉尽、人间纷浊。七尺微躯百年里,那能消、今古闲哀乐。与蝴蝶、蘧然觉。"② 前面所说的"书城""中有千秋魂魄,似诉尽人间纷浊",指的正是《庄子》。这里引用的是庄子《齐物论》对"物化"的经典描述:"昔者庄周梦为胡蝶,栩栩然胡蝶也,自喻适志与!不知周也。俄然觉,则蘧蘧然周也。不知周之梦为胡蝶与,胡蝶之梦为周与?周

---

① 本段所引出自《王国维卷·屈子文学之精神》,第133—134页。
② 《王国维文集·贺新郎·月落飞乌鹊》,第592页。

与胡蝶,则必有分矣。此之谓'物化'。"庄子借助想象的梦境实现了物我统一的自由境界,正是王国维所追求的审美境界。在王国维的诗词中描写梦境之处,多得难以一一列举。"不成抛掷,梦里终相觅。酒后楼台,与梦俱明灭。"① "昨夜梦中多少恨……梦里难从,觉后那堪讯。"② "人生一大梦,未审觉何时。"③ 通过梦幻与想象实现物我两化,创造一种绝对自由、浑然一体的境界。王国维曾以竹为例发挥他的见解:"竹之为物,草本中之有特操者。与群居而不倚,虚中有多节,可折而不可曲,凌寒暑而不渝其色,至于烟晨雨夕,枝梢空而叶成滴,含风弄月,形态百变。自渭川淇澳千亩之园,以至小庭幽榭,三竿两竿,皆使人观之,其胸廓然而高,渊然而深,泠然而清,挹之而无穷,玩之而不可亵也。其超世之致和不可屈之节,与君子为近,是以君子取焉。"④ 深刻地说明了审美境界中的物我化一,物中有我,我中有物,天人冥合。审美愉悦也正是从这种"物我无间""天人冥合"中产生。这与庄子的梦蝶之境、物化现象的描绘何其相似!尤其庄子那种要超脱"人间世"而追求"无何有之乡"的思想以及物我两忘、梦境与现实不分的审美境界,在王国维意境思想及诗词创作中都有明显的反映。

  王国维是一代学术大师,美学思想是其思想成就中的重要部分。他对中国传统思想文化的延续与发扬发挥了不可替代的历史性作用。而其美学成就与对庄子的阐释与接受是分不开的,他的境界说也好,自然论也罢,抑或是无用论,无不受到庄子思想的滋养,没有庄子思想为根基,他难以在中国近代美学史中建立这座丰碑。王国维以开阔的视野,将西方哲学、美学与中国哲学、美学融会贯通,其中也多以庄子或道家为介,这既可见他本人的学术所长,也

---

① 《王国维文集·点绛唇·屏却相思》,第 615 页。
② 《王国维文集·蝶恋花·昨夜梦中多少恨》,第 598 页。
③ 《王国维文集·来日》,第 539 页。
④ 《王国维卷·此君轩记》,第 176 页。

佐证了庄子思想的开放性与现代性。

小　结

　　20世纪初的中国社会，在思想文化重建的过程中出现了众多的学术大家。梳理近代美学大家，感受到了近代中国学术发展的艰难，也感受到了这些大家在学术开放、传承和创新上展现出的魄力。近代美学发展的鼎盛时期是中西方美学融合的最佳时期，也是中国现代美学学科得以构建之时，这一时期的《庄子》阐释与接受，因梁启超、王国维等大家的阐发，产生了具有历史意义和传承价值的成果。

　　一是中国古典美学传统因庄子美学的借重而焕发神采。长期处于水深火热中的近代社会，已经引起了人们对中国传统思想文化的诸多置疑，在梁启超之前有康有为、黄遵宪、刘师培和林纾等人发出诘问。而道家思想及庄学的兴起，让更多知识分子看到了传统文化中常被忽略的重要部分，在"问道"与"思庄"中，唤醒了被冷落已久的文化活力。作为百科全书式的人物，梁启超在纷繁冗重的学术体系中，对"趣味"这一审美范畴给予高度重视，在浩瀚的传统文化智慧中关注到《庄子》，并找到西方思想文化领域的响应，在理论化合的基础上又有新变，彰显出自己的超越性和独树一帜的理论特色。他的贡献是令世人尊敬的。

　　二是庄子美学思想的生命力被推到制高点。在两千多年的文化史中，庄子看似始终在主流之外却又始终融入文化之中；在动荡变革的近代社会，庄子仍然延续着郁勃的文化生命。梁启超、王国维所思考的美既是一个关于美的学术命题，更是切入人生、关注生活的一种方式。他们的美学思想既有深厚的民族文化根基，又有开阔的异质文化视阈，以开放与融合、批判与建构的姿态推动了中国近代美学。因为他们的努力，庄子美学在中国古典美学中不可撼动的地位得以延续，直接被纳入中国近代美学体系中，在中国美学学科构建中突显其开放性和现代性价值，发挥其作为中国美学基因的重要作用。

三是近代美学家在"西学中用"的浪潮中，架起庄子美学思想与西方美学思想之间互通的桥梁。梁启超的美学思想及其整个思想体系，是古今文化交替与中西文化交汇的特殊文化产品，他对庄子美学思想的许多创新阐释，都成为20世纪学人重新发现和发掘庄子思想价值的新视角，这也是他的思想体系能够成为中国美学由古典向现代转型之桥的重要原因。王国维作为一代中西合璧的学术大家，不仅将中国古典美学传统发扬光大，而且在建立自己美学理论体系的过程中，将西方哲学、美学思想与中国古典哲学、美学相对照，引发了现代美学研究一个十分重要的课题——比较研究，在美学史上具有一定的开创性。

结　语

　　研究遵循自中国古典美学延续而来的思想和风格体系，将阐释学和接受美学作为研究的理论依据，综合运用哲学、美学、政治学等学科方法，将庄子美学放到近代美学思想的大视野中加以考察，通过对刘熙载、曾国藩、龚自珍、严复、梁启超、王国维等近代学人的精细解析，勾画出近代美学中的《庄子》阐释与接受的清晰脉络，这条脉络与中国近代社会发展直接关联，与中国近代思想文化轨迹直接关联，与中国近代文学理论嬗变直接关联，与中国美学学科建立直接关联。研究既坚持尊重近代学人自身思想体系的系统性，展现出其美学思想的广度；又梳理其《庄子》阐释与接受的表现，体现出庄学影响的深度。

一　近代美学中《庄子》阐释与接受的成果

　　根据中国近代思想文化发展的鲜明特点，可以简要划分出三种具有不同特征的《庄子》阐释与接受的形态，即古典美学余韵下的《庄子》阐释与接受、启蒙思想初鸣中的《庄子》阐释与接受、中西思想合奏中的《庄子》阐释与接受。这三种阐释与接受形态并不简单地等同于中国近代美学发展上的时间概念，也就是说这三种形态是以庄子美学阐释与接受特点的同质性而划分，存在着时间上的交叠，尤其是在承继中国古典美学传统、开启中国现代美学学科的使命驱动下，庄子美学阐释与接受的表现更为复杂。

其一，在近代美学家中，因各自出身环境、思想渊源、理想追求、人生经历和性情的不同，对《庄子》阐释与接受的时间起点、切入点、侧重点和闪光点均有所不同。儒学和西学既是近代美学不可脱离的学术背景，也是开展本研究的重要学术参照物。与儒学对照而论有以庄补儒、儒道共生、援庄救儒等特点，与西学对照而论则有以西释庄、以西拓庄、中西融通等特色。这些美学家无一例外，在对《庄子》阐释与接受中，既依据儒学衰落、西学渐入的近代美学环境，又以此为发力点，实现对庄子乃至道家的个性化阐发。不过，这些美学家在艺术欣赏和创作中总体呈现出庄子语言风格的特点，雄浑、自然、虚静之气较为明显。

其二，在研究中，按照从美学家个人生平际遇到思想主张、创作实践逐步纵深的路线，递进式挖掘《庄子》阐释与接受的问题，能够看到诸多学者均以幼年国学熏陶为学术基础，以时势坎坷际遇为体悟铺垫，以学术创新、文化引领和文学革命为救世良方，以超脱物我、精神自由、自然本真为审美理想，即使是带有明显古典美学特点的曾国藩、刘熙载，或者是具有启蒙思想意识的龚自珍，从世人视角看，有功成身退、全身保性之意，其实是几位大家在庄子影响中的觉悟和顿醒，此种通达也非常人能及。这也正与学界所公认的庄子影响规律相一致，到声名俱至、人生过半之时，人们对庄子思想的体悟才能越深越真，从而无法割舍。

其三，庄子美学在近代的接受，大大提升了庄子美学的学术价值和现实价值，重现了庄子美学在中国美学史上启蒙乃至发源的重要地位。魏晋以来，庄子思想对华夏思想文化和士大夫精神品性的影响十分深远，在潮流激荡的近代社会，诸位学人虽然面对动荡的国运、难扼的灾难，都提出了各自的思想主张，在戊戌变法遭遇失败后，以文救世成为一时之共识，连梁启超都在倡导"新"的同时，不断向古典发出求助的呼声。向传统溯源，发挥诸子学的功力，无法忽视道家思想和庄学的内涵和价值；向西方借力，更需庄子美学作为介绍、融汇和传播西方哲学、美学思想的重要载体，在拓展道家和庄子阐释视野的同时，促进了西学的传播、对照和批判。因为这种功用，使庄子美学理论被重新建构，其"无用之用"赢得济世救民之大用。

其四，庄子美学在近代的阐释与接受，为促进美学在近代的发展，以及学科意义上的中国美学建设提供了宝贵的传统和基因。中国美学学科的建立并非完全借助西方哲学、美学思想的引进，西方哲学、美学只是在学科方法上给予中国近代美学家以启发和借鉴，中国近代美学学科更多还是依靠中国古典美学的基础，进行学理构建。如前文所论述，曾国藩、刘熙载在近代历史环境下为古典美学作出收束，龚自珍和严复为近代启蒙思想和美学的先驱，梁启超和王国维为近代美学理论的主将，他们的思想体系都贯穿着庄子美学以及中国古典美学的重要基因。以《艺概》《庄子评点》《人间词话》为代表的一批论著，以及以"自然论""趣味主义""境界论"等为代表的一批重要美学思想，为中国美学的发展提供了多元、丰富的思想内涵和开放、宽容的学术环境。

其五，近代学人对庄子美学的接受，为后世庄学研究打下了良好基础，推动了庄子美学研究和道家美学研究走向新的高度。从近代开始到20世纪80年代，庄学研究和道家研究逐渐迎来了又一次繁盛，在王国维之前，近代诸多学人的庄学接受已有列举，在王国维之后，美学史有鲁迅、郭沫若、宗白华、朱光潜等现代美学大师对庄子美学的深入探究，有胡适、冯友兰等哲学大师对道家哲学的重言推崇，引发现代学人如徐复观、叶维廉、刘笑敢、陶东风等对庄子美学的深化构建，使庄学和道家思想在当代的发展有了更多可能，推进了庄学在学术上不断深化，在受众上不断拓展，并走向大众化，其思想魅力愈加绽放。

二 近代美学中《庄子》阐释与接受的缺憾

近代美学对庄子的接受，受其紧迫的时代任务、频繁的社会变革所影响，学者们来不及深入、细致地研究庄子，无法系统地把握其思想。因此，在义理阐释上存在片面之处，在使用方法上存在着一定的不足。

其一，存在着一定的比附式研究。在近代学者吸收西方思想对庄子思想进行研究时，存在着以类比方式尝试沟通中西的简单做法，一味在庄子思想与西学之间求同，使得庄子思想在一定程度上失去了中国传统文化的特色，而从属于西学的思维定式和价值取向，也导致了对西学本意的偏离。这是西学引入后早期比较研究的典型状态，虽不会长久占领学界的主阵地，不过对后来的中西比较研究还是产生了消极的影响。在这一过程中，庄子美学的华夏文化基因也受到了一定程度的损伤，比如，严复将达尔文的"进化论"与庄子思想比附，使庄学特有的艺术精神、感性智慧和民族特质产生了变异，而庄子美学的基底却无须这种攀附和神化。

其二，学理阐释缺乏建构性和系统性。近代学者对道家思想和庄子思想接受的特点是思想凸显，而义理淡出。由于近代中国面临爱国、反帝、救亡图存的现实历史任务，释庄解庄的重要目的是解答怎样"救中国"的时代课题，解答个体人如何在乱世中存活的本能问题，使近代学者对超脱、自然、心斋、坐忘等根本性问题有所忽视，这种庄子阐释和接受研究导致学理建构的缺失，使庄子美学思想自身的巨大价值没有完全得到发掘，长此以往，可能会使庄学成为另一种经世"儒学"的替代品，过分夸大救世的现实意义，自然会离庄子思想的本质越来越远。

三　未尽研究及后续探讨空间

回顾研究历程，本研究在选题时，国内对近代美学等学术问题的研究较为少见，对庄子美学在近代的研究与接受也缺少关注，选题本身具有一定的前瞻性。但由于要详细探析近代哲学、美学、文学等有关论著，成果梳理的进展较为缓慢，这与最初的研究初衷有些差距。

在设计研究路线、建立研究理论基础之时，本研究遇到了西方阐释学、接受美学理论等需要深入研究的课题，中国本土阐释学理论体系尚未建立，要将西方阐释学、接受学与中国古典美学传承思想结合，确实是一个不小的挑战。在攻克这些问题的过程中，为了体现中国美学深厚的传统基因，在行文中更多尊重中国美学的范畴和概念，尤其是由庄子及道家美学建立的美学概念，在一定程度上存在着学理论述的不足。

美学作为学科概念来说，具有较宽泛的学科外延，应涉及绘画、书法、音乐等艺术领域，在研究中，限于能力与篇幅，对除文学之外的艺术美学所论不够。但这也同时留下了进一步探讨和研究的空间，笔者将在今后的学术道路上，继续丰富、拓展相关知识，以期能够对近代庄学研究进行全方位的考察。

庄子美学具有历久弥新、嗣响后世的思想魅力，庄子在近代美学中的阐释与接受研究具有很大的开发空间。每一位学者或美学家所选择的切入点，既与庄子美学的精髓契合，又有不同于庄子的认识。他们用自己的阐发丰富、延展着庄学的舞台，并为这舞台贡献了一份光芒。

参考文献

一 古籍文献类

陈鼓应：《庄子今注今译》，中华书局1983年版。

龚自珍：《龚自珍全集》，上海古籍出版社1975年版。

龚自珍撰，刘逸生注：《龚自珍已亥杂诗注》，中华书局1980年版。

郭庆藩：《庄子集释》，中华书局1961年版。

梁启超：《梁启超全集》，北京出版社1999年版。

梁启超：《清代学术概论》，东方出版社1996年版。

梁启超：《饮冰室合集·专集》，中华书局1989年版。

梁启超：《中国近三百年学术史》，山西古籍出版社2001年版。

梁启超：《先秦政治思想史》，天津古籍出版社2003年版。

刘熙载著，薛正兴点校：《刘熙载文集》，江苏古籍出版社2001年版。

刘熙载著，徐中玉，萧华荣校点：《刘熙载论艺六种》，巴蜀书社1990年版。

唐文英选注：《龚自珍诗文选注》，上海古籍出版社1989年版。

王国维著，聂振斌编：《中国现代美学名家文丛·王国维卷》，浙江大学出版社2009年版。

王国维著，书林主编：《王国维文集》，北京燕山出版社1997年版。

王国维著，徐调孚校注：《人间词话》，中华书局2009年版。

王国维著，彭玉平疏证：《人间词话疏证》，中华书局2014年版。

王气中：《艺概笺注》，贵州人民出版社1986年版。

王先谦：《庄子集解》，中华书局1987年版。

魏源著、夏剑秋编：《中国近代人物文集丛书：魏源集》，中华书局1983年版。

严复著，王栻主编：《中国近代人物文集丛书：严复集》，中华书局1986年版。

曾国藩：《曾国藩全集》，岳麓书社1988年版。

二 研究专著类

蔡宗阳：《庄子之文学》，台北：文史哲出版社1983年版。

陈鼓应：《老庄新论》，上海古籍出版社1992年版。

陈鸿祥：《王国维全传》，人民出版社2007年版。

陈火青：《大美无美：庄子美学的反思与还原》，中国社会科学出版社2017年版。

陈铭：《龚自珍评传》，南京大学出版社1998年版。

陈引弛：《庄学文艺观研究》，文史哲出版社1994年版。

池子华：《曾国藩传》安徽人民出版社1997年版。

崔大华：《庄学研究》，人民出版社1992年版。

鄂霞：《中国近代美学范畴的源流与体系研究》，商务印书馆2019年版。

樊克政：《龚自珍年谱考略》，商务印书馆2004年版。

方勇：《庄子学史》，人民出版社2008年版。

冯天瑜：《中国文化近代转型管窥》，商务印书馆2010年版。

佛雏：《王国维诗学研究》，北京大学出版社1999年版。

高瑞泉：《天命的没落——中国近代唯意志论思潮研究》，上海人民出版社2000年版。

葛懋春、蒋俊编：《梁启超哲学思想论文选》，北京大学出版社1984年版。

葛兆光：《西潮又东风——晚清思想、宗教与学术十讲》，上海古籍出版社2006年版。

关爱和：《中国近代文学论集》，中华书局，2006年版。

管林等：《龚自珍研究》，人民文学出版社1984年版。

郭延礼、武润婷：《中国文学精神（近代卷）》，山东教育出版社2003年版。

韩烈文：《刘熙载〈艺概〉研究》，江苏古籍出版社2002年版。

胡经之、王岳川：《文艺美学方法论》，北京大学出版社2003年版。

蒋述卓、刘绍瑾：《古今对话中的中国古典文艺美学》，暨南大学出版社2012年版。

金元浦：《接受反应文论》，山东教育出版社2002年版。

金元浦：《文学解释学》，东北师范大学出版社1998年版。

金雅：《梁启超美学思想研究》，商务印书馆2005年版。

蓝国桥：《王国维与康德美学》，人民出版社2016年版。

郎擎霄：《庄子学案》，上海书店1992年版。

黎庶昌：《曾国藩年谱》合刊本，岳麓书社1986年版。

李宝红、康庆：《20世纪中国庄学》，湖南人民出版社2006年版。

李道湘：《神秘与理性——庄子与中国传统文化》，开明出版社2000年版。

李砾：《〈人间词话〉辨》，中国社会科学出版社2006年版。

李清良：《中国阐释学》，上海人民出版社2005年版。

李泽厚、刘纲纪主编：《中国美学史》，中国社会科学出版社1987年版。

李泽厚：《中国近代思想史论》，天津社会科学院出版社2003年版。

刘锋杰、章池：《人间词话百年解评》，黄山书社2000年版。

刘刚强：《王国维美学思想初探》，湖南人民出版社 1987 年版。

刘固盛、刘韶军等：《近代中国老庄学》，福建人民出版社 2014 年版。

刘绍瑾：《复古与复元古——中国复古文学理论的美学探源》，中国社会科学出版社 2001 年版。

刘绍瑾：《庄子与中国美学》，广东高等教育出版社 1989 年版。

刘笑敢：《诠释与定向》，商务印书馆 2016 年版。

刘笑敢：《庄子哲学及其演变》，中国社会科学出版社 1988 年版。

卢善庆：《中国近代美学思想史》，华东师范大学出版社 1991 年版。

罗根泽：《中国文学批评史》，上海古籍出版社 1984 年版。

罗检秋：《近代诸子学与文化思潮》，中国社会科学出版社 1998 年版。

马克锋：《文化思潮与近代中国》，光明日报出版社 2004 年版。

马勇：《严复学术思想评传》，北京图书馆出版社 2000 年版。

聂振斌：《王国维美学思想研究》，商务印书馆 2012 年版。

聂振斌编：《中国现代美学名家文丛·王国维卷》，浙江大学出版社 2009 年版。

聂振斌：《中国艺术精神的现代转化》，北京大学出版社 2013 年版。

裴效维：《近代文学研究》，北京出版社 2001 年版。

皮后锋：《严复传》，南京大学出版社 2006 年版。

祁志祥：《中国美学通史》，人民出版社 2008 年版。

侣同壮：《庄子的"古典新义"与中国美学的现代建构》，暨南大学出版社 2013 年版。

孙克强、耿纪平主编：《〈庄子〉文学研究》，中国文联出版社 2006 年版。

孙雪霞：《文学庄子探微》，广东人民出版社 2006 年版。

陶东风：《从超迈到随俗——庄子与中国美学》，首都师范大学出版社 1995 年版。

童庆炳：《中国古代心理诗学与美学》，中华书局 2013 年版。

王建疆：《澹然无极——老庄人生境界的审美生成》，人民出版社 2006 年版。

王汎森：《中国近代思想与学术的系谱》，河北教育出版社 2001 年版。

王先明：《近代新学——中国传统学术文化的嬗变与重构》，商务印书馆 2000 年版。

王振复：《中国美学的文脉历程》，四川人民出版社 2002 年版。

王镇远：《剑气箫心》，中华书局 2004 年版。

邬国平：《中国古代接受文学与理论》，黑龙江人民出版社 2005 年版。

吴小龙：《适性任情的审美人生——隐逸文化与休闲》，云南人民出版社 2005 年版。

吴志翔：《20 世纪的中国美学》，武汉大学出版社 2009 年版。

吴中杰主编：《中国古代审美文化论》第二卷，上海古籍出版社 2003 年版。

熊铁基、刘固盛、刘韶军：《中国庄学史》，湖南人民出版社 2003 年版。

熊铁基主编：《20 世纪中国庄学》，湖南人民出版社 2006 年版。

熊月之：《西学东渐与晚清社会》，中国人民大学出版社 2011 年版。

徐复观：《中国艺术精神》，华东师范大学出版社 2001 年版。

徐林祥：《刘熙载及其文艺美学思想》，社会科学文献出版社 2010 年版。

徐中玉：《中国近代文学大系·文学理论集》，上海书店 1991 年版。

颜世安：《庄子评传》，南京大学出版社 1999 年版。

颜翔林：《庄子怀疑论美学》，人民出版社 2015 年版。

杨国荣：《实证主义与中国近代哲学》，华东大学出版社 2018 年版。

杨柳：《汉晋文学中的〈庄子〉接受》，巴蜀书社 2007 年版。

叶隽：《异文化博弈：中国现代留欧学人与西学东渐》，北京大学出版社 2014 年版。

叶朗：《中国美学史大纲》，上海人民出版社 1985 年版。

叶朗编：《中国历代美学文库（清代卷）》，高等教育出版社 2003 年版。

叶维廉：《比较诗学》，台北：东大图书公司 1983 年版。

叶易：《中国近代文艺思潮史》，高等教育出版社 1990 年版。

于民：《中国美学思想史》，复旦大学出版社 2010 年版。

云告：《从老子到王国维——美的神游》，湖南人民出版社 1991 年版。

张伯伟等：《中国古代文学批评方法研究》，中华书局 2002 年版。

张法：《中国美学史》，上海人民出版社 2000 年版。

张法：《中国美学史上的体系性著作研究》，北京大学出版社 2008 年版。

张隆溪：《阐释学与跨文化研究》，生活·读书·新知三联书店 2014 年版。

张思齐：《中国接受美学导论》，巴蜀书社 1989 年版。

章启群：《百年中国美学史略》，北京大学出版社 2005 年版。

赵利民：《中国近代文学观念研究》，山东文艺出版社 1999 年版。

郑开：《庄子哲学讲记》，广西人民出版社 2016 年版。

周波：《中国美学思想阐释》，天津古籍出版社 1997 年版。

周江：《有序与浑沌·美的光辉：柏拉图与庄子美学思想比较研究》，知识产权出版社 2014 年版。

周锡山：《王国维美学思想研究》，中国社会科学出版社 2017 年版。

周裕锴：《中国古代阐释学研究》，上海人民出版社 2003 年版。

朱东润：《中国文学批评史大纲》，上海古籍出版社1993年版。

朱立元：《中国接受美学导论》，安徽教育出版社2004年版。

朱良志：《中国美学十五讲》，北京大学出版社2006年版。

朱志荣主编：《中国美学简史》，北京大学出版社2007年版。

邹华：《中国美学原点解析》，中华书局2003年版。

邹进先：《龚自珍论稿》，南海出版公司1992年版。

三 译著类

［德］H. G. 伽达默尔：《诠释学：真理与方法》，洪汉鼎译，商务印书馆2011年版。

［德］汉斯·格奥尔格·加达默尔：《哲学解释学》，夏镇平、宋建平译，上海译文出版社2005年版。

［德］H. R. 姚斯、［美］R. C. 霍拉勃：《接受美学与接受理论》，周宁、金元浦译，辽宁人民出版社1987年版。

［德］马丁·海德格尔：《存在与时间》，陈嘉映、王庆节译，生活·读书·新知三联书店2006年版。

［美］M. H. 艾布拉姆斯：《镜与灯：浪漫主义文论及批评传统》，郦稚牛、张照进、童庆生译，北京大学出版社2004年版。

［美］勒内·韦勒克、奥斯汀·沃伦：《文学理论》，刘象愚等译，浙江人民出版社2017年版。

［美］爱莲心：《向往心灵转化的庄子：内篇分析》，周炽成译，江苏人民出版社2004年版。

［美］A. D. 史密斯：《胡塞尔与〈笛卡尔式的沉思〉》，赵玉兰译，广西师范大学出版社2007年版。

［美］本杰明·史华兹：《寻求富强：严复与西方》，叶凤美译，江苏人民出版社1995年版。

［美］浦嘉珉：《中国与达尔文》，钟永强译，江苏人民出版社2008

年版。

［美］张灏：《梁启超与中国思想的过渡：1890—1907》，崔志海、葛夫平译，江苏人民出版社1995年版。

［日］佐藤慎一：《近代中国的知识分子与文明》，刘岳兵译，江苏人民出版社2011年版。

［日］神林恒道：《"美学"事始——近代日本"美学"的诞生》，杨冰译，武汉大学出版社2011年版。

四　学位论文

白宪娟：《明代〈庄子〉接受研究》，博士学位论文，山东大学，2009年。

陈志：《刘熙载〈艺概〉及其创作研究》，博士学位论文，复旦大学，2009年。

代亮：《曾国藩诗文思想研究》，博士学位论文，南开大学，2010年。

刁生虎：《生命哲思与诗意言说》，博士学位论文，复旦大学，2005年。

窦可阳：《接受美学与象思维：接受美学的"中国化"》，博士学位论文，吉林大学，2009年。

鄂霞：《中国近代美学关键词的生成流变》，博士学位论文，东北师范大学，2010年。

黄伟：《曾国藩诗文研究》，博士学位论文，中国社会科学院研究生院，2007年。

惠萍：《严复与中国近代文学变革》，博士学位论文，河南大学，2011年。

焦勇勤：《梁启超美学思想研究》，博士学位论文，山东大学，2003年。

李汉兴:《庄子"逍遥游"及其阐释路径研究》,博士学位论文,上海师范大学,2017年。

李瑞振:《〈庄子〉评点研究》,博士学位论文,北京师范大学,2011年。

林红:《近代的道家观——对近代道家思想研究的探析》,博士学位论文,山东大学,2007年。

刘凌:《王国维〈人间词话〉"境界"理论的文化阐释》,博士学位论文,陕西师范大学,2012年。

彭昊:《曾国藩与道家思想》,博士学位论文,湖南大学,2010年。

孙红:《庄子阐释之研究》,博士学位论文,中国社会科学院,2002年。

吴晓番:《龚自珍哲学新论——以自我观为中心的考察》,博士学位论文,华东师范大学,2010年。

刑红静:《梁启超文艺美学思想研究》,博士学位论文,苏州大学,2012年。

郑焕钊:《"诗教"传统的历史中介:梁启超与中国现代文学启蒙话语的发生》,博士学位论文,暨南大学,2012年。

周志杰:《严复人学思想研究》,博士学位论文,福建师范大学,2015年。

五 期刊论文

包兆会:《二十世纪〈庄子〉研究的回顾与反思》,《文艺理论研究》2003年第3期。

包兆会:《庄子的自发性思想及其在美学生成中的作用》,《江西社会科学》2011年第2期。

包兆会:《庄子美学的"泛自然"倾向》,《华中师范大学学报》(人文社科版)2001年第2期。

陈德礼：《刘熙载的〈艺概〉及其辨证审美观》，《北京大学学报》（哲社版）1987 年第 5 期。

陈敏荣：《论庄子精神自由的美学内涵》，《理论月刊》2008 年第 10 期。

陈永标：《刘熙载的艺术审美观》，《文艺理论研究》1993 年第 6 期。

褚春元：《〈庄子〉"虚静"说的诗学阐释》，《江淮论坛》2005 年第 10 期。

鄂霞：《中国近代美学范畴体系的生成与现代学术精神的确立》，《文艺争鸣》2018 年第 4 期。

范明华：《庄子的"以道观之"及其美学意义》，《学习与实践》2014 年第 7 期。

顾红亮：《龚自珍的自我观与主体性哲学的开端》，《学术月刊》2005 年第 8 期。

郭汉民、袁洪亮：《近二十年龚自珍思想研究综述》，《云梦学刊》2001 年第 3 期。

韩书堂：《中日近代美学学科生成源流考——兼论王国维美学新学语的来源》，《理论学刊》2011 年第 3 期。

金雅：《"大词人"与"真感情"——谈〈人间词话〉的人生美学情致》，《浙江社会科学》2009 年第 3 期。

康庆、李宝红：《严复〈庄子〉评点与庄学的近代转换》，《安徽史学》2009 年第 6 期。

郎宁：《解庄问题及其学术意义与影响》，《学术交流》2017 年第 7 期。

李德仁：《刘熙载美学思想与道家影响》，《山西大学学报》1989 年第 1 期。

李昱：《梁启超晚年〈庄子〉研究的思想特色》，《北京师范大学学报》（社科版）2008 第 5 期。

李智福：《近代启蒙语境下两种庄子诠释典型范式之考察》，《广西社会科学》2016 年第 7 期。

林祥：《论黑格尔与刘熙载美学思想的异同》，《文艺理论研究》1992 年第 2 期。

刘来春：《从"行文留心一圆字"看曾国藩文论的兼容性》，《淮南师范学院学报》2005 年第 6 期。

刘韶军：《论严复〈《庄子》评语〉的学术背景和阐释特点》，《湖北大学学报（哲社版）》2009 年第 3 期。

刘瑜：《龚自珍〈小游仙词十五首〉的艺术特色》，《山东社会科学》1993 年第 2 期。

毛时安：《〈艺概〉和刘熙载的美学思想》，《文艺理论研究》1981 年第 3 期。

欧阳斌：《论曾国藩的性格特征及其文化成因》，《中国文化研究》1998 年第 5 期。

彭玉平：《晚清"庄学"新变与王国维文艺观之关系》《文学遗产》2015 年第 1 期。

祁志祥：《中国美学的历史演变及其时代特征》，《社会科学》2011 年第 11 期。

佀同壮：《中国近代文学观念变革期的文学复古情结》，《名作欣赏》2007 年第 5 期。

孙敏强：《文学的自觉与人的自觉——兼谈庄子语言观的意义》，《中国人民大学学报》2003 年第 5 期。

孙晓春等：《近代中国自由观建构的传统话语背景——政治哲学视阈下的庄子自由观及其影响》，《探索与争鸣》2017 年第 6 期。

唐孝祥：《中国近代美学的四大特征》，《华南理工大学学报》（社会科学版）2004 年第 4 期。

陶型传：《"意不可尽，以不尽尽之"——刘熙载美学思想散论之一》，《文艺理论研究》2013年第1期。

王定：《论王国维先生的古雅说》，《中国文学研究》2003年第2期。

王凯：《论庄子"逍遥游"的人生美学》，《武汉大学学报》（哲学社会科学版）2006年第1期。

王劲松：《〈人间词话〉无我之境的道家文化阐释》，《重庆大学学报》（社会科学版）2003年第5期。

王世德：《刘熙载〈艺概〉中辨证的美学思想》，《古代文学理论研究丛刊》1979年第1期。

王守国：《超越·虚静·物化：庄子审美理论三题》，《殷都学刊》1995年第1期。

夏中义：《古典文论的现代解释伦理——以刘熙载〈艺概〉研究为探讨平台》，《文艺理论研究》2015年第1期。

肖鹰：《被误解的王国维"境界"说——论〈人间词话〉的思想根源》，《文艺研究》2007年第11期。

徐中玉：《中国近代文学理论的发展》，《社会科学战线》1992年第1期。

许丽英：《曾国藩文论浅札》，《学海》2007年第5期。

颜翔林：《敬畏生命：庄子美学思想的逻辑构成》，《湖南工业大学学报》（社会科学版）2013年第10期。

杨达荣：《严复的天演哲学与老庄思想》，《江西社会科学》1989年第1期。

杨全顺：《龚自珍性格与学术中的近代意识》，《学术论坛》2005年第6期。

杨艳秋：《淬厉采补——梁启超"趣味主义"及其对庄子美学思想的吸纳》《文艺评论》2020年第4期。

杨艳秋、刘东影：《谁知春晚曾氏老，更与庄周借好风——析曾国藩对庄子美学的接受与实践》，《长春师范大学学报》2020 第 9 期。

杨艳秋、刘东影：《"箫剑"与"鹏蝶"——龚自珍对庄子美学的接受实践》，《烟台大学学报》（哲学社会科学版）2020 年第 6 期。

张青运：《近代启蒙美学的理论建构与价值追求》，《南京理工大学学报（社会科学版）》2004 年第 10 期。

张宜雷：《中国近代文学观念变革的拐点》，《中国文学研究》2009 年第 1 期。

张中全：《庄子的性美论》，《江汉大学学报》2001 年第 1 期。

赵德鸿：《〈庄子〉从"文本"到"作品"的阐释》，《文艺评论》2012 年第 12 期。

朱桦：《〈艺概〉中创新意识的当代思考》，《文艺理论研究》1987 年第 3 期。

左鹏军：《曾国藩的诗文理论观念及其近代意义》，《文艺理论研究》2017 年第 4 期。

后　　记

当我在洁白的页面上敲下"后记"这两个字的时候，目光良久地停留在这个页面上，头脑里闪现着无数个熟悉而又有些模糊的画面。

2021年恰好是我参加工作二十年。二十年来，因为一份热爱，我一直坚持兼顾日常教学科研工作，没有停止前进的脚步。虽然自知天资庸常，加之时间、精力有限，各种压力也随着年龄增长与日俱增，但这份热情没有消减。是这份不改的初衷，使我完成了求知生涯的重要蜕变，实现了一个小小的人生梦想。

二十年来，我受益于接纳我的每一所学府，培养的每一位师长，以及亲朋至友给予我的每一个热情帮助。

于莱教授是我的研究生导师，在攻读硕士、博士前后十余年时间里，是于老师的鼓励，使我始终保持着专业学习的热忱和精力投入；是于老师的指导，使我在不惑之年为博士学习画上一个迟来的句点；是于老师的期望，使我在求知治学的道路上看到自己的不足和更多的可能！唯愿拙作能给老师带来一丝欣慰！

成长的这一路，还有冯毓云、傅道彬、曹俊峰等多位德高望重的教授循循善诱、悉心指点，有刘冬颖教授对学术思维的耐心指导和训练，有亦师亦友的田恩铭教授、林超然教授、王士军副教授在文献研读、研究路线上给予我无私的帮助，督促我日渐精进，不断增强学术定力，增长学术涵养，为每一个可以预见的目标努力。

无论是在求学历程中还是在工作岗位上，我的家人、同事和朋友们给予了我极大的支持和鼓励。一路走来，如果没有这强大而温暖的后盾，我难以取得今天的收获。此时递上这份答卷，"感恩"是我最真切的内心表达！

最后，我要向先哲庄子及近代思想史上的诸位学术大师致敬！从我在大学本科学习期间开始研学《庄子》，至今已经二十四年，行役役，叹匆匆，深知还未得其精髓。但脚步、时光总是在不停地镌刻着，也在不断延展着。"人生天地之间，若白驹过隙，忽然而已。"若我因这份热爱所做的努力能够留下点滴印迹，足矣！